古代域外普贤信仰研究

王宏涛　著

上海古籍出版社

河南科技大学中央"支持地方高校改革发展资金"项目

"河南丝绸之路文化资源保护发展研究院"

（项目号:17010002-2020）

序

　　宏涛仁棣在博士论文基础上修订完成的《古代域外普贤信仰研究》即将出版了，他多次来电来信要我为他的新书写个序言。我想这既是对我们多年前师生情谊的珍重和纪念，也是对我菩萨研究这一学术情结的回应和激发，所以，对我来说，他的请求是绝对不容犹豫和推辞的。可是因为我这一年来工作极为繁忙，序言的事情便一拖再拖。听说近期出版社那边已经出了校样，我知道真的到了不能再拖的时候了。

　　打开电脑，想想能说些什么，回忆便追溯到了1992年10月。那时，我刚30出头，还在陕西省宗教事务局工作，应黄夏年兄的邀请，我与本单位某处长同事得以有机会赴川出席"峨眉山与巴蜀佛教学术研讨会"。这是我一生中第一次参访中国佛教四大名山之一的峨眉山，也是我第一次感受普贤信仰的现实存在。记得我们住在幽静的伏虎寺，四周山峰俊秀，水流盈澈，寺域宏阔幽深，古朴清雅，殿堂巍峨峙立，庄严肃穆。每晚庙里都会传出钟鼓之声，浑厚悠扬中，带着一股神秘的气息，在黑暗的山谷里回荡。"南无峨眉山银色界大行普贤愿王菩萨！"第一次现场聆听这种唱诵之词，感觉非常美妙动听。"峨眉山""银色界""大行""普贤愿王菩萨"，这些激荡在磁性音声中的文字，使一个个看似简单的词汇充满了神韵，让置身其中的我，在那个幽静的夜里第一次感受到峨眉山的温馨和亲切，原本陌生而遥远的普贤菩萨时时萦绕心头，难以抑制

1

的神圣感让我在峨眉山经历了一次特别的生命体验。

在峨眉山期间,我第一次见到白化文、孙昌武等著名学者。白先生的幽默,孙先生的睿智,特别是对我论文的夸奖,都给我留下很深的印象。大家同处峨眉山,共结普贤缘,无论你喜欢还是不喜欢,身在这个神圣的空间,都自然会面对这位名声似乎还不能和观音、地藏相媲美的普贤菩萨。有10多位学者提交了普贤信仰研究方面的论文,更多的学者则是对峨眉山普贤道场相关问题展开研究。他们的研究为我打开了一扇扇观察普贤菩萨的大门,那悠久的历史和深奥的思想第一次如此密集地呈现在我的眼前。可以说,我人生中第一次对普贤菩萨的感性体验和理性思考都是从这里开始的。相信与会的很多学者也是如此,甚至有些人在此后还与普贤结下更深的缘分,我想这或隐或显也与本次峨眉山之行存在着某种因缘。例如魏道儒教授此后不久即启动了《中国华严宗通史》的写作,其中有专节讨论华严系统中的普贤信仰;又过十多年,他还主编了中国第一本以普贤信仰研究为主题的学术论文集,并应聘为峨眉山佛学院研究生导师,这都是后话了。

本次研讨会后,我们有缘在大佛禅院聆听到永寿法师的开示。法师音声浑厚流畅,举止沉稳大气,在我的眼里,总感觉他就像峨眉山主,热情洋溢中透露出的全是自家宝藏,华严的风范,普贤的精神,闪现于言语内外,给人想象,耐人寻味。我们在峨眉山佛协工作人员的带领下,还参访了报国寺、万年寺等山上多个道场,随后还登临金顶,在彩云之上俯瞰变幻莫测的红尘世界。虽然没有看到佛光,但云端的绚烂,峰顶的气势,空谷的隐显无常及天际的广阔无垠,都在传递着胜地的别样美感,尤其是多处普贤菩萨造像的华美、肃穆与安详,让人不得不对普贤境界生起一丝丝遐想,并在这种不着边际的遐想中对普贤信仰的魅力发出由衷的感叹。中国古人在佛教领域的创新精神实在令人敬佩,他们竟然能从万千菩萨中筛选出四位大菩萨，组成一个完整的信仰体系和修行体系，并给每位菩萨在中华大地上安顿一个驻地，形成一个神圣的空间，支撑和引领菩萨信仰的存在和发展。峨眉山，从唐代开始，借助澄观等人的体证与宣传，逐渐成为公认的普贤菩萨的驻地，经过几百年的发展，最后与五台山、普陀山、九华山一起形成四大菩萨、四大理念、四大名山的信仰格局。四大名山所建构的神圣空间一般都与政治中心和文化中心保持一定的距离，但在区域布局方面，一般都处于不同区域之间彼此连接的地理位置。从整个中国版图来看，东西北中各有其一，布局比较均匀，在各守一方的彼此呼应中支撑起汉传佛教的整体文化区域。当然，更重要的是架构起学理与信仰、精英与民众、中心与地方、政治与宗教、佛教与外教、都市与山林等多重关系，将中国佛教推向一个全新的存在状态，支撑和引领了明清时期中国佛教信仰的基本情趣。峨眉山，这座位处大西南的普贤道场，在空间上北连陕甘，西控康藏，南对云贵，东出三峡则遥望整个神州大地。普贤驻此宝地，神德巍巍，被誉为银色的世界。

离开峨眉山后，我和同行者直奔重庆，再从重庆乘船东去，开始了三天三夜漫长的江面漂泊，终点指向的则是南京。一路上，处长多次感叹伏虎寺的几位年轻女众为"峨眉仙子"，我则在这种感叹中禁不住对峨眉山诸多情景的回味，更有对普贤信仰的胡思乱想。这种对话与想象，让枯燥的船上生活有了一丝轻快与悠闲。尽管身在其中时的神秘感散去了很多，但有关菩萨的思考在感性纾解之后却变得更加理性。自从这次峨眉山参访之后，我便开始关注中国的菩萨信仰。说来也巧，就在这次外出途中，我无意间从书摊上得到一本《观世音菩萨全书》，外出期间不时翻看，于是，普贤菩萨和观音菩萨成为本次出行当中感触最深的两位菩萨。多年以后我才在一部经典中看到，观音菩萨和普贤菩萨原来也有非常密切的关系,特别是观音菩萨竟然当着佛陀的面执意要宣传普贤菩萨的陀罗尼法门,并在提出的具体修法中勾画出独特的三圣形象:释迦牟尼佛居中,左侧为坐须弥山的普贤菩萨,右侧为坐莲花座的观音菩萨,可见两位菩萨之间关系的密切。当然,与普贤菩萨关系最密切的还是文殊菩萨,他们是释迦牟尼佛的法身毗卢遮那佛的左右胁侍,合称华严三圣,共同支撑起一个重重无尽的华藏世界,展现了佛教哲学对宇宙空间与生存境界的无限想象,穷极富丽,穷极奥妙,或许也穷极了那个时代人类认识超理性世界的极限。

　　当然,那个时候,我对普贤与文殊之间关系的理解还缺乏动态与多维的观察。今天想来,观音、文殊、普贤这些大菩萨之间的关系,不仅在某些具体经典中存在着彼此的对接与合作,而且在大乘佛教的历史上,也都充当着相互演化的重要角色,并在彼伏此起的呼应中见证了佛教思想与实践的发展轨迹。如果说初期大乘以普度众生为号召,而普度重在现实苦难救度的话,那么,部派佛教时期本生故事所塑造的菩萨救度到公元前 1 世纪左右以观音信仰的出现,实现了大乘救度信仰的定型和普及,观音自然是第一波大乘浪潮的最高旗帜。从现实苦难的救度转向对现实苦难的精神超越,便需要智慧的支撑,大乘般若思潮自然会显露出无穷的魅力,文殊成了这一思想潮流的最高旗帜。扫荡一切的般若空性智慧长期沉浸在只破不立的激越之中,人性中对飘零与幻灭的畏惧以及寻求终极依赖和终极归宿的渴求,继续推动佛教在般若思潮的背后探索佛性的存在和意义,随着法身永恒、法界圆融思想的发展,普贤菩萨终于登场了。所以,我们可以发现,早期的华严支品依然延续着般若思潮中文殊菩萨的声望,而到了华严集成本出现时,普贤便成为地位最高的菩萨。经过李通玄的理论诠释,文殊和普贤建立了完美的呼应关系,蕴涵着佛教哲学中因果、能所、理智、解行、体用等多重关系，涉及原因与结果、主体与客体、本质与现象、认识与实践、智慧与道德等多种哲学思辨，文殊与普贤的关系也成为菩萨之间配对组团的典范。

话题再回到1992年的那次出行，我和那位同事到达南京后，除了多次前往第二历史档案馆外，还参观了南京的多个宗教活动场所，尤其是佛教寺院。大约一周之后，带着对大量观音故事的了解和对普贤菩萨的点滴反思，回到了古城西安。那个时候，我还不太清楚，古代的长安竟然就是普贤信仰和观音信仰最早传入中国的策源之地，敦煌菩萨竺法护为此做出了巨大的贡献。回到西安没几天，就有出版社的朋友前来约我写五六万字的有关观音菩萨的书稿。我依据所得到的那本资料，对明清以来民间所传的观音故事进行了简单的梳理，与其他人完成的其他佛教故事汇编一起，很快在西北大学出版社出版了。在此基础上，我又完成了20多万字的《观音菩萨传》，1994年在三秦出版社出版，并附录了两篇有关观音信仰研究的论文。在此后的五六年间，我又在台湾《宗教哲学》《普门》《南海菩萨》以及大陆的《人文杂志》《五台山研究》等期刊上发表有关观音的多篇文章，有的还被人大复印资料全文转载，从此正式开始了观音信仰的研究。2000年以后，因为博士论文选题继续聚焦于观音信仰，这方面的思考也得以更加深入，不久，《中国观音文化基本结构解析》一文有幸在《哲学研究》发表，这可能是菩萨信仰研究领域在哲学类顶级期刊发表的第一篇学术论文，一直到后来完成《观音信仰的渊源与传播》以及国家社科基金重点项目"宋元明清时期中国汉地观音信仰研究"，观音信仰研究才算告一段落。当然，本领域遗留下来的学术问题依然很多，观音与普贤等其他菩萨之间的关系也值得展开深入的学术讨论。

在观音信仰研究的过程中，我也一直没有忘记普贤菩萨，还曾设想写一部四大菩萨简介类的通俗著作，并开始收集资料。2005

年,山东大学路遥教授主持的教育部哲学社会科学研究重大课题攻关项目"民间信仰与中国社会研究"需要就四大菩萨与民间信仰完成一部专著,他委托我来组织力量,这真像菩萨感应,当你起心动念的时候,总有相应的因缘,贵人相助如菩萨示现一样让你感觉一切总是水到渠成。于是,我愉快地接受了路先生的任务,其中普贤信仰研究的任务交给了我的多年好友四川大学的张子开教授;文殊信仰研究的任务本来是五台山研究权威学者崔正森先生承担,后来因为他工作繁忙,而路先生那里的课题结项时间又不能再等,便由我邀请我的第一个研究生李海波教授来承担,她的硕士毕业论文就是研究唐代文殊信仰的;地藏信仰研究的任务则交给已有地藏研究专著出版的同乡好友张总教授来承担。尽管这次只是协助路遥先生,但对我来说,也算是第一次有缘面对四大菩萨的整体性研究。

几个月后,我与普贤菩萨的缘分又推进了一步。魏道儒教授和郑筱筠教授组织的"普贤与中国文化"学术研讨会于 2006 年 3 月下旬在云南腾冲召开。这是国内首次以普贤菩萨为主题的学术会议,与会专家学者研讨的内容主要涉及普贤信仰的起源与发展、《华严经》《法华经》与普贤信仰、普贤行愿与佛教修持、普贤的实践品格和现代价值等。卓新平教授在致辞中指出,在观音、普贤、文殊、地藏、弥勒等大菩萨身上,寄托着信仰者的理想、期盼和追求,这种菩萨信仰积淀了中华民族在悠久历史中形成的崇高精神、优秀品德和深邃智慧,蕴涵着丰富精神资源和多种积极因素,值得我们高度重视,认真总结,不断发掘和持续弘扬。他也同时指出,我国学术界的菩萨信仰研究还非常薄弱,特别是在普贤研究方面,迄今为止,还没有一部专门著作,没有一部内容相对集中的论文集,能够见到的论文也很少。此次会议对普贤信仰的探讨,既有填补学术空白的价值,又有为当代社会建设提供优秀文化资源的现实意义,也为今后的普贤信仰研究提出更高的要求。

　　就在《四大菩萨与民间信仰》书稿紧锣密鼓地推进之时,王宏涛于 2008 年 9 月考入西北大学世界宗教文化专业,跟我攻读博士学位。那时候,先一年入学跟我念博士的王雪梅女士正在撰写弥勒菩萨信仰研究方面的博士论文,这样一来,除了学术界已有两本专著精深研究的地藏菩萨外,我们研究团队对观音、文殊、弥勒三位菩萨均有自己的研究,我便鼓励他以普贤菩萨研究为博士论文的选题,以继续拓展我们团队的菩萨信仰研究领域。王宏涛硕士期间在四川大学学习和研究佛教,对峨眉山有特别的感情,对普贤菩萨研究也抱有浓厚的学术兴趣。于是,我们很快确定了普贤菩萨研究的基本思路,并就相关问题反复讨论。随着时间的推移,很多问题被挖掘出来,无论是文献的搜集,还是结构的整合,或是观点的提出,均取得满意的进展。宏涛珍惜时间,学习勤奋,研究工作也非常认真,他查阅了很多资料,广泛借鉴学界相关研究成果,努力探索普贤信仰的渊源与流变,解析其中的各种问题,并综合运用宗教学、哲学、历史学等学科方法,支撑自己的研究。在此期间,我和他多次沟通交流,提出一些意见和建议,其中论文外审前的一次书面审读意见长达 1 万多字,提出的问题有 70 多处。宏涛对这些问题也都尽力修改,特别是那些具体的问题。2011 年 6 月,宏涛终于完成 20 多万字的博士论文并通过中国知网公诸天下。尽管由于时间的仓促,论文在文献支撑、历史梳理、理论分析等方面还存在很多有待进一步丰富、精准、深化的地方,但总体上看,他的研究选题是有开创性的,他的研究体系是相对完整的,他的很多观点也是有新意的,基本实现了中国学术界在普贤信仰研究尤其是普贤信仰渊源研究方面的重大突破,在一定意义上可以说是填补了学术的空白,值得称赞。半年后,由我担任第一作者的《四大菩萨与民间信仰》由上海人民出版社出版,其中普贤信仰研究的篇幅

10 多万字。子开兄的书稿及宏涛仁棣的学位论文,应该都算是中国学术界第一次系统全面的普贤信仰研究成果。5 年后,我在主编"中国汉传佛教八大宗派及其祖庭"丛书时,鉴于宏涛博士在普贤信仰研究方面的建树,邀约他负责《华严宗及其祖庭》一书。他接到任务后立即动手,很快提交了撰写大纲,讨论确定后便全速推进。凭借着对华严宗的熟悉和刻苦勤奋的作风,他集中精力,专注投入,不到一年便完成了 10 多万字的写作任务,这也算是他在普贤信仰研究方面的又一次推进。

本来,宏涛的博士论文早就应该出版了,只是因为我一直试图申请一个有关菩萨信仰研究的重大项目,计划将已经毕业的博士生的菩萨信仰研究成果全部囊括其中,希望在这个项目的支撑下,他们在原博士论文的基础上,进一步拓展和深化,形成更加系统全面、也更加深入饱满的菩萨信仰研究成果,于是,宏涛的博士论文出版进程就延宕下来。近年来我所带的博士生当中,已经完成菩萨信仰研究方面的博士论文就有 9 篇,涉及观音、弥勒、普贤、文殊、地藏等五大菩萨及其他一些相关问题。可惜的是,我曾经几次通过教育部和国家社科基金两种重大项目的指南推荐途径,建议设立"中国汉地菩萨信仰发展史"或"汉传佛教菩萨信仰类文献整理与研究"招标课题,但均未能成功。如今,我手头也有诸多重要任务正在开展,重大项目的设想还得暂时搁置,何况菩萨信仰研究这种选题,在这个时代的极个别人那里还存有偏见,流传两千载、渗透亿万家、影响各领域的菩萨信仰的历史地位和文化价值可能还会继续被忽视。总之,宏涛博士的出版计划延迟了些,如今他先将博士论文单独出版,我想也不影响未来一旦有机会时再对普贤信仰进行拓展性研究。

事实上,宏涛博士现有的研究在时空方面也只局限于古代域外,而在中国汉地的落地生根则基本没有涉及。可是,普贤信仰之所以名声显赫,流传至今,主要还是因为中华大地的接受和传扬。在古代印度,民间最流行的菩萨是弥勒、观音和文殊,在中国,观音和弥勒信仰最先得到广泛的流行。从西晋开始,体系化的普贤信仰传入中国,经唐初华严宗前三代祖师的推广,普贤信仰经由学术化宗派的进路走向了历史的高峰,再经中晚唐时期李通玄和澄观等人的努力,在与文殊菩萨的呼应中,形成"华严三圣"的一体化建构,普贤信仰由此发生重大转型,并与峨眉山结合在一起,中国化的普贤信仰得以最后定型。中国化的普贤,不但保持了域外《华严经》所赋予的终极真理的象征意义,而且组建了具有深刻理论支撑的神团体系,从而在诸大菩萨当中既具有博大精深的哲学支撑,又具有饱满而玄妙的神性品格,与六牙白象相呼应的庄严法相更赢得中国人的普遍喜爱。宋元明清时期,普贤信仰在民间逐渐淡去了其本有的哲学意义,在获得广泛传播的同时,与其他几位大菩萨一起,组建成一种新型的菩萨信仰体系。总之,普贤信仰经历了一个漫长的中国化过程,其间不但与佛教学派特别是宗派建立了深度的关涉,而且同上至皇室下至平民的社会各阶层发生了不同形式的联系,并对哲学、文学、艺术、民俗等文化领域产生重要影响。所有这些问题,都值得未来进一步深入研究。

普贤信仰为什么能在中国获得广泛的认同,并最终跻身四大菩萨的行列? 这当然首先得益于华严宗的推崇,而华严宗之所以成功,除了中国顶级学问僧的研究诠释和推广外,武则天等多位统治者的大力支持和像李通玄这样的中国一流知识分子的竭力弘扬也起到了巨大的作用。当然,最根本的原因还在于华严学说所蕴含的深厚底蕴,尤其是华严哲学所具有的自由奔放的想象、圆融无碍的思辨、热情如火的悲悯和巨大的精神调动力量,而这一切均有赖普贤菩萨信仰的维系和推动。可以这样说,没有普贤菩萨,就没有毗卢遮那佛和美妙无穷的华藏世界,而构建华藏世界的一切大胆想象和哲学思辨也就失去了信仰的支撑。建立在普贤信仰基础上的华严学说以前所未有的新意进入中国文化领域，既冲击了中国哲学，也刺激了中国的宗教信仰。中国的哲学思辨和中国人的精神世界经此洗礼而为之一振，一直到宋明理学的崛起和近代民族复兴运动中的精神激发，均有普贤和华严的影子。至于在宗教实践领域，普贤信仰支撑的华严哲学反过来又支撑普贤信仰在中国的流行，最终导向四大菩萨、四大名山的信仰格局。

在四大菩萨之中，普贤信仰的核心在于十大行愿。一般认为普贤行愿是华严学说的归宿，尽管和整体的华严体系有了一定的偏离，但这可能正是全部华严思想得以落实的途径所在，也是中国人最终对华严学说的通俗化和实践化拣选，原本玄幻微妙的普贤境界转化为具体实在的普贤行，并成为中国人心目中普贤形象的集中体现。杜继文先生在 2008 年出版的《汉译佛教经典哲学》中认为，十大行愿的关键在于信解诸佛、忏悔业障和利乐有情，他特别引用了《普贤行愿品》中关于利乐有情的那段文字，认为这最接近整体的《华严经》，也是《普贤行愿品》的精华。杜先生认为这为普贤菩萨增了光，从而无愧于信众对他的崇拜，也成为信众乐于实践普贤愿望的主要根据。2006 年初我在提交给"普贤菩萨与中国文化"学术研讨会的论文中也有类似的观点：十大行愿从信佛敬佛开始，经过悔过向善和求法修法，最后达到成就无上智慧的解脱目标，从而形成一个完整的结构。在这个结构中，对佛的信仰是绝对的前提和全部十大行愿的基础，悔过向善则是从敬佛到学佛的过渡，它以"责己"为特征，是前面"赞圣"的自然发展，也直接引发后面的求法修法，而修法的关键在于通过普度众生并最后实现无上智慧的证悟，从而成就最上道果。所以，"济生"便成为最后升华的关键。总之，敬佛、责己和修法、证果可以勾勒出普贤十大行愿的基本结构。也可以说，十大行愿就是一个信佛、悔过、修法、成就的过程,而这个过程其实就是一个完整的大乘佛教修证体系。那么,我们现在需要思考的是,中国大乘佛教的信仰情趣到底是什么? 大乘的气象到底体现在哪里? 当我们愿意对照中国佛教的历史,尤其是对照中国佛教信仰和实践的历史来思考这些问题的时候,我们会发现,普贤十大行愿这种信仰不仅完全切合中国佛教的基本精神,而且也实实在在地渗透进中国佛教文化的肌体之中了。换句话说,在中国佛教基本精神的建构中,离不开普贤信仰的支撑,这才是普贤菩萨之所以能够成为中国佛教四大菩萨之一的主要原因。

当然,在四大菩萨之中,普贤的角色到底应该如何理解,从古到今,论说者不在少数。王宏涛博士在他的研究中认为,文殊所表征的"智"属于心理学所讲的"知";观音所表征的"悲"属于心理学所讲的"情";地藏所表征的"愿"属于心理学所说的"意";普贤菩萨所表征的"行"属于心理学所说的"行"。用知、情、意、行来概括四大菩萨之间的关系,这是从心理学角度的一种观察,很有创意。从中国佛教的主流信仰来看,四大菩萨的核心理念及其排列次第是:悲、智、愿、行。所谓悲,这是观音菩萨的核心理念,就是对众生心怀悲悯,爱护和救度众生,帮助其勇敢面对并解决一切问题,观音因此而被称之为大悲菩萨,成为中国佛教中乃至整个中国文化中最著名的劝善旗手与救苦菩萨。所谓智,这是文殊菩萨的核心理念,就是提升我们的认知能力,通过智慧来观察和领悟宇宙人生的真理,所以文殊菩萨一般被视为智慧的化身,以"大智"的美名成为民间求学应考者膜拜的神灵。所谓愿,这是地藏菩萨的核心理念,就是发下宏伟的誓愿,确立远大的志向,地藏菩萨以其"地狱未空誓不成佛、众生度尽方证菩提"的豪言壮语而成为励志的典范,在民间被称为"大愿地藏王"。所谓行,这是普贤菩萨的核心理念,其含义就是行动起来,普贤独获"大行"的称号,成为执行力最强大的菩萨,是大乘佛教勇于实践的代表。如今,在中国佛教寺院,依然到处可见"悲智愿行"四字,足见这一理念在佛门的重要地位。

事实上,四大理念的盛行,不仅仅因为它们是四大菩萨的精神标识,更重要的是因为四大理念不但凝聚了中国佛教的基本情趣,成为中国佛教文化体系的象征,而且也深深地沉淀于中国文化的土壤之中,成为塑造中国人思维方式、生活方式以及价值观念的主要思想资源。这里我举一个院训和一个校训的例子。2019年下半年的一天,我从微信朋友圈中突然发现西北大学哲学院发布了自己的院训:尚善、求真、励志、崇行。我看到之后大为惊讶,这与四大菩萨的悲、智、愿、行四大理念完全一致啊!这些理念,既可见中国文化之本真,又呼应人类文明之潮流,更对当下大学生之机缘,可见其具有多么旺盛的生命力。又过了一年,2020年冬季的一天晚上,我在审读一本陕师大的博士论文,当我看完后欣然合上封底时,意外看见"厚德、积学、励志、敦行"的校训。咦,这不又是一个四大菩萨信仰体系的姊妹篇吗?这再次证明,不论你信不信菩萨,菩萨早已浸润于中华文化的沃土,并塑造了中国人的思维与性情,在这方土地上成长起来的中国人,离菩萨一定不远。

从近代以来,四大菩萨、四大理念、四大名山的"四大"体系又逐渐向五大菩萨、五大理念、五大名山的"五大"体系转型。弥勒菩萨及其所代表的"大慈""与乐"以及弥勒道场雪窦山,带着浓浓的生活气息和喜乐情调,走进菩萨信仰的固有体系。这时候的四大菩萨信仰体系其实也出现了一些问题,如在民众的信仰实践中,四大菩萨的固有理念被淹没,神性弥漫,功能趋同,功利色彩浓厚,中国佛教菩萨信仰体系到了需要再调整、再创新、再振兴的时候。近代的太虚大师曾长期驻锡雪窦山,他首倡将弥勒菩萨纳入中国化菩萨组团之中,将作为弥勒菩萨道场的雪窦山纳入中国化佛教名山阵容,使原有的四大名山变为五大名山。1934年出版的《佛学辞典》也曾记载当时有人提出在四大名山外追加雪窦弥勒道场为五大名山的意见。1987年,赵朴初视察雪窦山时,建议在雪窦山增加一座有别于其他寺院的"弥勒宝殿",以凸显五大名山之一的弥勒道场的胜缘。

近十几年来,雪窦山名山建设的步伐不断加大,除了硬件建设全面推进外,文化塑造也在努力跟进,与弥勒相关的各种形式的研讨会已经开过多次,一年一度的弥勒文化节如期举行,弥勒大藏经也正在紧锣密鼓地编纂之中。本人非常荣幸,曾于1997年第一次参访雪窦山,2007年第一次在雪窦山参加纪念太虚圆寂60周年纪念会议,2017年应怡藏大和尚的信任和提携,受聘为坐落于雪窦山的浙江佛学院研究生导师,主要负责菩萨学方向的研究生培养工作。20多年的因缘,在这个时代得到升华,可以说,对于正在发生的雪窦山弥勒信仰研究、弥勒文化传播以及雪窦山佛教名山建设,我不仅有所关注,而且有幸参与其中。

记得2014年9月我在第三届中国弥勒文化节暨太虚大师思想学术研讨会闭幕式上做大会学术总结时,就曾提出弥勒菩萨在中国佛教菩萨信仰中的角色定位及整体的菩萨信仰体系问题。因缘巧合,2018年10月,由我参与策划和主持的雪窦山弥勒文化高峰论坛在浙江佛学院举行,魏道儒等五位著名学者在论坛中围绕"五大菩萨信仰与中华文化复兴"这一主题展开对话交流,约600人现场聆听了这次对话。学者们除了从佛教中国化和当代文化建设的角度解释弥勒信仰的历史演变与文化定位外,还阐释了五大菩萨与五大名山这一文化体系的基本内涵与学术支撑,对谈菩萨信仰的理论及其在中华文化复兴中的现实意义。2019年10月,我们又调整了思路,邀请在五大菩萨研究方面有独特建树的五位学者,分别从某一位菩萨的角度,对五大菩萨和五大名山的相关问题展开讨论,继续由我主持。《普贤与中国文化》一书的主编魏道儒、《观音菩萨》一书的作者温金玉、《中国地藏信仰研究》一书的作者尹富、《弥勒信仰研究》一书的作者王雪梅、在《世界宗教研究》等期刊发表过多篇文殊信仰研究论文的王颂，5位学者如同五位菩萨的代言人一般，展现各自的角色定位、基本理念和中国化历史进程，并向600多位现场听众证明各自在中国文化中所发挥的积极作用。5位学者的论说形成一个整体的中国化佛教菩萨信仰体系，再次揭示了五大菩萨、五大理念、五大名山的思想渊源和历史演变，尤其是作为一个文化整体所蕴含的内在逻辑和当代价值。

无论任何宗教与文化，理论也好，修行也好，离开欢喜，既无滋味，也无意义。人，乃至整个人类，在这个地球上，一切的努力都没有终点，一切的竞争也终归空幻，人性的需求原本只是在轻松喜乐中感受生命的美好。而这，正是中国化弥勒菩萨的理念所在。所以，从四大菩萨的大悲拔苦、大智开悟、大愿立志、大行起修，到弥勒菩萨加入后的五大菩萨体系，便新增了大慈与乐，佛教菩萨信仰通向快乐的宗旨更为明朗，菩萨信仰的理论体系与实践体系也更为完整。如果我们对原有的菩萨理念排列次序稍做调整，将悲、智、愿、行变成愿、行、悲、智，再加上弥勒的慈，这个信仰体系的次第性就会更加明显，也就是从立志开始（愿），实践随之跟进（行），而实践的内容大分为两类，首先是面对现实问题的救度（悲），其次是超越现实问题的觉悟（智），而最终的目标则是获得生命的快乐（慈）。在这个新的菩萨信仰体系里面，普贤作为执行力的象征和实践的代表，依然担当着不可或缺的角色。佛教学修体系中的信解行证，中国佛教特别强调的解行并重，中国儒家文化中的知行合一，都体现了"行"的重要价值。如果能从大行之中挖掘佛教实践的个性，尤其是普贤行愿的独特之处，揭示和领悟普贤菩萨所代表的华严哲学的智慧和华藏世界的精神，则不仅是对中国佛教文化资源的挖掘，也是对中国文化、中国智慧、中国精神的探索，同时也必将为全球化时代人类文化的友好对话和多元会通提供来自东方古国的借鉴。

普贤，这位充满曼妙的菩萨，连同其重重无尽的华藏世界和圆融无碍的哲学思想，穿过两千年的漫长岁月，走进 21 世纪的人类生活。抖落历史的尘埃，对于日新月异的现代人来说，普贤依然充满令人惊异的新鲜和震撼心灵的力量。不信，你来阅读此书；不信，你来感受普贤境界；不信，你来体验普贤的大行。

谨以上述个人的零星回忆和点滴感想，权作序言，还望宏涛仁棣涵纳，也请读者诸君批评指正。

李利安
2021 年 7 月 22 日于西北大学长安校区公寓

目　录

1

引　言

　　普贤菩萨在中国有较大影响,他的造像遍布于国内各大佛教寺庙,一般是与文殊菩萨一起作为胁侍菩萨位于毗卢遮那佛的两侧,形成"一佛二菩萨"的格局,被称为"华严三圣";或是作为胁侍菩萨与文殊相对应位于迦叶、释迦佛、阿难的两侧,形成"一佛、两声闻、两菩萨"的格局。作为著名的四大菩萨(观音、文殊、普贤、地藏)之一,普贤菩萨在中国拥有弘法的道场,那就是佛教四大名山之一的峨眉山。在藏传佛教中,普贤菩萨也是公认的八大菩萨之一,为主"德行"的菩萨,在藏区也有很大的影响力。[①] 佛教传入中国已经两千余年,历经朝代更替,文化冲击,自身也不断演变,有很多在一定时期非常显赫的神祇(如虚空藏、除盖障等菩萨,在唐代都有很大的影响力),其信仰体系在中国都未能流传下来。普贤菩萨能从印度传来的众多信仰对象中脱颖而出,必然有其独特的价值。这种独特的价值体现在哪里? 究竟是什么样的文化内涵使得他在中国信众心中有如此崇高的地位? 关于这些问题的探索对于理解普贤信仰的体系、认识文明交往的规律有重要的意义,而要想理清这些问题,我们就必须对中国普贤在域外的源头进行追溯。

　　普贤菩萨在古代印度有很大的影响力。古代印度的"八大菩萨"虽然有几个版本,不尽统一,但主流说法是观世音菩萨、弥勒菩

---

① 尕藏加:《峨眉山与藏传佛教》,《青海社会科学》1995 年第 1 期。

萨、虚空藏菩萨、普贤菩萨、金刚手菩萨、文殊菩萨、除盖障菩萨、地藏菩萨。在印度著名的"贤劫十六尊"中,普贤菩萨也位在其列。①可见无论是在中国还是在古代印度,普贤菩萨都是声名显赫的大菩萨。然而,中国学术界对于这么一位大菩萨的重视程度却远远不够。与观音、地藏、文殊三位菩萨相比,普贤菩萨的研究成果寥寥无几。本书将以经典为依据,结合前人的研究,详细梳理普贤菩萨信仰在印度的渊源、发展、变异与其在中亚的流传的情况。

---

① 译者不详:《贤劫十六尊》,《大正藏》第 18 册,第 339 页中。

第一章 古代域外普贤信仰的起源

第一节 学术界关于普贤信仰
起源的几种观点

大乘佛教的最大特征就是菩萨信仰的兴起。大乘佛教兴起初期主要表现为对文殊菩萨的信仰,这是在《般若经》《法华经》等早期大乘经典中很容易就可得出的结论。可是,普贤菩萨究竟是何时出现的? 最早出现在什么样的信众当中? 又是因何而出现了对普贤菩萨的崇拜? 这是个非常重要、但是学术界尚未有充分讨论的问题。就这些问题目前主要有三种看法。

一、佛教和印度教神祇混合说

印顺法师著作丰富,对佛学的多个方面都有涉及,其中也有对文殊、普贤两位大菩萨来历的探讨:

> 首先,大智文殊、大行普贤——二菩萨,是毗卢遮那佛(旧译作"卢舍那佛")的两大胁侍,与原始佛教中,智慧第一舍利弗、神通第一大目犍连是释迦佛的"胁侍",似乎有共同处。……释尊的人间弟子,有左右两大弟子——舍利弗与大目犍连,这是众所周知的。而在佛教的传说中,还有天上弟子,梵王与帝释,也成为左右的二大弟子。……人间二大弟

子,融合于天上的二大弟子,表现为毗卢遮那佛的二大弟子——文殊与普贤。

人间二大弟子,与文殊、普贤的类似性,除二大弟子与大智、大行外,有师、象的传说,文殊乘青师,普贤乘白象,为中国佛教的普遍传说。这一传说,与人间二大弟子是有关的。舍利弗与师子的传说,如《杂阿含经》说:舍利弗自称"正使世尊一日一夜,乃至七夜,异句异味问斯义者,我亦悉能乃至七夜,异句异味而解说"。这一自记,引起比丘们的讥嫌,说他"于大众中一向师子吼言"。又有比丘说舍利弗轻慢,舍利弗就"在佛前而师子吼",自己毫无轻慢的意思。目犍连与白象的传说,出于《毗奈耶》,《发智论》曾引述而加以解说:"尊者大目乾连言:具寿!我自忆住无所有处定,闻曼陀枳尼池侧,有众多龙象哮吼等声。"这一传说,曾引起了部派间的论诤:听见了声音才出定,还是出了定才听见声音?目乾连不但曾因听见龙象哮吼,引起佛弟子间的疑难,随佛去满富城时,目乾连也是化一只六牙白象,坐着从空中飞去。二大弟子与师、象的关系,还有《阿毗达磨大毗婆沙论》卷一六二所说:

"舍利子般涅槃时,入师子奋迅等至。大目捷连般涅槃时,入香象嚬呻等至。"

等至——三摩钵底,为圣者圣慧所依止的深定。舍利弗与大目犍连二位,依止这师子奋迅、香象嚬呻定而入涅槃,文殊与普贤二大士,也就坐着师、象而出现人间了。

关于普贤与帝释,首先注意到的,是普贤坐的六牙白象与帝释坐的六牙白象恰好一致。普贤坐的六牙白象……

帝释,佛教说是住在须弥山(Sumeru)上,为地居的天、龙、夜叉们的统摄者,有多神的特性。《阿毗达磨大毗婆沙论》

4

卷一三三说：

> "苏迷卢顶，是三十三天住处。……山顶四角，各有一峰。……有药叉神，名金刚手，于中止住，守护诸天。于山顶中，有城名善见，……是天帝释所都大城。城有千门，严饰壮丽。门有五百青衣药叉，……防守城门。"

依《大毗婆沙论》等说：金刚手并非帝释，而是住在须弥山顶的一位药叉（夜叉）。夜叉很多，都是可以称为金刚手或执金刚的。初期经律中，那位特别护持释尊的夜叉，或称金刚力士，也是执金刚神之一。帝释自身，其实也是夜叉，所以《论》引《帝释问经》说："此药叉天，于长夜中其心质直。"帝释的夫人舍脂（Śacī），也被称为夜叉，如《毗婆沙论》说："天帝释亦爱设支青衣药叉。"帝释本为《吠陀》（Veda）中的因陀罗天（Indra），手持金刚杵，而被称为金刚手。从佛教传说来看，帝释是天龙八部，特别是夜叉群的王。帝释这一特色，被菩萨化而成为后期密法的住持者。普贤菩萨在密典中，就是金刚手、执金刚与金刚萨埵（Vajra-sattva）。密法的说处，也主要在须弥山。其实，推重普贤的《华严经》，如《世主妙严品》《入法界品》，天神而是菩萨的，已非常的多。普贤菩萨的特性，是深受帝释影响的！

> 梵王为主，融摄舍利弗的德性，形成文殊师利。帝释为主，融摄大目犍连的德性，成为普贤。人间、天上的二大胁侍，成为二大菩萨。①

印顺法师认为，普贤菩萨的特性是"深受帝释影响的"，原因有二：第一是普贤与帝释所乘的坐骑同是六牙白象，第二是两者的

---

① 印顺：《初期大乘佛教之起源与开展（上）》，《印顺法师佛学著作全集》第16卷，北京：中华书局，2009年，第397—403页。

兵刃都是金刚杵。所以,普贤菩萨是以"帝释为主",但又"融摄了大目犍连的德性"。

宋立道先生也同意印顺法师的观点,又在《华严经》里找到了一点根据:

> 出现在"华严法门"当中的是,骑六牙白象的普贤,与释尊的天上弟子,那释提桓因(天帝释)也有关系。释提桓因是三十三天主,统率八部龙天,为多神王国的大王。普贤菩萨出现于华严法会,《华严经·世主妙严品》列众四十类,除菩萨类外,都是天、龙、夜叉、主山神、主夜神等。《入法界品》向南游行人间,而中间也加入了各种各样的主地神、主夜神、主林神以及三十三天众。多神王国的大神——释提桓因是最高的菩萨,所统率的夜叉等,也就都是菩萨了。……执金刚的神既是释提桓因,也可以是普贤菩萨,到了后来"密乘佛教"时期,执金刚者干脆就是普贤本人了。①

以上就是印顺法师和宋先生的观点。笔者认为他们的论证并不充分,因为:首先,金刚手信仰在密教经典出现最早可以追溯到7世纪,对于普贤菩萨的起源来说,这显然是太靠后了,我们不应该以后来的根据来证明前面的情况;其次,早期经典中普贤菩萨并无手持金刚杵的记录,《佛说观普贤菩萨经》也只是讲他的六牙白象头上有一个金刚人,手持金刚杵,但那个人并不是普贤菩萨本人;再次,印顺法师只是以坐骑和兵刃这种外在的因素来论证的,实际上,六牙白象及金刚杵,都是印度传统文化中非常常见的坐骑和兵刃,这在印度史诗《摩诃婆罗多》中是随处可见的。印顺法师以及宋立道先生所列的那些理由,只能够说明,在普贤菩萨的形象

---

① 宋立道:《〈华严经〉与普贤信仰》,魏道儒主编:《普贤与中国文化》,北京:中华书局,2006年,第101页。

构成上看,帝释起了很大的影响作用,但是却不能够证明普贤菩萨就是来源于帝释天,因为它回答不了以下几个问题:为什么这个大菩萨的名字恰好就是"普贤"呢? 普贤和帝释究竟在其所代表的理论上有何相同或相似的理念? 如果两者在理论上没有相同或相似之处,那么这种推断的理由就不充足。

事实上这些外部原因可能只是论证普贤菩萨起源的必要条件,而非充分条件。笔者认为,一个代表性的神祇,一般有两种说明:一者是其功能,即我们通常所说的"法力"范围,这当然是信众之所以崇拜他的原因;另外就是该神祇所代表的内在含义,即其哲学。从两者的关系上看,后者是前者的基础,前者是后者的表现。没有后者,前者就会因为没有说服力而陷于空洞和肤浅,将不能赢得文化水平较高的人的信奉;没有前者,则该神祇就丧失了超越性。故而,对于要探讨像普贤这样的声名显赫的大菩萨来说,除了印顺法师从外在表现的角度来论证外,还应该深入挖掘"普贤"这一概念在内在含义上的密切联系,这样才能够比较充分地证明我们的结论。

普贤菩萨随着佛教的发展而逐渐完善和丰富其内涵。他在不断地吸取其他神灵的营养、增加自身的功能、强化自己的行法,从而提升了自己的地位。因此在追溯他的起源时,我们要分清楚阶段。因为当我们说"起源"时,指的仅是普贤菩萨刚刚出现时的情况,我们不能倒果为因,按照后来普贤菩萨的形象特点去追溯他的起源。

因此,从这一点来说,笔者首先不同意印顺法师的看法,因为他的看法正是从成熟阶段的定型化了的普贤菩萨的形象去看的,虽然他凭着精湛的佛学造诣,敏感地觉察到了后来的普贤菩萨与帝释天紧密联系,但他不分阶段地、单纯地从外围特征去论述的方法是有缺陷的。

二、普贤菩萨代表"如来藏"说

黄夏年先生认为,在早期原始佛教时期,印度人就已经有了"普贤"这个概念:

> 从佛教经典成立史看,最早的佛教经典《阿含经》中已有普贤的论述。属于与《长阿含经》同本异译的隋天竺三藏阇那崛多等译的《起世经》中云:"诸比丘,为鬱单越人故。于善现池南复有一苑,名曰普贤。其苑纵广一百由旬,七重栏楯,周匝围绕,乃至熟饭清净美妙。诸比丘,此普贤苑亦无守护。鬱单越人,若欲须入,普贤苑中澡浴游戏受快乐时,从其四门随意而入。入已,澡浴游戏受乐。既受乐已,欲去即去,欲留即留。"《起世经》是一本讲述佛教世界成立观的著作,里面主要述说了须弥四洲的相状、世界的成立及破坏的时期等等。"普贤"在这里作为一个重要名胜,让人生起清净美妙的快乐,这是早期佛经对普贤的一种描述。
>
> 在刘宋天竺三藏求那跋陀罗译的《杂阿含经》里的《央掘魔罗经》卷第三中亦云:"西方去此过三恒河沙刹,有国名普贤,佛名普贤慧。"《央掘魔罗经》是说央掘魔罗改恶从善,投佛出家的故事,宣扬一切众生皆有如来藏佛性的思想,因此这里的"普贤"是众生皆可成佛的国度。此外,在《大毗婆沙论》里也谈到普贤是山名。在西晋三藏竺法护译的《生经》卷第三中云:"闻如是,一时世尊游于摩竭,在法闲居。佛之道树初成道时,与万菩萨俱,一时成就。普贤菩萨,行于无愿,其行无余。"这里,可以看到,从"普贤苑""普贤国"到"普贤菩萨"的发展轨迹,可以说这是一个飞跃。①

---

① 黄夏年:《印度佛教的普贤菩萨信仰初探——兼谈普贤菩萨与如来藏的关系》,魏道儒主编:《普贤与中国文化》,第103页。

黄先生认为,《起世经》属于《长阿含经》的内容,而《央掘魔罗经》属于《杂阿含经》的内容,《大毗婆沙论》属于部派佛教说一切有部的经典,这说明"普贤"这一概念早在原始佛教、部派佛教时期就已经出现了,当时称为"普贤苑""普贤国""普贤慧""普贤山",只是在当时的佛经中不是作为表示事物的名词而存在,而是作为表示事物性质的形容词而存在。

黄夏年先生的看法实际上是说,普贤这一名字,其实在印度是一个很常用的名字,它代表着一定的意义。那么,"普贤"这一概念,到底代表着什么意义呢? 普贤菩萨的产生,显然应该是和这一意义有关,这无疑是一条注重从内在的含义去追溯普贤菩萨的起源的,具有启发意义。

黄先生的这篇论文的主题并不是去追溯普贤菩萨在印度的渊源,他并没有说普贤菩萨就渊源于"如来藏",他只是捎带着提及了这个问题。他的主要用意在于挖掘普贤菩萨所表征的内容。因此,他认为"普贤"一词代表的是"如来藏",这是成立的。他指出"如来藏"思想的主题是"一切众生悉有佛性","普贤代表了众生成佛的国度,也就具备了众生皆可成佛的如来藏佛性的说法了"。[①]这无疑也是一个很重要的观点,值得借鉴。

黄先生没有详细追溯普贤菩萨的渊源。但是,我们的这个论文的主题使我们必须探讨普贤菩萨表征"如来藏"的情况是不是最早的情况。现在所能找到的第一部明确提到"普贤菩萨"的《生经》,是关于佛及其弟子们的本生故事的经典,应该是属于后来所称的华严类经典。虽然后来的《华严经》也大致可划入"如来藏"的系统,但在《华严经》只是强调了修行的阶段和禅定的甚深,并未明确提及"如来藏"。而黄先生所提到的《央掘魔罗经》,

---

① 黄夏年:《印度佛教的普贤菩萨信仰初探——兼谈普贤菩萨与如来藏的关系》,魏道儒主编:《普贤与中国文化》,第104页。

虽是属于"如来藏"系的经典,但里面讲的却是"普贤慧佛",而不是普贤菩萨。况且,如果"普贤"真的一开始就是表征"如来藏"的话,那么如来藏系的经典绝不会对"普贤菩萨"只字不提,他应该是重点抬高的对象才对,可是事实上"如来藏"系代表性经典如《胜鬘经》《如来藏经》《不增不减经》等都没有提到普贤菩萨。所以笔者认为,普贤菩萨与"如来藏"的结合,可能是后来才有的事情。

三、"雅利安人理想化的故土"与"某有地位的在家居士"混合说

张子开先生认为,普贤菩萨的来历,应该说是顺着两条线下来的:第一条,就是前文提到的作为地名的"普贤苑""普贤国",从经文对它们理想化的描述看,"普贤苑"位于"北俱卢洲",在印度的北方;"普贤国"位于西方,"去此过三恒河沙刹",而西方和北方刚好就是雅利安人老家所在地。雅利安人先是在约公元前2000年左右从中亚草原南下,占领了印度河流域,然后东征,占领了恒河流域。那么,"普贤苑""普贤国"很可能就是雅利安人对其祖先故地理想化的怀念,这些国土的教主很自然就成了"普贤慧佛""普贤佛"。第二条线索存在于《悲华经》中,经中讲述在过去无量劫有世界名"删提岚",佛号宝藏如来,有转轮圣王名无诤念,王有千子,王及诸子于宝藏如来前次第发愿,宝藏如来则一一授记,其中第八子泯图即为普贤菩萨。根据这一说法,张先生推断这可能是由公元前的某一事情作为原型逐步改造而成的:

> 这里透露出几个重要的信息:其一,在《悲华经》产生之前,也就是公元前的部派佛教时期,很可能有一在家信徒曰"普贤",此人可能属于刹帝利种姓、在社会颇有地位,因其具

有大誓愿,为佛教界所尊崇。到了大乘佛教时期,更被奉为菩萨。①

张先生认为,从第一条线演化而来的普贤佛,与第二条线演化而来的普贤菩萨,最终两者合成为"大乘公认、普遍化之普贤菩萨信仰"。

笔者认为,张先生较深入地探讨了"普贤佛"的起源,他认为,西方普贤国的普贤慧佛,可能即是《悲华经》中普贤佛、普贤如来的前身,这点我是完全赞同的,因为确有证据可以证明:

> 善男子,尔时宝海梵志,白第四王子能伽奴言:乃至发愿亦复如是。尔时佛告阿伽那言:"善哉善哉,善男子,汝行菩萨道时,以金刚慧破无量无边众生诸烦恼山,大作佛事然后乃成阿耨多罗三藐三菩提。善男子,是故号汝为金刚智慧光明功德。"尔时佛告金刚智慧光明功德菩萨:"善男子,汝于来世过一恒河沙等阿僧祇劫,入第二恒河沙等阿僧祇劫,于此东方过十恒河沙等世界中微尘数等世界,有世界名曰不眴,善男子,汝于是中当得作佛,号曰普贤如来应供正遍知明行足善逝世间解无上士调御丈夫天人师佛世尊。"②

可以看到,《悲华经》中的四王子究竟发了什么愿,经文可能有脱落,没有像其他王子的发愿那么清楚。但是,从宝藏如来的总结来看,他所发的愿的主题是用其"金刚慧"破"无量无边众生诸烦恼山",当他处于因位,做菩萨、行菩萨道时,佛授记其名为"金刚智慧光明功德"菩萨,只有到功德圆满时,进入果位,才得佛号为"普贤如来"。

这里的"普贤如来"与上文所说的西方世界的"普贤慧佛"确有

---

① 张子开:《普贤信仰的产生及大乘普贤形象的演化》,《四川佛教》2010 年第 2 期。
② (北凉)昙无谶译:《悲华经》卷第四,《大正藏》第 3 册,188 页下。

可比性,两者最突出的就是都以"智慧"见长,虽说普贤慧佛位居西方而《悲华经》中的普贤如来位居东方,如果考虑到印度当时没有使用文字,或刚刚使用文字、惯于口耳相传的情况,那么出现些差异是可以理解的。

但张先生对于普贤菩萨的起源则没有深入探讨,只是凭借《悲华经》里无诤念王和其诸王子皈依佛法、发愿救世的故事,就得出了普贤菩萨可能源于"某有地位的在家居士"的结论,这未免不够严谨。如果我们再仔细琢磨一下《悲华经》的话,就会发现,它所描述的阿弥陀佛、普贤佛、观世音菩萨、文殊菩萨、得大势菩萨、普贤菩萨、阿閦佛等,都是当时非常知名的佛菩萨。正如李利安先生在《观音信仰的渊源与传播》一书中所认为的那样,应该是先有观音菩萨的影响力,然后才有对其身世的说明和确认,以论证其权威性和合法性。① 因为合理的逻辑是,先有佛菩萨在众多的佛菩萨里脱颖而出,引起人们的注意、信仰甚至争议的时候,追溯他们的身世才是需要的。如果这一点可以成立,那么《悲华经》写作的背景应该是,在当时的社会上对普贤佛和普贤菩萨的信仰同时并存,影响都很大,但两者又有本质的区别:普贤如来位于东方世界,普贤菩萨位于北方世界;普贤如来以"金刚智慧"知名,而普贤菩萨则以愿行和神通知名。既然我们是在追溯普贤菩萨的"起源",对此就应该分开来探讨。

通过对以上三种观点的分析,笔者认为,印度在其漫长的历史上,国家几乎都是处于分裂状态,加上这个地区民族众多,语言各异,对于像普贤菩萨的渊源这样复杂的问题,我们不能想当然地认为它的发展是一条单行线,甚至也不可能只顺着两条线在发展。我们注意到,几乎在每个佛教发展的阶段,普贤的身份、地位、功

① 李利安:《观音信仰的渊源与传播》,北京:宗教文化出版社,2008年,第110页。

能、行法都是变化极大的。如此大的差异，说明他的起源可能是多个因素综合的结果，这是我们在追溯普贤菩萨起源时应该注意的。

第二节 本书所持的观点

一、普贤菩萨的起源

普贤的梵文写作"Samantabhadra"，意为"遍吉"，是"普遍美好"的意思，最初是以形容词的形式出现在佛经中的，如"普贤苑""普贤国""普贤山""普贤慧""普贤愿""普贤行""普贤道"等等。我们不能想当然地把这里的"普贤"理解为就是"普贤佛"或"普贤菩萨"。笔者认为，这里的"普贤"可能就如它的梵文原义"遍吉"一样，只是反映了人民追求普遍美好、没有烦恼缠绕的理想而已。事实上，直到 5 世纪时，印度耆那教还有一个著名的因明学论师名叫"Samantabhadra"，也就是"普贤"。[①]

既然如此，为什么我们不能将"普贤愿"理解为追求"普遍吉祥"的愿望呢？为什么就一定得是"普贤菩萨"所发的愿望呢？为什么不能将"普贤行"理解为追求"普遍吉祥"的行法呢？为什么一定是"普贤菩萨"的"行法"呢？要知道，"普贤"作为形容词的历史远比作为名词的历史要早，这是客观事实。事实上，这并不是我个人的随便猜想，经典也可以提供依据："于时莲华藏菩萨，入诸法所趣之心，无所罣碍，所念法门无诸弊碍，诸菩萨行为普贤愿，合集等行，正住于愿，入诸佛法，见十方佛，加于大哀，度于无极，降伏众

---

① Fujinaga Sin, "Determining Which Jaina Philosopher was the Object of Dharmakīrti's Criticisms", *Philosophy East and West*, Vol. 50, No. 3, The Philosophy of Jainism (Jul. , 2000), pp. 378 - 384.

生,休息恶趣,一切菩萨,诸三昧定,睹了本际。"①这里提到"诸菩
萨行"为"普贤愿",而"合集等行","正住于愿",虽然《生经》里提到
了普贤菩萨,并且他还是上首菩萨,但是,在这段经文中,"为普贤
愿""合集等行""正住于愿"的却是"莲花藏菩萨",从经文中我们看
不出这里的"普贤行""普贤愿"与普贤菩萨有多大的关系。

我们还可以在早期的密教中找到证据,《观自在菩萨说普贤陀
罗尼经》里,"普贤陀罗尼"就被认为是观音自己的"陀罗尼":

> 此陀罗尼是我心真言,诵真言即成请召,行者从白月八日
> 起首,乃至十五日,日三时时别诵一百八遍,三时澡浴三时换
> 衣,其十五日作广大供养无限念诵。其日中夜观自在菩萨,来
> 至道场现金色身,相好端严放百千光明。持诵者不应恐怖生
> 勇健心,才见观自在菩萨,即得地位证得陀罗尼三摩地,即见
> 东方阿閦如来、南方宝幢如来、西方无量寿如来、北方天鼓音
> 王如来,见四如来,十方无量如来身广大威德,承于诸佛大悲
> 愿力,久住世间,从此命终当生净妙佛刹,于一切处,供养承事
> 诸佛如来。②

既然"普贤陀罗尼"被观音菩萨确认为"我心真言",则说明在
这一经文中的"普贤陀罗尼"与"普贤菩萨"没有什么关系。实际
上,普贤菩萨也根本未出现在该经中。那么,该陀罗尼为什么会被
称为"普贤陀罗尼"呢?笔者认为应该取的是"普贤"一词最原始的
意义——"普遍美好吉祥"。综上所述,将"普贤"作为"普遍美好吉
祥"来使用的情况一定在早期比较普遍,诸如"普贤行""普贤愿"的
产生可能比普贤菩萨要早。可能这反映身处阎浮提"堪忍世界",
生活痛苦无助的人民的美好愿望,希望有"普遍美好"的国度或地

---

① (西晋)竺法护译:《生经》卷第三,《大正藏》第3册,第86页上。
② (唐)不空译:《观自在菩萨说普贤陀罗尼经》,《大正藏》第20册,第21页上。

方,希望佛菩萨们发"普遍美好"的"愿",并且能身体力行地去之行这些"愿",也就是"普贤行",甚至能帮助他们将来往生到那样的"普遍美好吉祥"的国土。欧洲历史上曾有"理想国""太阳城""乌托邦",中国历史上也曾有过"大同社会""桃花源"这样"普遍美好吉祥"的理想国土,它们在生产力不发达的古代社会,曾激起多少人的向往啊! 在印度这样一个全民信神、宗教色彩如此浓厚的国度里,像这样的一个无比美好的"普贤愿行"在古代社会无疑更加具有强烈的吸引力:

> 舍利弗,其土无有声闻缘觉,乃至不闻二乘之声,一切圣众纯是菩萨,已于过去久修德本,善业成备布施调伏,自守防护戒忍多闻,心不放逸安住功德,威仪成就忍力无碍,于无上道坚固精进,所修善根一切成就,诸禅解脱三摩婆提,游戏神通大智照明,善分别知一切诸法,所怀慈心等如虚空,大悲坚固拯济众生,常行喜心令彼同欢,所有舍心善灭憎爱,魔网诤讼悉使无余,善解众生诸根所趣,随其根量授与法财,其心平等如地水火风,能坏一切外道异论,摧伏敌阵建立胜幡,入深佛法十力无畏,于诸大众心无所惧,常观甚深十二因缘,离有无见行于中道,我及我所众生寿命,养育士夫作者受者,断常有无一切诸见,结缚因缘皆灭不起,总持王印而以印之,所有辞辩分别敷演,那由他劫说不可尽,得大神力感动无量无边佛土,于诸佛土善能往来,断除瞋怖憍慢放逸,其所演说如师子吼。

> 彼佛世界无三恶道及其名字,亦无邪行越戒之名,又无女人悭贪嫉妒破戒瞋恚懈怠乱心愚痴之名,及以障碍荫盖集名,众生根等无上中下,纯是一乘无大小名,佛土无有净秽之名,亦无三宝差别之称,不闻饥渴饮食之声,及我我所遮护之名,无诸魔网妄见集名,彼佛世界平坦广大,一日月照周匝六十亿

百千那由他由延,是希有事是彼菩萨本愿所致,其土平正犹如
手掌,琉璃众宝杂厕共成,其地柔软犹如天衣,若有触者受微
妙乐,宝树庄严行伍相当,宝绳连绵以界八道,所有诸华常自
开敷,亦无石沙荆棘秽恶,所有诸山纯以众宝而挍饰之,人天
无别法喜禅味以为饮食。其土无有王者之名,唯除普贤如来
法王,彼佛世尊及诸菩萨,不以文字而有所说,彼诸菩萨唯修
观佛,谛视无厌,目不曾眴,即便能得念佛三昧悟无生忍,是故
彼土名曰不眴。①

没有恶道,没有污秽,没有饥渴,甚至没有二乘,国土平整,生
活幸福,还有大乘佛法的教化,像这样美好的世界怎能不引起人们
的急切向往呢? 一定是大家的这个愿望催生了代表"理想美好国
度"的普贤如来,他和他的国土的出现无疑给了大家一个向往的目
标,让大家有了生活的动力和勇气。

普贤如来的存在可以满足一些人的需要,但是,大多数人更为
关心的是如何现在就实现这个愿望,大家更需要现在就有一位菩
萨能发下带领大家到达"普遍美好吉祥"的目标的"大愿",并且能
够以独特殊胜的"行法"来指导大家实现这个目标。别的菩萨能否
达到这个目标呢? 虽然文殊菩萨有殊胜的智慧,可是,他的愿行有
陷入"断灭空"的危险,直接否定了理想国土的存在,不免使得大家
感到失望;观音菩萨虽然不辞辛苦地救苦救难,但是,他主要是帮
助人民进入西方净土,由于西方净土里面不但有声闻和缘觉,而且
有"边地"的有情,和他们在一起生活毕竟不能算得上是"普遍美
好"。所以要想达到"普遍美好"的国土的目标,就必须要有专门的
菩萨来完成这个使命,这个菩萨自然就叫"普贤菩萨"。

① (南朝宋)智严、宝云译:《大方等大集经》卷第二十七,《大正藏》第 13 册,第 185
页下—186 页上。

因此笔者认为，普贤菩萨是被早于其的"普贤愿"和"普贤行"唤出来的，当然"愿"和"行"就是其最大的特点：

> 世尊，我要当教十千佛土所有众生，令心清净无有行业烦恼诸毒，乃至不令一人属于四魔，何况多也，若我庄严十千佛土，如是清净如光明无垢尊香王佛青香光明无垢世界，所有种种微妙庄严，然后我身及诸眷属，乃当如彼师子香菩萨之所愿也。世尊，若我所愿成就得己利者，当令十千诸佛世界所有众生断诸苦恼，得柔软心得调伏心，各各自于四天下界，见佛世尊现在说法一切众生。①

再如鸠摩罗什所翻译的《孔雀王咒经》中，也隐约透露出了相似的意思："清修菩萨入身求魔，净藏菩萨折髓求魔，火光菩萨把火求魔，月光菩萨放光求魔，持地菩萨掘土求魔，普贤菩萨迎其精神，观世音菩萨寻声往救。"②该经认为，在驱逐魔难时，各个菩萨的特点并不一样，观音菩萨是寻声救苦，普贤菩萨是"迎其精神"，对照上下文的意思，这里的"其"应该指的是"受难人"，普贤菩萨能"迎其精神"，我的理解也就是"增长信心、希望"，给其提供精神上的支柱。普贤菩萨之所以能够如此，当然也是因其殊胜的"愿"与"行"的缘故，这也和普贤最初的含义"遍吉"相一致。

所以，我们才可以看到大乘佛教早期"普贤如来"和"普贤菩萨"同时并存的情况。两者分工十分明确：一个表征的是"理想的国土"，一个表征的是"现在的救赎"。但两者在最开始的时候并没有关系，要想进入"普贤如来"的世界，并不需要"普贤菩萨"的"救赎"；"普贤菩萨"的"救赎"，将来进入的也不是"普贤如来"的国土，而是位于北方的"知水善净功德"国土：

---

① （北凉）昙无谶译：《悲华经》卷第三，《大正藏》第 3 册，第 192 页上。
② （姚秦）鸠摩罗什译：《孔雀王咒经》，《大正藏》第 19 册，第 482 页中。

善男子，以是缘故今改汝字名为普贤，于未来世过一恒河沙等阿僧祇劫，入第二恒河沙等阿僧祇劫，末后分中于北方界，去此世界过六十恒河沙等佛土，有世界名知水善净功德，汝当于中成阿耨多罗三藐三菩提，号智刚吼自在相王如来应正遍知明行足善逝世间解无上士调御丈夫天人师佛世尊。①

所以我认为，如果我们实事求是地按照历史的进程去追溯普贤菩萨的起源，那么就必须将"普贤如来"和"普贤菩萨"分别来看待。

二、普贤菩萨产生原因的综合分析

"普贤信仰"又是怎样产生的呢？复杂性科学理论认为，一个具有"复杂性"的事物，其内部的基本单位都是有自组织性的，它们一方面在该事物内部争取利益最大化，一方面在该事物外部获取其能得到的最多资源，由此构成了一个复杂的系统。该系统无论在其内部还是外部都在进行着信息交换，正是在这样相互影响的动态平衡中，该"复杂性"事物得以维持动态平衡而不至于毁灭。一般而言，其内部各个组成部分"自组织"性越强的事物，其存在也越稳定持久；其内部各个单位的"自组织"性越差的事物，其应变能力也差，相比而言更容易倒塌。② 下面笔者试着用复杂性科学的理论来解读一下菩萨信仰这一特殊的文化现象。

一种崭新的信仰形态的确立，其原因应该是十分复杂的，除了其特有的内涵为其他菩萨不能代替以外，外部原因也是必要条件，这就构成了一个"复杂性"事物：在其内部，有神祇、僧团、信众；在其外部，则有客观的经济环境与政治环境、文化环境。各种文献都

① （北凉）昙无谶译：《悲华经》卷第三，《大正藏》第3册，第192页中。
② 参见伊曼纽尔·沃勒斯坦：《所知世界的终结——二十一世纪的社会科学》，冯炳昆译，北京：社会科学文献出版社，2002年。

翔实地告诉了我们大乘初期影响最大的菩萨信仰是"文殊信仰"。文殊菩萨及其所代表的"般若"思想以其巧妙空灵的思辨而征服了信众,在社会上产生了极大的影响。那么,普贤菩萨又是如何壮大的呢?

首先,佛教失去政治力量的支持应该是普贤菩萨崛起的外部原因。

在般若思想盛行的时候,其和外道斗争十分激烈。当时虽是乱世,但是佛教总可以找到支持自己的力量,譬如龙树就得到了"憍萨罗国王"的支持:"龙树在通达了大乘经以后,又回到南印,着手创立学说,广事宣传。他得到了住地憍萨罗国王的支持,为他在黑峰山用九亿金钱修建一座五层伽蓝(法显、玄奘去印度时,还见到这个伽蓝的遗址)。"①

但是到了后来情况就发生了变化,案达罗国强盛,国王却是崇奉婆罗门教的。正如吕澂先生所讲的那样,统治者"对佛教等教派,不甚热心"②。根据复杂性科学的理论,依靠诸如政治权力之类的支持而建立起来的组织,其稳定具有刚性,会影响到其内部单位的自组织活动,一旦这一有力的支持因素消失,那么整个大厦很快就会受到影响。像般若学这样类似"玄谈"的理论,一旦失去了王权和贵族们的支持,老百姓是没有能力受持的,对于他们来讲,如何得到神祇的保佑、进入三昧,如何与神祇沟通,如何获得神通,才是主要关心的。般若学对于智慧推崇有加,却无法满足僧团和一般信众对修行实践的需求,似乎对"修行"的重要性强调得不够,这对于像佛教这样一个重视"实修实证"的宗教来说当然是不够的。在外部政治支持失去后,具有"自组织性"的僧团必须面对这

---

① 吕澂:《印度佛教源流略讲》,《吕澂佛学论著选集》,济南:齐鲁书社,1991年,第2055页。

② 吕澂:《印度佛教源流略讲》,《吕澂佛学论著选集》,第2031页。

一现实,迅速调整自己理论和提出新的信仰对象。从上文的分析可以看到,"愿"和"行"正是普贤菩萨最明显的特点,在这一点上刚好可以满足信众需要。因此,"普贤行"既是普贤菩萨产生的原因,也是伴随普贤菩萨的一个标志,与普贤菩萨相关的"普贤类"经典,大都对"行法""禅定""三昧""神通"非常重视。关于这一点周贵华先生曾有过相当精彩的论述:

> 《华严经》强调菩萨道之艰难性与长时性,即成佛没有捷径一蹴而就,需要福德与智慧资粮的旷劫积集,因此,以般若的内在体悟为根本并非要废弃普遍之普贤愿行。相反,二者相资相成,般若的内在悟入要外在的菩萨愿行资助方能成就并圆满。可以说,《华严经》从强调般若的文殊精神转移到强调践行之普贤精神,代表了以偏重广泛践行补救偏重内在体悟这种修行路线易于落空之弊端的意趣。所以,《华严经》极力强调普贤愿行所摄之菩萨万行与愿海就可以理解了。①

这样,普贤菩萨所表之"愿行"恰好可以和文殊菩萨所表之"智慧"相辅相成,可以纠正大乘初期片面抬高"智慧"的修行方式。

其次,文殊信仰及其理论本身存在的内部缺陷开始暴露,为普贤菩萨的兴起创造了条件。

文殊菩萨以智慧见长,表征的是般若智慧,这种智慧主要是讲"空"的,这种"空观",尽管可以在某种程度上消解人们对物质欲望的执着心,但却在理论上给人以幻灭感、不确定感。这不能不说是般若理论的内在缺陷,因为它认为一切都"空",不仅物质世界是空的,精神世界是空的,最后连佛法也是空的,甚至连佛菩萨也是空的。如在著名的《金刚经》中有这样的语句:

---

① 周贵华:《普贤愿行与净土——以华严系经为中心》,魏道儒主编:《普贤与中国文化》,第170页。

"须菩提,于意云何? 如来得阿耨多罗三藐三菩提耶? 如来有所说法耶?"须菩提言:"如我解佛所说义,无有定法名阿耨多罗三藐三菩提,亦无有定法如来可说。何以故? 如来所说法皆不可取、不可说,非法、非非法。"

"须菩提,于意云何? 佛可以具足色身见不?""不也,世尊。如来不应以具足色身见。何以故? 如来说具足色身,即非具足色身,是名具足色身。"

"须菩提,如来说有我者,则非有我,而凡夫之人以为有我。"

须菩提言:"如是如是,以三十二相观如来。"佛言:"须菩提,若以三十二相观如来者,转轮圣王则是如来。"须菩提白佛言:"世尊,如我解佛所说义,不应以三十二相观如来。"尔时,世尊而说偈言:"若以色见我,以音声求我,是人行邪道,不能见如来。"……"一切有为法,如梦幻泡影,如露亦如电,应作如是观。"①

杜继文先生曾经对于《金刚经》的这些说法有过精彩的点评:

《金刚经》的这些说法,否认了人类认识有把握客观真理的能力,把直面人生的现实世界视作虚妄的幻觉;同时它又不肯定在虚妄的世界背后,是否还另有什么真实世界,从而导向了怀疑一切、否定一切的倾向。

《金刚经》没有肯定世俗世界的任何东西,对所谓"实相",除要求从否定性的"非相"上理解外,也再无任何说明。由此推论,早期佛教所说的四谛真理、业报轮回、修习解脱等等,当然也成了虚妄执着的表现。在般若思想中,后来又被大乘中

---

① (姚秦)鸠摩罗什译:《金刚般若波罗蜜经》,《大正藏》第 8 册,第 749 页中—752页中。

观派指斥为"恶趣空"的,可能就包括《金刚经》这类主张。①

在《金刚经》里,佛自己也认为"若复有人,得闻是经,不惊、不怖、不畏,当知是人,甚为希有"。这种否定一切存在的观点在如维摩诘居士那样的上层理性精神充足的知识阶层还可以勉强受持,对于一般信众恐怕难以接受,尤其是其将"轮回的主体"、将"佛菩萨"都空掉的说法将产生使信众失去宗教的依靠的危险。因为很明显:如果"我"是"空"的,那么轮回还有什么意义?如果连"佛菩萨"都没有自性,那成佛还有什么用?毕竟大家都是凡人,为自己的轮回考虑,为将来的成佛成菩萨考虑,是信仰的基础。而在般若学那里,这个基础被"消解"了,尽管其巧妙的论证能够使其风靡一时,但当高潮过后,整个信仰的大厦也就肯定会动摇。其实在当时的印度就有僧众攻击般若思想为"方广道人断灭空",这不是完全没有道理的。

其实像《金刚经》这类般若经典,传入中国后,虽然和中国当时的玄学相契,蓬勃发展,但老实说,当时僧众心中的疑惑是实实在在的。如杜继文先生在介绍《大般泥洹经》时,引述了这样一个事件:

> 其中他(佛驮跋陀罗)与法显等共译的《大般泥洹经》10卷,系《大般涅槃经》的前分,在鸠摩罗什弟子群中引起了爆炸性反响。僧叡说,"泥洹不灭,佛有真我,一切众生皆有佛性",这一《泥洹经》的基本观点,使长期困惑于般若空观的学僧豁然开朗,即使罗什在世闻得此理,也"应如白日朗其胸襟,甘露润其四体"。②

---

① 杜继文:《佛教史》,南京:江苏人民出版社,2006年,第68页。
② 杜继文:《佛教史》,第173页。

台湾大华严寺的海云法师也持同样的观点：

> 这种只破不立的思想，发展到"毕竟空""究竟空"之后，毕竟是产生了偏空与顽空的"狂空"，这在修行者的立场是不许可的。因此思想界必然要有新的出路。就在此时，生命整体观的思维模式，重新发展出"证空性"以后的人生观。换言之，在证空性之前的生命是"第一生命"，在证空性之后的生命是"第二生命"。此时法身观中的法身佛、法界观，重新诠释了佛教的版图。文殊师利菩萨的地位逐渐下降了，取而代之的就是普贤菩萨的登场了。①

在有深厚"神我"观念传统的印度，相信更是如此。在大乘佛教这个复杂性事物中，这种现象的存在带来的直接后果可能就是大量信众的流失，这又会直接威胁到僧团的生存。僧团作为一个有"自组织"能力的团体，就必然会提出一种新的理论出来纠正般若思潮的这种虚无主义倾向，来争取信众，而佛教作为一种宗教，再精致的理论也必须有神祇来表征，这也是普贤菩萨得以产生的重要的原因。

---

① 海云继梦：《普贤菩萨的存在价值》，魏道儒主编：《普贤与中国文化》，第40页。

第二章　古代域外普贤信仰之发展

普贤信仰产生以后，当时的各个佛教教派都争相将其纳入自己的信仰体系，普贤信仰也就迅速地与其他佛教思想融合，并在融合中迅速壮大起来。当时与普贤信仰关系密切的代表性经典有《大集经》《悲华经》与《生经》，由于缺少准确的记录，我们无法准确地断定这些经典产生的早晚，因此只能比较不同经典内容之间的关系，按照经文义理发展的可能的内在顺序来次第阐述。

第一节　普贤如来在《大集经》中的本体化倾向

《大集经》里推出了一个"普贤如来"，有些学者将这个"普贤如来"与《央掘魔罗经》里的位于"西方国土"的"普贤慧佛"直接等同起来，可能是认为只是翻译的不同。对此笔者不敢苟同：首先，两者所处的世界是不同的。"普贤慧佛"位于"西方国土"，而"普贤如来"则位于东方世界。其次，两者的内涵不同。"普贤慧佛"以"智慧"命名，可见突出的是"智能"，而"普贤如来"除了也同样强调"金刚智能"外，还表现出了明显的"本体化"的倾向：

> 时舍利弗，敬顺佛教问无尽意："唯善男子从何处来？佛

号何等？世界何名？去此远近？"无尽意言："唯舍利弗，有来想耶？"舍利弗言："唯善男子，我知想已。"

无尽意言："若知想者应无二相，何缘问言从何处来？唯舍利弗，有来去者为和合义，如和合想，是无合无不合，无合无不合即不去不来，不去不来者是圣行处。唯舍利弗，有来去者即是业相，如业相无作无非作，无作无非作即不去不来，不去不来者是圣行处。唯舍利弗，有来去者是国土相，如国土相，无国土无非国土，无国土无非国土即不去不来，不去不来者是圣行处。唯舍利弗，有来去者即是缘想，如缘想无缘无非缘，无缘无非缘即不去不来，不去不来者是圣行处。唯舍利弗，有去来者即因等生相，如因相，无因无非因，无因无非因即不去不来，不去不来者是圣行处。唯舍利弗，有去来者即是文字语言，如文字相，无文字无非文字，无文字无非文字即不去不来，不去不来者是圣行处。"舍利弗言："唯善男子，汝今所说微妙事相。"[1]

在此一段经文中，舍利弗问"无尽意"菩萨来自何国土。来自普贤如来所教化的"不眴世界"的"无尽意"菩萨并没有正面回答他的提问，而是诘问舍利弗为什么着于"相"，并随即向舍利弗讲了一套"微妙事相"，也即抽象的哲理，中心主题是否定"和合想""业相""国土相""缘想""因等生相""文字语言相"，而肯定"不来不去"的"圣行处"，也就是真如，即哲学上所说的"本体"。

如《大方等大集经》所述：

云何念佛？谓不观色相。出生种性过去净业，是时心中不生自高，不观现在阴界诸入，见闻觉知心意识等，无有戏论

生住灭相,不取不舍不念不思,不观思想及非思想,不分别想法想已想无一异想,境界功德内外中间,不起觉观始终之念,不观形貌威仪法式,不观戒、定、智慧解脱、解脱知见、十力无畏不共之法。

正念佛者,不可思议,不造行不作想,无等等离思惟,无所念无思处,无阴入界生住灭想,无有处所非无处所,非动非住,非色非识非想非受非行,于识不生识知,于地水火风不生识知,眼色耳声鼻香舌味身触心法亦复如是,如是不缘一切境界,不生诸相我及我所,不起见闻觉知之想,究竟能到一切解脱,心心数法灭不相续,净诸忆想非忆想等,善除爱恚灭因缘相,此彼中间悉断无余,是法清净无文字故,法无欢喜不动转故,法无有苦不味着故,法无燋热本寂灭故,法无解脱性舍离故,法无有身离色相故,法无受相无有我故,法无结缚寂无相故,法相无为无所作故,法无言教无识知故,法无始终无取舍故,法无安止无处所故,法无有作离受者故,法无有灭本无生故,心数思惟所缘住法。不取其相不生分别,不受不着不然不灭不生不出,法性平等犹如虚空,过于眼色耳声鼻香舌味身触心法,是名菩萨念佛三昧,菩萨得是念佛三昧,一切法中得自在智陀罗尼门,闻佛所说悉能受持终不忘失,亦得晓了一切众生言辞音声无碍辩才。

舍利弗,彼普贤如来,不如此土以二因缘演说正见,所谓从他闻声内正忆念。彼诸菩萨当见佛时,寻能分别诸深妙义,具足成就六波罗蜜,何以故?若不取色相即是具足檀波罗蜜,若除色相即是具足尸波罗蜜,若观色尽即是具足羼提波罗蜜,若见色寂灭即是具足毗梨耶波罗蜜,若不行色相即是具足禅波罗蜜,若不戏论色相即是具足般若波罗蜜,是诸菩萨即观佛时,寻具如是六波罗蜜得无生忍。

舍利弗，诸佛世界严净微妙，少有如彼普贤如来不眴世界。①

可以看到，普贤如来教化之"不眴世界"中，行者"不观色相"。普贤如来反对"见闻觉知"等生灭相，强调"法"无"欢喜""甜苦""冷热""色相""受相""始终""安止"。因为"法"无有灭，"本无生"故，强调"不取其相，不生分别"，这才是"菩萨念佛三昧"。进入了这个"圣行处"，就可以得"一切法中得自在智陀罗尼门"，"晓了一切众生言辞音声无碍辩才"。

上述引文中，普贤如来"不如此土以二因缘（笔者按，即声音和观想）演说正见"，"不眴世界"的菩萨都像"无尽意"菩萨那样，"除色相""观色尽""见色寂灭""不戏论"，都能够得到最殊胜的"无生忍"。最后总结说："诸佛世界严净微妙，少有如彼普贤如来不眴世界。"

总之，普贤如来的这些否定差别，提倡"无生"的特点使其具有了明显的"本体化"倾向。

《大集经》是现存的介绍普贤如来的唯一文献，后来的文献中他的名字不再出现，其本身所具有的"本体化"倾向逐渐被普贤菩萨融合了，直到《八十华严》中，"普贤佛"又重新出现了两次，但那里的普贤佛和这里的普贤如来之间看不出多少联系。

第二节　《悲华经》中普贤菩萨身世、 特点的明晰化

一、《悲华经》对普贤菩萨身世的说明

《悲华经》是一部为大乘佛教作论证的经典，也属于大乘初期

---

① 　（南朝宋）智严、宝云译：《大方等大集经》卷二十七，《大正藏》第13册，第186页上。

的经典。经文讲,过去有世界名删提岚,于善持劫中,有佛陀号曰宝藏如来,有转轮王名为无诤念,有大臣名为宝海,王及千子诸小王等,皆悉供养宝藏如来:

> 佛告寂意菩萨:"善男子,我于往昔过恒河沙等阿僧祇劫,此佛世界名删提岚,是时大劫名曰善持,于彼劫中有转轮圣王名无诤念,主四天下,有一大臣名曰宝海,是梵志种,善知占相,时生一子有三十二相璎珞其身,八十种好次第庄严,以百福德成就一相,常光一寻其身圆足如尼拘卢树,谛观一相无有厌足,当其生时有百千诸天来共供养,因为作字号曰宝藏,其后长大,剃除须发法服出家,成阿耨多罗三藐三菩提,还号宝藏如来应供正遍知明行足善逝世间解无上士调御丈夫天人师佛世尊。"[①]

宝海做一梦,知大家未发大心,便以梦问佛,劝彼诸人发无上心,誓愿成佛,各取净土,摄护众生。然后王以及诸子各个发愿,宝藏如来为其授记:将来必定成佛成菩萨。当时第八王子泯图,发心广大,即被授记为"普贤菩萨":

> 善男子,尔时宝海梵志复白第八王子泯图言:"乃至发心亦复如是。"尔时王子前白佛言:"世尊,我今所愿要当于是不净世界修菩萨道,复当修治庄严十千不净世界,令其严净如青香光明无垢世界,亦当教化无量菩萨,令心清净无有垢秽皆趣大乘,悉使充满我之世界,然后我当成阿耨多罗三藐三菩提。世尊,愿我修行菩萨道时,要当胜于余诸菩萨。世尊,我已于七岁之中,端坐思惟诸佛菩萨清净功德,及种种庄严佛土功德,是时即得悉见种种庄严三昧等万一千菩萨三昧增进修行。

---

① (北凉)昙无谶译:《悲华经》卷第二,《大正藏》第3册,第174页下。

世尊,若未来诸菩萨等行菩萨道时,亦愿悉得如是三昧。世尊,愿我得出离三世胜幢三昧,以三昧力故悉见十方无量无边诸佛世界,在在处处现在诸佛,出离三世为诸众生说于正法。"

尔时世尊赞阿弥具言:"善哉善哉,善男子,汝今世界周匝四面一万佛土清净庄严,于未来世复当教化无量众生令心清净,复当供养无量无边诸佛世尊。善男子,以是缘故今改汝字名为普贤。"①

这一叙述,以最权威的"经"的形式给了阿弥陀佛、观世音、文殊、普贤等菩萨以充分的论证,成了大乘佛教信众回击小乘信众攻击的有力武器,而普贤菩萨也由此获得了出身刹帝利的高贵种姓,为进一步扩大自己的影响、地位铺平了道路。

二、普贤菩萨特点的明晰

在《悲华经》里,"普贤"也被赋予了新的含义和特点,与其刚产生时强调"吉祥美好"的特点不同,其梵文原意"遍吉"中的前一方面即"遍在"的特征得到了强调,普贤被赋予了可以分身无数的超凡神力:

愿我于此一一佛所,得无依止三昧,以三昧力故作变化身,一时遍至如一佛界微尘数等诸如来所供养礼拜,愿我一一身以种种无上珍宝华香涂香末香妙胜伎乐种种庄严,供养一一诸佛。世尊,愿我一一身于一一佛所,如大海水滴等劫行菩萨道,愿我得一切身变化三昧,以三昧力故于一念中在一一佛前,知如一佛土微尘数等诸佛世界。世尊,愿我得功德力三昧,以三昧力故于一一佛前,遍到如一佛土微尘数等诸世尊所,以微妙赞叹赞叹诸佛。世尊,愿我得不眴三昧,以三昧力

---

① (北凉)昙无谶译:《悲华经》卷第二,《大正藏》第3册,第191页下。

故于一念中悉见诸佛遍满十方无量无边世界之中,世尊,愿我得无诤三昧,以三昧力故于一念中悉见过去、未来、现在诸佛所有净妙世界。世尊,愿我得首楞严三昧,以三昧力故化作地狱之身入地狱中,与地狱众生说微妙法。①

普贤菩萨能"分身"到"一一佛刹""一一佛前",见"过去、未来、现在诸佛",而自身并无丝毫损缺,这都是"本体"所具有的特征。当然,"本体"一词来自西方,佛教并无此表述,而称之为"真如"。可以说,《悲华经》中普贤菩萨的"分身"思想和后来所说的所代表的"法身"境界应该是一致的。

当然,"分身"思想并不是从这里才开始有的,它本身也经历了一个变化的过程。最早的"分身"指的是"肢解身体"或"将身体分为几个部分"的意思:

　　时王梵摩达即集群臣而作是说:"设卿等见长寿王儿,欲取何为?"其中或有大臣而作是说,当断手足;或有言,当分身三段;或有言,当取杀之。②

　　老死是用增者,生有分身忧,老有四百四病痛,死有刀风恼。是故说曰:老死是用增。③

　　大王! 菩萨摩诃萨学般若波罗蜜行尼坻波罗蜜,菩萨发愿不为有乐出离三界求二乘道,作大愿言:"一切众生、众生所摄皆入涅槃,然后我身乃成正觉。未发心者即令发心,已发心者令其修行,已修行者令得菩提,得菩提者请转法轮,乃至分身舍利起塔供养。"④

---

① (北凉)昙无谶译:《悲华经》卷第二,《大正藏》第 3 册,第 191 页下。
② (东晋)瞿昙僧伽提婆译:《增壹阿含经》卷第十六,《大正藏》第 2 册,第 628 页中。
③ (姚秦)竺佛念译:《出曜经》卷第五,《大正藏》第 4 册,第 633 页中。
④ (南朝陈)月婆首那译:《胜天王般若波罗蜜经》卷第一,《大正藏》第 8 册,第 690 页中。

同时也有女人"生孩子"的意思：

> 往白王言："我父命终，以无男故，财应入王。然今我母怀妊，须待分身，若苟是女，入财不迟；若或是男，应为财主。"……女子对曰："我父终没，家财无量，虽有五女，犹当入王。会母分身，生我一弟，无有眼耳舌及手足，但有男根，得为财主。"①

> 日差一鹿诣王供厨，时次调达遣鹿诣王，值一鹿母怀妊数月，次应供厨，鹿母向王自陈哀苦："次应供厨诚不敢辞，今垂欲产与子分身，我次应至，子次未至，愿见差次小听在后。"调达恚曰："何不速往！谁能代汝先死？"鹿母哀泣悲鸣唤呼，辄就菩萨自陈启曰："怀妊日满产日垂至，愿王开恕听在后次，分身适讫，自当诣厨。"菩萨问鹿："汝主听汝自陈不？"答曰："主不见听。"菩萨闻已八九叹息，慰劳彼鹿："汝且自安，勿怀恐惧，吾今代汝以供厨宰。"②

后来则将此一概念作引申使用，使其有了"一身变多身"而自身并不减少的意思：

> 复次，有大神足比丘心得自在，随意欲行无数变化，或分身为百千之数，复还为一，飞行虚空，石壁皆过，踊没自由，观地无地想，了悉空无。是时地为大动，是谓第六因缘地为大动。③

> 菩萨心净得彼四禅，在意所由，轻举腾飞，履水而行，分身散体，变化万端，出入无间，存亡自由，摸日月，动天地，洞视彻听，靡不闻见。④

---

① （元魏）慧觉译：《贤愚经》卷第五，《大正藏》第 4 册，第 382 上。
② （姚秦）竺佛念译：《出曜经》卷第十四，《大正藏》第 4 册，第 685 中。
③ （东晋）瞿昙僧伽提婆译：《增壹阿含经》卷第三十七，《大正藏》第 2 册，第 753 下。
④ （三国吴）康僧会译：《六度集经》卷第七，《大正藏》第 3 册，第 39 页中。

今当往度并化国人,于时分那往到本国,至主人家,主人欢喜请坐设食。食讫澡手飞升虚空,分身散体半出水火。①

这里的"分身",很明显是作为"神通"的一种。但是,可以看到,此处的"分身",只要达到一定神通境界的行者都可以达到,并没有将之固定化到某一个神祇身上,也未将之作为某个神祇的固定特征。华严类的早期单品经《兜沙经》《本业经》,都是华严系经典中的文殊类经典,都提到了"分身"的思想,但都没有提到普贤菩萨。

《悲华经》追溯了众多看来在当时都是最显赫的佛菩萨的身世和特征,却单单将此"分身"能力作为普贤菩萨的前身"泯图王子"的大愿行。这至少能表明,具备"分身"的能力是当时普贤菩萨最重要的特征。可是,为什么普贤菩萨会和"分身"思想结合呢?

魏道儒先生用佛经传入中国的时间向前倒推几十年的办法来估算佛经的实际产生时间,②按照这个办法,普贤菩萨出现的时期约在3世纪末、4世纪初,而到4世纪末法身佛卢舍那已经明确出现。可以说,普贤菩萨出现的时期,恰恰是"法身"思想这一重要的佛学思想正处在上升时期,在早期的华严类经典《兜沙经》《本业经》等里面很早就提出了"分身"思想:

> 释迦文佛,都所典主,十方国一一方,各有一亿小国土,皆有一大海一须弥山。上至三十三天,一小国土,如是所部,凡有十亿小国土,合为一佛刹名为蔡呵祇。佛分身,悉遍至十亿小国土,一一小国土,皆有一佛。凡有十亿佛,皆与诸菩萨,共坐十亿小国土。诸天人民,皆悉见佛。③

---

① (晋)法炬、法立译:《法句譬喻经》卷第二,《大正藏》第4册,第588下。
② 魏道儒:《中国华严宗通史》,南京:江苏古籍出版社,1998年,第44页。
③ (后汉)支娄迦谶译:《佛说兜沙经》,《大正藏》第10册,第446页中。

普贤菩萨本来就以"分身"能力见长,而新兴起的"法身"思想若要找到能够代表自己的神祇,普贤菩萨无疑是最合适的选择。因此,普贤菩萨与"分身"思想的结合,从内因上看,是其名字"遍吉"一词本身即含有"遍在"的含义;从外因上看,也与当时佛教发展的大潮流一致。

第三节　《生经》中普贤菩萨与普贤如来的合流

《生经》很明显是一部华严类经典,经文以代表圆满的"十"来组织经文,提出了"十教目""十种力""十事"等等,普贤菩萨的名字出现在了这部经典里,并且位居上首,这大概是普贤菩萨第一次作为上首菩萨出现。从其"行于无愿",却又"其行无余"的特点来看,似乎这时的普贤菩萨已经融合了普贤如来的关于本体化的一些特征:

> 闻如是,一时世尊游于摩竭,在法闲居,佛之道树初成道时,与万菩萨俱,一切成就。普贤菩萨,行于无愿,其行无余。……于时此等菩萨大士,不计吾我,清净无瑕,各心念言:"于此何因不可思议,诸佛世尊所有境界,无能称量,诸佛世尊之所愿,而有殊特,何因诸佛如来感动?何谓所为不可思议无罣碍行?云何世尊无念无想致此殊特?"
> 于时世尊,寻知此等诸菩萨心之所念,诸坐菩萨诸佛无处亦无不住,欲问如来诸佛威神一切光明,佛威神德,精进无逾,而得皆立,皆入诸佛诸总持法,广大圣觉,是等所入。殊特如此,无所罣碍,身之所入亦皆如此。诸佛眷属,弃捐诸瑕,诸佛之法,而不可获,而常安隐。于时莲华藏菩萨,入诸法所趣之

心,无所里碍,所念法门无诸弊碍,诸菩萨行为普贤愿,合集等行,正住于愿,入诸佛法,见十方佛,加于大哀,度于无极,降伏众生,休息恶趣,一切菩萨,诸三昧定,睹了本际。①

在这部经里,描述普贤的语句有"行于无愿、其行无余""诸菩萨行为普贤愿"等,也就是说,"普贤愿"原来就是"无愿"。虽然"无愿"而行,却能"其行无余"。再对照经文中所说的"诸坐菩萨、诸佛无处亦无不住"的遍在性,"无念无想"等"殊特",不难看出此经中普贤菩萨的本体化倾向。

结合前面对《大集经》中"普贤如来"的分析,笔者认为,华严类经典以代表圆满的"十"来组织经文,而普贤的原义是"遍吉",本来就具有"遍在""圆满"的意思。显然,用他来作为上首菩萨是最为恰当的。至于为什么不用普贤如来,而采取融普贤如来于普贤菩萨的办法,我想可能是最初的华严类经典打的是释迦佛的旗号,既然已经有了教主,就不能再立一个教主,何况在当时,释迦佛的影响还是要远远大于普贤如来的。

① (西晋)竺法护译:《生经》卷第三,《大正藏》第3册,第85页下。

第三章　法华系统崇尚的普贤菩萨

本文所说的法华系统,主要指的是《法华经》的几个译本和《佛说观普贤菩萨行法经》,普贤菩萨在其中的地位、形象变化甚大,有必要按照历史线索给以梳理。

第一节　《法华经》两个译本中普贤菩萨的形象、地位的对比

《法华经》是大乘初期形成的非常早的一部经,从经文的主题来看,主要是所谓的"会三归一""开权显实",肯定大乘佛教的殊胜,给大乘佛教信徒以信心,这也符合大乘佛教初期被质疑,需要证明自己正统性的辩护立场。在这部非常重要的经里,提到了普贤菩萨。

一、《正法华经》中的普贤菩萨

在竺法护翻译的《正法华经》里,这么描述普贤菩萨:

> 于时普贤菩萨,过东方江河沙诸佛国土,诸菩萨来者,……各各将诸眷属,各显神足不可思议,至灵鹫山往诣佛所,稽首足下,绕佛七匝,前白佛言:"我从宝超威王如来佛土来,承今世尊演正法华经,故至忍界欲得听受,与诸菩萨无数

百千,亦乐听闻所宣道议。善哉世尊,唯加垂哀,以时颁宣《正
法华经》,宁有女人,何所修行? 得奉执经卷。"

　　佛时即告普贤菩萨:"族姓子,女人有四事法,得是经卷,
何谓为四? 一曰常为诸佛所见建护;二曰积功累德不以懈废;
三曰能分别化究畅众要诸所聚处;四曰普护众生发未发者。
是为四,逮是经卷。"①

在这里,普贤菩萨看样子已经和"普贤如来"合流了,因为按照
最初《悲华经》的说法,普贤如来位于东方,普贤菩萨位于北方,但
是现在普贤菩萨却自东方而来,东方世界的国土成了"宝超威王如
来",而不是"普贤如来":

　　时普贤菩萨前白佛言:"最后末俗五浊之世,若有比丘受
是经典,长拥护之令得吉祥,除众枉横毒亦不行,令无伺求得
其便者,有受是经,咸共宿卫,令魔波旬不能娆乱。及诸官属
诸鬼神龙,沟边涸鬼蛊道符咒,令不得行。躬身自往,常以一
心拥护法师,常使安隐。若有比丘学此经典,坐起经行精进修
业,象马车乘往到其所护此经典,与诸菩萨眷属围绕,俱当往
诣法师比丘,受是经者,思惟行者,令不忘失《正法华经》一句
之义,乘驾往诣此学士所,目自奉见,为是经举,见我欢喜普更
勤学,当护法师逮得三昧,若复获致回转总持,又当逮成若干
百千亿周旋总持,晓了一切诸音总持。"

　　"唯然世尊,是则名曰是总持句,若有菩萨,耳根听闻此总
持句,入耳中者,即当知之,普贤菩萨之所建立,是《正法华经》
若布天下,阎浮利内值是经者,心当思念,普贤菩萨威神所致,
令我等辈致是经卷,普贤菩萨所行神化,令此众人致此妙典。
斯等众生,无数佛所积众德本,如来至真手摩其头,若有书写

_____

　　① (西晋)竺法护译:《正法华经》卷第十,《大正藏》第9册,第132下。

执持在手,则奉佛身,敬爱道法敬书是经,书是经已,欲解中义,于此寿终生忉利天,适生天上,八万四千天人王女,往就供养鼓琴歌颂,已作天子坐王女中,而相娱乐。"

"若族姓子,但书是经功德如是,何况诵说思惟中义。是故世尊,一心勤修《正法华经》,书持经卷常当思惟一切不忘,当礼此人,用书写此经至德所致,而为千佛所见授臂,临寿终时面见千佛,游在吉安不堕恶趣,寿终之后生兜术天。"

"书此经者功德如斯,何况诵说思惟其义,是故勤修书写宣传《正法华经》,思惟奉行皆令具足,专精一心志未曾乱,千佛授臂,临寿终时,面见千佛不堕恶趣,于是寿终生兜术天,在弥勒佛所成菩萨身,三十二相庄严其体,亿千玉女眷属围绕。是故智者,常当勤修书是经典敷演思惟。唯然世尊,若有书此经卷思惟诵说,功祚无量不可称限。巍巍如是,是故智者书持是经,当得还致若干功德。吾以是故,建立是经,用五弘意勤念道法,流布天下阎浮利内。"

佛言:"是故普贤,若见比丘受持是经,遥起远迎恭敬承事,如奉如来,今佛现在靡不归命,归彼法师如是无异,乃应佛教。佛说是乐普贤品时,如江河沙亿百千垓诸菩萨众,皆逮总持。"①

这段经文很长,但详细地向我们描述了普贤菩萨的特点。在这段经文中,普贤菩萨简直成了《法华经》的化身。经文中普贤菩萨说,"吾以是故,建立是经",说明了《法华经》与普贤菩萨的关系。如果有人诵持《法华经》,普贤菩萨可以说是竭诚为其服务,许下了许多的好处:(1)"有受是经,咸共宿卫";(2)"躬身自往,常以一心拥护法师,……象马车乘往到其所护此经典,与诸菩萨眷属围

---

① （西晋）竺法护译:《正法华经》卷第十,《大正藏》第9册,第133页上—134页上。

绕,俱当往诣法师比丘";(3)"敬爱道法敬书是经,书是经已,欲解中义,于此寿终生忉利天,……用书写此经至德所致,而为千佛所见授臂,临寿终时面见千佛,游在吉安不堕恶趣,寿终之后生兜术天,……在弥勒佛所成菩萨身,三十二相庄严其体,亿千玉女眷属围绕";(4)"普贤若见比丘受持是经,遥起远迎恭敬承事,如奉如来"。

如果有人诵读《法华经》,普贤菩萨亲自前往,与其同住护卫,助其获得三昧,并许以寿终面见千佛,不坠恶趣,生忉利天宫或兜帅天宫,成菩萨身的好处。最后,普贤菩萨还出人意料地对"受持法华经"的比丘"遥起远迎,恭敬承事,如奉如来",毫无大菩萨所谓的尊严与地位。大概反映了西域地区"巫师"崇拜的孑遗,也客观地反映出了在当时普贤菩萨的形象、地位并不十分高大。

二、《妙法莲花经》中的普贤菩萨

《法华经》的另一个版本,即仅在法护一百年后的鸠摩罗什本《妙法莲花经》中对普贤菩萨则有了不同的说法:(1)在《正法华经》中,普贤菩萨向"能仁佛",也就是释迦牟尼佛问了一个很特别的问题:"女人怎么修行,才能受持法华经?"反映了争取女性信众的目的。到了《法华经》中变成了:"若善男子善女人,于如来灭后,云何能得是法华经?"可以看到,争取的范围扩大了。(2)在《正法华经》中,普贤菩萨是驾着"象马车乘"去护卫行者的,而《法华经》里,普贤是"乘六牙白象王,与大菩萨众俱诣其所,而自现身",普贤菩萨的形象庄严了。(3)在《妙法莲花经》中删去了普贤和行者"宿卫"等有失身份的事,也不再对行者"遥起远迎,恭敬承事,如奉如来"。威严神圣的大菩萨的形象已经确立。(4)经文中增加了"普贤行""普贤道"的字样,反映了《法华经》开始逐渐认识到了普贤菩萨的个性特征,开始将其当做显赫的大菩萨看待了。

《法华经》里提到了"普贤行",但通观全文,发现此时的"普贤行"指的其实就是按照《法华经》修行:"世尊,若有菩萨,得闻是陀罗尼者,当知普贤神通之力,若法华经行阎浮提有受持者,应作此念,皆是普贤威神之力,若有受持读诵正忆念,解其义趣,如说修行,当知是人行普贤行。"①和第一阶段"行于无愿",却又"其行无余"的"普贤行"相比,在《法华经》里,只要能"受持读诵正忆念(《法华经》),解其义趣,如说修行",就是"普贤行"。

第二节 《佛说观普贤菩萨行法经》里普贤菩萨成为进入真如界的导师

正如张子开先生所言,《佛说观普贤菩萨行法经》属于"法华"类经典。② 此经的产生时间,似应该是在大乘初期,因为此经反复强调行者要诵读"大乘经",才能见到普贤菩萨及诸佛,这显然是在大乘初期,大乘佛教根基未稳,广受质疑,经文作者企图诱导人们皈依大乘的意图:

> 昼夜六时礼十方佛,行忏悔法,诵大乘经,读大乘经,思大乘义,念大乘事,恭敬供养持大乘者,视一切人犹如佛想,于诸众生如父母想,作是念已,普贤菩萨,即于眉间放大人相白毫光明,此光现时,普贤菩萨身相端严,如紫金山。③

> 汝行大乘功德因缘能见诸佛,今虽得见诸佛世尊,而不能见释迦牟尼佛分身诸佛及多宝佛塔,闻空中声已,复勤诵习大乘经典,以诵大乘方等经故,即于梦中,见释迦牟尼佛,与诸大

---

① (后秦)鸠摩罗什译:《妙法莲花经》卷第七,《大正藏》第 9 册,第 61 页中。
② 张子开:《普贤信仰的产生及大乘普贤形象的演化》,《四川佛教》2010 年第 2 期。
③ (南朝宋)昙无蜜多译:《佛说观普贤菩萨行法经》,《大正藏》第 9 册,第 390 页中。

众,在耆阇崛山,说《法华经》。①

一、《佛说观普贤菩萨行法经》里的"普贤行"

《佛说观普贤菩萨行法经》大力宣传所谓的"普贤行":"如来昔在耆阇崛山及余住处,已广分别一实之道,今于此处,为未来世诸众生等,欲行大乘无上法者,欲学普贤行。普贤行者,我今当说其忆念法,若见普贤及不见者,除却罪数,今为汝等当广分别。"②

在《佛说观普贤菩萨行法经》里,第一次对"普贤行"有了有步骤地、详细地说明:

> 阿难,若比丘、比丘尼、优婆塞、优婆夷,天龙八部一切众生,诵大乘经者,修大乘者,发大乘意者,乐见普贤菩萨色身者,乐见多宝佛塔者,乐见释迦牟尼佛及分身诸佛者,乐得六根清净者,当学是观。此观功德除诸障碍,见上妙色,不入三昧,但诵持故,专心修习,心心相次,不离大乘,一日至三七日,得见普贤;有重障者,七七日尽然后得见;复有重者一生得见;复有重者二生得见;复有重者三生得见。如是种种业报不同,是故异说。③

可以看出,这里的"普贤行"与《法华经》里的说法有了发展。《法华经》里所说的"普贤行"的目的是要求信众信奉、受持《法华经》,而《佛说观普贤菩萨行法经》里"普贤行"的目的是"见到普贤菩萨",进而通过普贤菩萨的引导而到达"常、乐、我、净"的"常寂光"世界。前者的内容是"受持读诵正忆念(《法华经》),解其义趣,如说修行",后者的内容则要复杂得多,尤其提到了一个所谓的"忏

---

① (南朝宋)昙无蜜多译:《佛说观普贤菩萨行法经》,《大正藏》第9册,第391页上。
② (南朝宋)昙无蜜多译:《佛说观普贤菩萨行法经》,《大正藏》第9册,第389页下。
③ (南朝宋)昙无蜜多译:《佛说观普贤菩萨行法经》,《大正藏》第9册,第389页下。

悔六根观普贤菩萨法"：

> 见是事已，复更忏悔，至心谛观思惟大乘，心不休废，见华即敷金色金光，其莲华台是甄叔迦宝，妙梵摩尼以为华鬘，金刚宝珠以为华须，见有化佛坐莲华台，众多菩萨坐莲华须，化佛眉间，亦出金光入象鼻中，从象鼻出入象眼中，从象眼出入象耳中，从象耳出照象顶上，化作金台；其象头上有三化人，一捉金轮，一持摩尼珠，一执金刚杵举杵拟象，象即能行脚，不履地蹑虚而游，离地七尺，地有印文，于印文中，千辐毂辋皆悉具足，一一辋间生一大莲华，此莲华上生一化象，亦有七支，随大象行，举足下足，生七千象以为眷属，随从大象，象鼻红莲华色，上有化佛放眉间光，其光金色，如前入象鼻中，于象鼻中出入象眼中，从象眼出还入象耳，从象耳出至象颈上，渐渐上至象背，化成金鞍，七宝校具，于鞍四面有七宝柱，众宝校饰以成宝台，台中有一七宝莲华，其莲华须百宝共成，其莲华台是大摩尼，有一菩萨结加趺坐，名曰普贤。①

这段引文所讲的就是"忏悔六根观普贤菩萨法"的起始部分，经文详细地描述了普贤菩萨的宝相庄严：白象、金光、莲花、化人、宝台、金鞍，然后是普贤大菩萨稳坐其上。然后就是"普贤行"的展开：

> 尔时十方面一一方，有一菩萨，乘六牙白象王，亦如普贤等无有异，如是十方无量无边满中化象，普贤菩萨神通力故，令持经者皆悉得见。是时行者，见诸菩萨，身心欢喜，为其作礼。白言："大慈大悲者，愍念我故，为我说法。"说是语时，诸菩萨等异口同音，各说清净大乘经法，作诸偈颂赞叹行者，是

---

① （南朝宋）昙无蜜多译：《佛说观普贤菩萨行法经》，《大正藏》第9册，第390页上。

名始观普贤菩萨最初境界。①

上文所说为"始观普贤菩萨最初境界",其标志是能够见到十方普贤菩萨,各骑白象,为"普贤行者"说清净大乘经法。可见,此时的普贤菩萨是大乘佛教的有力倡导者和大护法。然后经文阐述了"普贤行"的第二步的境界,在继续忏悔后,再读诵经典:"尔时普贤菩萨,复放眉间大人相光,入行者心。既入心已,行者自忆过去无数百千佛,所受持读诵大乘经典。自见故身,了了分明,如宿命通等无有异,豁然大悟,得旋陀罗尼。"②

第二阶段的标志就是能够见到普贤菩萨眉间所放之光进入己心,能够回忆起往昔世自己从以前诸佛那里受持的大乘经典,获得陀罗尼。然后再进入第三步"忏悔眼根罪法":

> 遍礼十方佛,向释迦牟尼佛大乘经典,复说是言:"我今所忏,眼根重罪障蔽秽浊,盲无所见,愿佛大慈哀愍覆护,普贤菩萨乘大法船,普度一切,十方无量诸菩萨伴,唯愿慈哀听我悔过,眼根不善恶业障法,如是三说,五体投地,正念大乘,心不忘舍,是名忏悔眼根罪法。称诸佛名,烧香散华,发大乘意,悬缯幡盖,说眼过患忏悔罪者,此人现世见释迦牟尼佛,及见分身无量诸佛,阿僧祇劫不堕恶道,大乘力故,大乘愿故,恒与一切陀罗尼菩萨共为眷属。作是念者是为正念,若他念者名为邪念,是名眼根初境界相。"③

如法忏悔完毕,得见释迦牟尼以及其分身诸佛,不堕恶道,恒与一切陀罗尼菩萨共为眷属。并且还能得到"多宝如来"的现身证明:

---

① (南朝宋)昙无蜜多译:《佛说观普贤菩萨行法经》,《大正藏》第9册,第390页中。
② (南朝宋)昙无蜜多译:《佛说观普贤菩萨行法经》,《大正藏》第9册,第391页中。
③ (南朝宋)昙无蜜多译:《佛说观普贤菩萨行法经》,《大正藏》第9册,第391页下。

多宝如来出大音声，赞言："法子，汝今真实能行大乘，随顺普贤眼根忏悔，以是因缘，我至汝所为汝证明。"说是语已，赞言："善哉善哉，释迦牟尼佛，能说大法、雨大法雨，成就浊恶诸众生等。"是时行者见多宝佛塔已，复至普贤菩萨所，合掌敬礼白言："大师教我悔过。"普贤复言："汝于多劫，耳根因缘随逐外声，闻妙音时心生惑着，闻恶声时起八百种烦恼贼害。如此恶耳报得恶事，恒闻恶声生诸攀缘，颠倒听故，当堕恶道边地邪见不闻法处。汝于今日诵持大乘功德海藏，以是缘故见十方佛，多宝佛塔现为汝证。"①

修完"普贤眼根忏悔"后，然后行者如法再修行耳根、舌根等其他五根，最后，就可以见到释迦牟尼如来的"常、乐、我、净"的真身：

尔时行者闻此语已，问空中声："我今何处行忏悔法？"时空中声即说是语："释迦牟尼名毗卢遮那遍一切处，其佛住处名常寂光，常波罗蜜所摄成处、我波罗蜜所安立处、净波罗蜜灭有相处、乐波罗蜜不住身心相处、不见有无诸法相处，如寂解脱，乃至般若波罗蜜，是色常住法故。如是应当观十方佛，时十方佛各伸右手，摩行者头作如是言：善哉善哉，善男子，汝诵读大乘经故……"②

二、《佛说观普贤菩萨行法经》对普贤菩萨的提升

圣凯法师认为，《佛说观普贤菩萨经》里的忏悔思想，是对《法华经·普贤菩萨劝发品》里三七日观普贤菩萨的方法的进一步发挥。③ 据日本学者船山彻统计，经中出现"忏悔"近 60 次，"悔过"2

---

① （南朝宋）昙无蜜多译：《佛说观普贤菩萨行法经》，《大正藏》第 9 册，第 392 页上。
② （南朝宋）昙无蜜多译：《佛说观普贤菩萨行法经》，《大正藏》第 9 册，第 392 页下。
③ 圣凯：《中国佛教忏法研究》，北京：宗教文化出版社，2004 年，第 123 页。

次,"(遍)礼十方佛"9 次,"六根清净"3 次,"清净六根"1 次,"忏悔六根"2 次。① 可见,《佛说观普贤菩萨经》里的忏悔思想是对普贤菩萨功能的进一步增加和完善。

《佛说观普贤菩萨经》中还第一次将释迦牟尼佛也称作"毗卢遮那遍一切处",为法身佛毗卢遮那佛的出现埋下了伏笔。经文认为,释迦牟尼佛虽然已经般涅槃,但其并没有消失,而是住在名为"常寂光"的处所。经文最后谈到修普贤行的好处:

> 佛告阿难:"汝今持是忏悔六根观普贤菩萨法,普为十方诸天世人,广分别说。佛灭度后,佛诸弟子若有受持读诵解说方等经典,应于静处,若在冢间,若林树下,阿练若处诵读方等,思大乘义,念力强故,得见我身及多宝佛塔。"
>
> "佛灭度后佛诸弟子,随顺佛语行忏悔者,当知是人行普贤行,行普贤行者,不见恶相及恶业报。其有众生,昼夜六时礼十方佛,诵大乘经,思第一义甚深空法,一弹指顷,除去百万亿亿阿僧祇劫生死之罪。"②

此经要求行者不仅自己要修该"忏悔六根观普贤菩萨法",而且应该广为弘传,并且还特别指出修行的地点最好是在"静处,若在冢间,若林树下,阿练若处",后来对中国的修行者产生了极大的影响。

《佛说观普贤菩萨行法经》是非常重要的一部普贤经典,这部经典里提到了"常、乐、我、净"的"常寂光"世界,其实就是真如本体界,也即法身境界。这部经典第一次将普贤菩萨的行法与进入"法身"境界联系了起来,对后来的《华严经》产生了巨大的影

---

① 转引自张善庆、李晓斌:《张掖马蹄寺石窟群千佛洞第 8 窟礼忏活动探析》,《敦煌学辑刊》2007 年第 2 期。

② (南朝宋)昙无蜜多译:《佛说观普贤菩萨行法经》,《大正藏》第 9 册,第 393 页中。

响。《华严经》里,修行普贤菩萨的"普贤行",正是进入"法界"的必要条件。

第三节　《法华经》与《佛说观普贤菩萨行法经》里普贤菩萨形象的比较

《法华经》与《佛说观普贤菩萨行法经》(简称《普贤观经》)虽然都属于法华系统,但对于普贤菩萨的定位却又有明显的差异。关于这一点,杜继文、张风雷两位先生有过讨论。

一、《佛说观普贤菩萨行法经》里普贤菩萨的特点

杜继文先生对《法华经》中普贤菩萨的作用概括的比较简单,只有一点,即认为《法华经》里的普贤菩萨的作用主要在于推广《法华经》。① 对于《佛说观普贤菩萨行法经》里普贤菩萨的特点,他指出了两个特点:

1. 观想普贤菩萨能够使信众在不断烦恼、不离五欲的情况下获得清净。"一句话,观想普贤,就能够不断烦恼,不离五欲,又能六根清净,灭除罪业,不失无上菩提心,并见到世眼所不能见到的境界。"②

2. 观想普贤菩萨的根本目的在于忏悔,不再犯罪。"此中忏悔——包括向诸世尊,发露黑恶一切罪事,是感召普贤菩萨现前的关键环节。……这样,观普贤只是手段,忏悔而不再犯罪才是目的。"③

---

① 杜继文:《汉译佛教经典哲学》下卷,南京:江苏人民出版社,2008 年,第 185 页。
② 杜继文:《汉译佛教经典哲学》下卷,第 186 页。
③ 杜继文:《汉译佛教经典哲学》下卷,第 186—187 页。

二、《法华经》与《佛说观普贤菩萨行法经》中普贤菩萨形象的比较

张风雷先生的讨论更为深入,他认真地对比了这两部经典,提出了三点不同:

1. 普贤菩萨护持的经典的范围大大扩大了。"这就决定了在《普贤观经》中,普贤菩萨不再单单是《法华经》的护助者,而是一切大乘经典和大乘行法的护助者。……《经》中清楚地表明:普贤菩萨所说之法乃'清净大乘经法',……"①

2. 普贤菩萨救护的信众范围也大大增加了。

> 其(《普贤观经》)所护助者乃"行忏悔法,诵大乘经,读大乘经,思大乘义,念大乘事,恭敬供养大乘者",并没有特别强调对《法华经》的护持——这是《普贤观经》与《法华经·普贤菩萨劝发品》中普贤形象的一个重要区别。
>
> 尽管在《法华经·普贤菩萨劝发品》中曾明确界定普贤菩萨的救助对象是如来灭后"五百岁浊恶世中"的"阎浮提"人,但是由于其过多地关注于对《法华经》的护持,致使其实际的救护对象仅限于受持《法华经》者……
>
> 在《劝发品》中,普贤菩萨尽管发愿"于后五百岁浊恶世中,其有受持是经典者,我当守护除其衰患,令得安隐",但是它并没有为不信受《法华经》者留下"灭除诸罪"的余地。与此不同的是,《普贤观经》则始终关注"云何复当不断烦恼,不断五欲,得净诸根灭除诸罪?父母所生清净常眼,不断王欲而能得见诸障外事"的问题,对犯诸恶事甚至"作五逆罪,谤方等

---

① 张风雷:《〈法华经·普贤菩萨劝发品〉与〈普贤观经〉中"普贤形象及普贤行法"之比较》,魏道儒主编:《普贤与中国文化》,第434—435页。

经,具十恶业"的极恶众生亦不稍加舍离,而是普加救助。……对阎浮提内的一切浊恶众生普加救助,是《普贤观经》的一个基本特征。①

3. 在救助的方法上,《普贤观经》有深入的发展。

而救助的根本方法,乃在于劝诫众生至诚忏悔诸恶,改悔诸罪,修读大乘经典,思第一义甚深空法,令此空慧与心相应,从而生发无上菩提之心,一切罪垢永尽无余。

在这里,"忏悔"作为浊恶众生灭除诸罪、获发菩提之心的入手之处和根本法门,被特别地强调出来,并贯穿于《普贤观经》的始终,普贤菩萨也正是以"忏悔主"的形象——以劝修忏悔法门的方式护持大乘经典,普救一切众生——活跃于全经之中的,而这一形象恰恰是《法华经·普贤菩萨劝发品》中的普贤菩萨所不具备的。

与《法华经·普贤菩萨劝发品》相较,《普贤观经》中所开示的"普贤行法"还有一个重要的特点,即对"行普贤行"的具体步骤作出了更加明确的说明。②

关于两部经中普贤菩萨的区别,两位先生尤其是张风雷先生已经有了很详细的区分,笔者深表赞同,在此仅仅想对张风雷先生在文章的最后提出的一个有意思的问题作些探讨,他的问题是:

在《普贤观经》的结尾,特别为"王者、大臣、婆罗门、居士、长者、宰相"等"刹利居士"提出了五种忏悔之法,其中除一般性地劝诫他们"思第一义空""孝养父母、恭敬师长""正法治

①　张风雷:《〈法华经·普贤菩萨劝发品〉与〈普贤观经〉中"普贤形象及普贤行法"之比较》,魏道儒主编:《普贤与中国文化》,第435—437页。
②　张风雷:《〈法华经·普贤菩萨劝发品〉与〈普贤观经〉中"普贤形象及普贤行法"之比较》,魏道儒主编:《普贤与中国文化》,第437—440页。

国,不邪枉人民""敕令不杀""深信因果"之外,还要求是诸人等"不谤三宝,不障出家,不为梵行人作恶留难",其间透露出来的信息意味着什么?①

笔者认为,《佛说观普贤菩萨行法经》是在《法华经·普贤菩萨劝发品》的基础上发展出来的,并且对《劝发品》进行了大胆的超越和创新。这其中就有对那些有权势者的"王者、宰相"们的劝化,针对他们"贪求无厌"的特点,为其量身打造了五种忏悔之法,据说可以在不断烦恼、不离五欲的情况下获得清净。笔者认为,在不离开尘世、不放弃五欲的情况下获得解脱,正是后来《华严经》和密教经典的基本思路。可以说,《佛说观普贤菩萨行法经》反映了当时社会的普遍需求,也为普贤菩萨在之后的《华严经》和密教经典中的大发展开辟了新路。

第四节　普贤菩萨与帝释天的融合

除了普贤行法外,《佛说观普贤菩萨行法经》还对普贤菩萨的身量、形象作了细致、全面的说明:

> 普贤菩萨身量无边,音声无边,色像无边,欲来此国,入自在神通,促身令小,阎浮提人三障重故,以智慧力化乘白象。其象六牙七支跱地,其七支下生七莲华,象色鲜白,白中上者,颇梨雪山不得为比。身长四百五十由旬,高四百由旬。于六牙端有六浴池,一一浴池中生十四莲华,与池正等。其华开敷如天树王,一一华上有一玉女,颜色红辉有过天女,手中自然

---

① 张风雷:《〈法华经·普贤菩萨劝发品〉与〈普贤观经〉中"普贤形象及普贤行法"之比较》,魏道儒主编:《普贤与中国文化》,第 444—445 页。

化五箜篌。一一箜篌，有五百乐器以为眷属，有五百飞鸟，凫雁鸳鸯皆众宝色，生花叶间。象鼻有华，其茎譬如赤真珠色，其华金色含而未敷。①

印顺法师正是由此想起了帝释天的坐骑也是六牙白象，《长阿含经》中的《世记经》有关于帝释天的六牙白象的描述："龙王即自变身，出三十三头，一一头有六牙，一一牙有七浴池，一一浴池有七大莲花，(一一莲花)有百一叶，一一花间有七玉女。"②对比之下，我们确实看得出来，普贤菩萨的形象确实从帝释天那里借了很多东西。笔者认为，除了六牙白象以外，还有更重要的东西，那就是对帝释天所代表的理论意义的汲取。

一、帝释天的渊源与特点

帝释天原名"因陀罗"，是雅利安社会中的最高神：

> 犹如帝释亦名帝释，亦名憍尸迦，亦名婆蹉婆，亦名富兰陀罗，亦名摩佉婆，亦名因陀罗，亦名千眼，亦名舍支夫，亦名金刚，亦名宝顶，亦名宝幢。③

> 因陀罗在最初被认为是保护农业的雷雨神，后来被认为是一个氏族的特殊保护神——武士贵族军神。随着这个氏族的强大，在吠陀中又描写因陀罗和另外一个氏族保护神婆楼那进行了争夺统治地位的竞争，因陀罗在斗争中获得了胜利，两个氏族联合成为部落，因陀罗因而被称为"因陀罗—婆楼那"。嗣后，婆楼那逐渐销声匿迹，因陀罗取得了完全统治的

---

① (南朝宋)昙无蜜多译：《佛说观普贤菩萨行法经》，《大正藏》第9册，第389页下。
② 印顺：《初期大乘佛教之起源与展开(上)》，《印顺法师佛学著作全集》第16卷，第402页。
③ (北凉)昙无谶译：《大般涅槃经》卷第三十三，《大正藏》第12册，第563页下。

地位,又被尊为"世界大王"。①

在印度,作为"世界大王"的因陀罗,还有太阳之喻:"因陀罗!汝如阳神,相好殊胜,光芒遍照,照触我身。我乃汝友,诚心召请;偕汝扈从,欢喜就座。"②"因陀罗者太阳也,而太阳为东火。"③

雅利安文化早期的因陀罗还有"造物主"之说:

> 相传因陀罗是天地合生的儿子,生于母亲的肋下,由于因陀罗喝了一杯有魔力的饮料,一下子变得无比高大,致使他的苍天父亲和大地母亲,从此永远地分开了。④

> 此即大梵,此即因陀罗,此即般茶帕底,此即诸天,即五大:地、风、空、水、火。即诸威生,如混杂生,即此种与彼种,即诸卵生、胎生、湿生、化生,即马、牛、人、象,即凡有气息者,行者、飞者、不动者。——凡此,皆为般若所领导,皆安立于般若那中,世界为般若所领导,安立于般若那中,般若那即大梵也。⑤

因陀罗还代表着"智慧":"于是因陀罗亦不违真理,盖因陀罗即真理也。"⑥

更为重要的是,因陀罗还有本体论意义上的"遍入"之意:"神王因陀罗,遍入一切者;吾人实不知,在此世界上,有谁能胜过,彼巨大力量? 此缘众天众,集中他身上,财富与祭品,及所有力量。欢呼他显示,神威乃无上。"⑦

---

① 黄心川主编:《世界十大宗教》,北京:东方出版社,1988年,第67页。
② 巫白慧:《印度哲学——吠陀经探义和奥义书解析》,北京:东方出版社,2000年,第12页。
③ 徐梵澄译:《五十奥义书》,北京:中国社会科学出版社,1995年,第468页。
④ 张启成:《印度的神话与文明》,《贵州文史丛刊》2005年第2期。
⑤ 徐梵澄译:《五十奥义书》,第29页。
⑥ 徐梵澄译:《五十奥义书》,第57页。
⑦ 巫白慧:《印度哲学——吠陀经探义和奥义书解析》,第11页。

根据四川大学研究生张慧敏女士的研究,因陀罗在被佛教吸收为护法神,变成帝释天以后,还增加了伦理内容:

> 在此过程中,两者(即帝释天和阿修罗)所代表的神格两极化逐渐明显,因陀罗由上阶段中倾向于非道德伦理的神格向代表宇宙真理的、善的方向提升;而阿修罗则恰恰相反,其神格在这一阶段逐渐滑向代表"唯身论"甚至恶的神格。并且最终两者进行大战,因陀罗代表的诸天战胜阿修罗。①

这种代表伦理意义上的"善"与普贤菩萨名字里的"吉"恰恰可以看做是同一个意思。可以看出,帝释天确实在许多方面和普贤菩萨的许多特征相符合:如代表本体的"遍入"的特点;具有"分身"的神通等。这是普贤菩萨能够融合帝释天的前提。

二、普贤菩萨与帝释天的融合的原因分析

在普贤菩萨产生的大约公元 3、4 世纪,在印度本土,帝释天的地位早已经被三大主神所取代,为何普贤菩萨会和这么一个已经没落的显贵合流呢? 笔者认为答案可能是:两者合流的地方位于中亚而不是印度本土,中亚一带毗邻古印—欧人居住地,也就是里海和南俄大草原:

> 原始印—欧人有一种共同的语言,他们起源于里海地区和南俄大草原,随后逐渐分成许多部落,四出寻找牧场,向广袤的欧亚大陆辐射。有的到了希腊,有的去了小亚细亚,其中有一支来到伊朗并在那儿拘留了相当长的一段时间,因此吠陀语与伊朗语族有很多相似之处。公元前 1500 年左右,他们

---

① 张慧敏:《帝释天研究》,四川大学硕士学位论文,2007 年,第 33 页。

通过兴都库什山脉各隘口,移进印度西北部。①

　　该文列举了古雅利安人迁移的方向,有的西进到了希腊,有的向西南到了小亚细亚,有的向南到了伊朗,有的向东南到了印度。还有一支向东迁徙到了中国人所称的西域地区,这是有史可证的:"自高昌以西诸国人等,深目高鼻,惟此一国,貌不甚胡,颇类华夏。"②就是说直到我国的北朝时期,西域除了于阗国、高昌以外的所有地方都是"胡人"的国度,而这里的胡人,是不是古雅利安人呢?薛宗正先生有过考证:"现代考古学和古人类学的研究成果证实,包括昆仑山北麓在内的古西域地区,存在着三大人种:即操印欧语、具有白色人种体质特征的塞人;操古藏语、具有东亚人种体质特征的羌人以及由此两大人种衍生出来的混血人种。"③

　　根据彭树智先生的意见,"塞人",即斯基泰人,也就是古雅利安人。④

　　西域居民以古雅利安人为主,而"因陀罗"崇拜正是古雅利安人的古老信仰。虽然雅利安人到了南亚和西亚以后,他们的信仰与当地的文化相融合,"因陀罗"崇拜逐步退居次要地位,被新的梵天崇拜等主神崇拜所取代,但在西域地区,汉朝的政治军事力量虽有进入,由于当时中国的文化宗教性不太强,故这些雅利安人的宗教信仰并没有遭到强有力的宗教文化的融合,帝释天、毗沙门天等古雅利安人的古老崇拜仍然是主体崇拜对象。杜继文先生在论述《大集经》源出于西域时这样描述:

　　《大集经》所列鬼神范围广,种类多,包括地水火风、山河

①　林太:《印度通史》,上海:上海社会科学院出版社,2007年,第12—13页。
②　(唐)李延寿:《北史·于阗传》,北京:中华书局,1974年,第3209页。
③　薛宗正:《古代于阗与佛法初传》,《西北民族研究》2005年第2期。
④　彭树智:《文明交往论》,西安:陕西人民出版社,2002年,第87—90页。

草木,也都是神灵。其中天帝释,原是婆罗门教诸神之一,一般佛经把他作为获得地上最胜果报的天神,大乘则让他由异于佛教的立场,转变为佛教的护法者。《大集经》,特别是类似于《大集经》的《金光明经》,还更加突出帝释的部属,所谓"四大天王"在护法和治世中的威慑力量,此外还有所谓"天龙八部",是四大天王的部属,"天龙八部"又拥有所谓"二十八部"鬼神。[1]

彭树智先生在谈文明交往时,特别强调要"能处理好主体民族文明与亚体文明的关系":"在文明交往中,一个民族或国家只有坚持本位文明,又善于吸收外来文明,方能立足于世界文明之林,……能处理好主体民族文明与亚体文明关系,是保持多样性统一的关键。全球化并不能消除民族国家作为独立交往的主体性。"[2]

普贤信仰从印度传到中亚,是文明交往的又一个"个案",杜继文先生对《大集经》的精彩描述,可以让我们看到普贤信仰从印度传到中亚地区后产生的文化效应。直到公元3—6世纪,西域地区的帝释天崇拜还是很兴盛,说明尽管西域的绿洲国家不大,但在与印度的文明交往中基本上还是保持了交往的主体性,他们吸收了从印度传来的普贤信仰,同时又赋予了普贤菩萨新的形象,那就是将新兴的普贤信仰与帝释天的形象与哲学相结合,使普贤菩萨的影响不断扩大,于是普贤菩萨和帝释天的合流就形成了。从外形上看,普贤菩萨借用了帝释天的坐骑——六牙白象;在内在哲学方面,普贤菩萨将本来属于帝释天的的"因陀罗网"发展出自己的哲学,用来表现本体与现象的关系(即中国所谓的理事关系)。所以

---

① 杜继文:《佛教史》,第111页。
② 彭树智:《文明交往论》,第22页。

说，普贤菩萨实际上就是文明交往的产物，是最能体现文明交往的大菩萨，尤其是其与帝释天的"因陀罗网"哲学结合以后，在后来的《华严经》中得到了极大地发挥，进而成为标志性的普贤哲学，这些内容，笔者将会在后面的"《华严经》中的普贤哲学"一节里详细论述。

第四章　普贤菩萨与"如来藏"的结合

第一节　"如来藏"的由来

一、"如来藏"的基本思想

根据欧东明先生的研究,新的印度教的产生从公元前后就开始了,其标志是主神崇拜,将婆罗门时期形形色色的神都用一个主神统一了起来。这种思想在《奥义书》里就有,但到了公元前后,才以梵天崇拜这一新的信仰形式出现。①

彭树智先生认为,文明之间的交往既包括一个民族、国家与外部文明的交往,也包括同一个民族、国家内部文明之间的交往:

> 文明交往既表现在民族、国家之间,也表现在人群、集团之间,还有地区之间。②

> 文明交往形成的交往力,同生产力相互作用,分别组成了人类社会发展进程中的横线和纵线,彼此交叉璧联,织成了色彩斑斓的多样性历史画卷。③

---

① 欧东明:《佛地梵天——印度宗教文明》,成都:四川人民出版社,2002年,第40页。
② 彭树智:《文明交往论》,第13页。
③ 彭树智:《文明交往论》,第5页。

因此,印度教以主神崇拜这种新的宗教理论必然会在佛教中有所反应,并以信仰的形式表现出来,这就是"如来藏"思想。关于这一点,印顺法师有所论述:

> 龙树的大乘论中,还没有明确地说到如来藏与佛性,所以这是后期大乘。西元三世纪以下,正是印度梵文学复兴的时代,印度大乘佛教也就适应这一思潮而说"如来之藏",明确地说:"我者,即是如来藏义;一切众生悉有佛性,即是我义。"①
>
> 印度神学中的"我",与"梵"同体,而成为生死中的主体。在如来藏法门中,我与如来不二,依我而可以成佛,也就是众生的主体。②

"如来藏"简单地说就是"佛性"。"如来藏"思想被印顺法师称为"后期大乘",当然这是相对于早期的"般若"思想而言的,其代表性经典,有《大方等如来藏经》《大般涅槃经》《胜鬘经》《不增不减经》等。它究竟是怎么产生的?需要简单介绍一下。

关于"如来藏"思想的来源,日本学者多有论述。根据张文良先生的介绍,"如来藏"思想是从早期的"舍利崇拜"中形成的:

> 平川彰由此推测,《大般涅槃经》等大乘经典的出现,与参与佛塔的建造及运营管理的在家居士集团有直接关系,这样的集团也是大乘思想产生的社会基础。
>
> 按照下田的分类,《涅槃经》可分为两类,即从"序品第一"到"名字功德品第七"(除"长寿品第五"外)为第一类,主要阐述佛身常住思想,而从"长寿品第五"以及"四法品第八"到"随喜品第十八"为第二类,主要阐述佛性、如来藏思想……
>
> 在第一类中,佛被规定"我",而在佛塔信仰中,佛塔、佛舍

---

① 印顺:《如来藏之研究》,《印顺法师佛学著作全集》第18卷,第1页。
② 印顺:《如来藏之研究》,《印顺法师佛学著作全集》第18卷,第120页。

利被认为等同于佛,所以又可以说佛舍利等于"我";而在第二类中,佛性(buddhahātu)被规定为等于"我",而此佛性被明确规定为众生内在的"佛舍利(śariradhātu)、佛塔",众生皆有佛性,被规定为众生在自己的身体中具足佛舍利。可见,在《涅槃经》中,从佛身常住思想到如来藏思想的发展,是与佛舍利信仰由外在的舍利(佛塔舍利)信仰到内在的舍利(佛性)信仰的转变过程相一致的。①

显然,佛塔中所藏的正是佛的舍利子。在释迦佛涅槃后,据说毗荼所得八万四千块舍利子,后被分藏到各地所建的舍利塔里,这就是最早的"如来藏",舍利子是佛的遗骨,当然是最能代表佛的东西,也就被认为就是"如来","如来"藏在塔里不再现身,就是"如来藏"。到后来如来"法身"思想兴起后,认为自己的心中也有佛的"舍利",即佛性,只是藏身于无明之中,被无明所覆盖,没有显现而已。

二、"如来藏"的渊源

"如来藏"的这一转变当然经历的一个很长的过程,是佛教受到婆罗门教和新兴的印度教的影响的产物。如印顺法师就认为:"西元三世纪以下,正是印度梵文学复兴的时代,印度大乘佛教也就适应这一思潮而说'如来之藏'。"②

因此,要想深入理解"如来藏"思想,我们必须先了解一下后期婆罗门教"梵我一如"的思想:

> 婆罗门教的神学家们在梵书、奥义书中系统地为宗教作

---

① 张文良:《佛塔崇拜与大乘佛教的起源——以下田正弘的学说为中心》,《南昌航空大学学报》(哲学社会科学版)2009 年第 3 期。
② 印顺:《如来藏之研究》,《印顺法师佛学著作全集》第 18 卷,《自序》第 2 页。

了理论的证明。他们从梵天（Brahmā，梵文中的阴性名词）中概括与抽象出了一个形而上学的实体"梵"（Brahman，中性名词），并把"梵"作为世界的最高实在，一切事物的主宰。他们用否定达到肯定的方法（遮诠，即"遮其所非"），认为"梵"在本体的意义上是既不具有任何属性，也不表现任何形式，既超越于人类的人类感觉经验，又不能用逻辑概念或用语言来表达。

另外，他们把这个"梵"和作为人的主体的阿特曼（灵魂、我）结合和等同了起来，从而建立了"梵我一如"的原理。其意为：作为外在的、宇宙的终极原因的"梵"和作为内在的、人的本质或灵魂的阿特曼在本性上是同一的，亦就是说"大宇宙"和"小宇宙"是统一的。

阿特曼归根结底应该从"梵"那里去证悟，但是由于人的无明（无知），人对尘世生活的眷恋，受到业报规律的束缚，因而把"梵"和"我"看做了两种不同的东西，如果人能摈弃社会生活，抑制五情六欲，实行"法"（达摩）的规定，那么他就可以直观阿特曼的睿知本性，亲证"梵我一如"，从而获得宗教上的解脱。[①]

可见，印度人所说的"梵"，用现在的哲学术语讲就是"本体"，所谓的"梵我一如"其实就是讲"人我"乃是本体"梵"的显现。作为本体的"梵"以神的形式出现就是大神"梵天"：

《百道梵书》称梵天为"世界之主"，在世界形成之际，他创造诸神，护持天、地、空三界。《森林书》也宣称"万物从梵天而产生，依梵天而存在，毁灭时又归于梵天。"至奥义书时，印度最初的思想家们对梵天作了系统的描绘。例如《他氏奥义书》Ⅲ.3说："他是梵天、因陀罗、生主和一切诸神；他是地、水、

① 黄心川主编：《世界十大宗教》，第69—70页。

火、风、空五大；他是一切混合的细微者（即原素）；他是这或那的种子：卵生、胎生、湿生、芽生；他是马、牛、人、象，无论有气息的东西——能走的或能飞的以及不动的东西（即植物）都是他。"①

这里表达的意思很明显，"梵天"作为一切神的根据，实际上是"唯一神"，不仅其他的神灵都是他的化身，而且一切现象界的事物，不管是"有情界"还是"器世间"都是他的显现。正是因为宇宙间所有的事物都是他的显现，所以他也就等于"藏"在了每个人的心里。

应该说，这种逻辑正是"如来藏"思想的原型，即"梵天藏"。事实上，"梵天藏"也可能被称为"如来藏"，只是含义和佛教有别而已："作为世尊德号的'如来'，并非佛教特有的术语，而是世俗语言，佛教成立以前印度文化中的固有名词。……如来，在佛教中是佛的别名，解说为'从如中来'，就是悟入真如而来成佛的（"乘如实道来"）。"②

"如来"是"从如中来"的意思，"如"即"真如"，也就是现在说的"本体"，而"梵天"也是本体，所以"梵天"也可以称为"如来"，"梵天藏"也可以称为"如来藏"。所以，佛教只需在含义上将"梵天"换成"佛"，将"梵天藏"换成了"佛藏"，而在名义上都是"如来藏"，这个转变并不复杂，而且顺理成章。

正因为我们每个人都是"如"的显现，那么也可以说，我们每个人也都是"如来"：

> 在一般人，如来是众生的别名，所以说："我有种种名，或名众生、人、天、如来等。"（《中论》卷四），换言之，如来就是

---

① 黄心川主编：《世界十大宗教》，第68页。
② 印顺：《如来藏之研究》，《印顺法师佛学著作全集》第18卷，第12页。

"我"的别名，……"我"从前世来，又到后世去，在生死中来来
去去，生命自体却是如是如是，没有变异。如如不变，却又随
缘而来去，所以也称"我"为"如来"。①

这个结论恰好和"如来藏"系经典的结论相一致，即认为"涅槃
不灭，人人皆有佛性"。根据印顺法师的研究，如来藏思想在印度
佛教界崛起大约从公元 3 世纪而开始，一致延续到 7 世纪都还有
新的相关经论传入中国。印顺法师认为"如来藏"思想是他所谓的
"后期大乘"的主流："如来藏说，是'后期大乘'(经)的主流，经'初
期大乘'的演化而来。"②

可见，"如来藏"思想影响巨大。既然是"后期大乘"的主流，普
贤菩萨与"如来藏"是什么关系呢？这是我们本章第三节要探讨的
问题。

第二节　"如来藏"与"法身""法界"

"如来藏"思想后来和"法身""法界"合一了，所以我们要想如
实地寻找其发展脉络，还要追溯"法身"一词的来龙去脉。

一、"法身"含义的演变

"法身"一词最早指的是佛所说的"法"：

> 第十四法，自证。一法身当知，二法意当知，三法眼当知，
> 四法慧当知，是为行者四十法。是不非是不异，有谛如有不惑

---

① 印顺：《如来藏之研究》，《印顺法师佛学著作全集》第18卷，第12页。
② 印顺：《如来藏之研究》，《印顺法师佛学著作全集》第18卷，第8页。

不倒，是如是有持慧意观。①

　　若比丘戒身、定、慧身、解脱身、解脱知见身具足者，便为天、龙、鬼神所见供养，可敬、可贵，天、人所奉。是故，诸比丘，当念五分法身具足者，是世福田，无能过者。如是诸比丘，当作是学。②

　　汝等比丘，莫趣想着之心，向于利养，当念舍离。其有比丘着利养者，不成五分法身，不具戒德。③

从上面引文可知，《长阿含经》中，将"法身"和"法意""法眼""法慧"并列，作为佛所讲的"法"的四个不同的方面来看待；《增壹阿含经》则提出"五分法身"，即"戒身、定身、慧身、解脱身、解脱知见身"。可见，不管是"戒""定"还是"慧"，所指的都是属于广义的"法"。后来"法身"一词则从佛所说的、外在于己身的"法"演变为了自己通过"学法""修法"而获得的、存在于自己身内的"法身"，带有"佛法成就之身"的含义：

　　尔时，彼佛告诸菩萨言："善男子！汝往娑婆世界，若见彼佛，应生供养、恭敬、难遭之想。何以故？释迦如来于无量百千万亿阿僧祇劫，难行苦行，发大悲愿：'若我得成佛时，当于秽恶国土，山陵、堆阜、瓦砾、荆棘，其中众生具足烦恼，五逆十恶，于中成佛而利益之，使断一切苦，获一切乐，成就法身，永尽无余。'其佛本愿如是。汝等今往，当如佛往，住如佛住。"④

　　若有众生未得法身，闻佛说法，即得解了分别诸身；若有

①　（后汉）安世高译：《长阿含十报法经》卷上，《大正藏》第1册，第234页中。
②　（东晋）瞿昙僧伽提婆译：《增壹阿含经》卷第二十九，《大正藏》第2册，第712页中。
③　（东晋）瞿昙僧伽提婆译：《增壹阿含经》卷第四十一，《大正藏》第2册，第772页下。
④　（后汉）失译人名：《大方便佛报恩经》卷第一，《大正藏》第3册，第125页上。

众生不见佛身,闻佛说法,即得不眴三昧;若有众生分别诸缘,闻佛说法,即得无诤三昧。①

再到后来,这种本是后天修学所成就之身就进一步发展为自己天性就有的清净身:

"既得此福,所生之处常见现在佛谘受深法,四等四恩六度无极三十七品,法身现相寿命无穷相好分明,三十二相致十种力以成佛道,为立大安普济危厄,智慧辩才出万亿音度脱十方。"佛说是经时,诸比丘众、天龙、鬼神、四部弟子莫不欢喜作礼而去。②

犊子即言:"譬如去于城邑聚落不远,平博之处有娑罗林,是娑罗林已百千年,枝叶悉堕,唯贞实在。汝今瞿昙,亦复如是,已断一切烦恼结缚,四倒邪惑,皆悉灭尽,唯有坚固真法身在。"③

日人下田正弘对此有过总结:

下田通过对《涅槃经》诸品的验证指出,《涅槃经》的主旨在于说明佛陀超越肉身存在的永远性,故《涅槃经》整体上存在由实存的佛陀崇拜到作为佛法体现者的佛陀崇拜的转变。如"如来性品"中提到三皈依就是皈依自身的如来藏、佛性,最后提到礼拜佛塔不如礼拜自己"内在的佛性"等,佛塔与佛性并举,而且佛性在价值上似乎还高于佛塔。④

下田关于佛教经历了"实存的佛陀崇拜"到"作为佛法体现者"

① （北凉）昙无谶译:《悲华经》卷第七,《大正藏》第3册,第209页下。
② （东晋）失译人名:《施食获五福报经》,《大正藏》第2册,第855页中。
③ （秦）失译人名:《别译杂阿含经》卷第十,《大正藏》第2册,第445页下。
④ 张文良:《佛塔崇拜与大乘佛教的起源——以下田正弘的学说为中心》,《南昌航空大学学报》（哲学社会科学版）2009年第3期。

的佛陀崇拜的论断是正确的，"如来藏"一类经典确实重在说明"佛陀超越肉身存在"的新观点。如属"如来藏"系经典的《央掘魔罗经》里就这样讲："尔时央掘魔罗，复说偈言：'佛身无筋骨，云何有舍利？如来离舍利，胜方便法身。如来不思议，未信令信乐。故以巧方便，示现有舍利。方便留舍利，是则诸佛法。'"①

其他类别的经典也广有论述：

释师出世寿极短，肉体虽逝法身在。当令法本不断绝，阿难勿辞时说法。迦叶最尊及圣众，弥勒梵释及四王，哀请阿难时发言，使如来教不灭尽……尊者阿难作是念：如来法身不败坏，永存于世不断绝。天人得闻成道果，或有一法义亦深，难持难诵不可忆。②

佛告阿难曰："我灭度之后，法当久存。迦叶佛灭度后，遗法住七日中。汝今阿难，如来弟子为少，莫作是观，东方弟子无数亿千，南方弟子无数亿千。是故阿难，当建此意，我释迦文佛寿命极长，所以然者，肉身虽取灭度，法身存在，此是其义，当念奉行。"③

《大方便佛报恩经》则说得更加清楚：

"为归色身，归依法身耶？"答曰："归依法身，不归色身，不以色为佛故。"问曰："若色身非佛者，何以出佛身血而得逆罪？"答曰："色身是法身器故，法身所依故，若害色身则得逆罪。不以色身是佛，故得逆罪。""归依法者，何所归依名归依法？"答曰："归依语回转断欲无欲尽处涅槃，是名归依法。"④

---

① （南朝宋）求那拔陀罗译：《央掘魔罗经》卷第二，《大正藏》第2册，第526页下。
② （东晋）瞿昙僧伽提婆译：《增壹阿含经》卷第一，《大正藏》第2册，第549页下。
③ （东晋）瞿昙僧伽提婆译：《增壹阿含经》卷第四十四，《大正藏》第2册，第787页中。
④ （后汉）失译人名：《大方便佛报恩经》卷第六，《大正藏》第3册，第157页上。

　　总结经文的相关论述,"法身"的第一个特点就是非物质性。经文明确说法身无相,犹如虚空:"尔时文殊师利,以偈答言:'……法犹如虚空,如来妙法身。智慧如虚空,如来大智身。如来无碍智,不执不可触。解脱如虚空,虚空无有相。'"①

　　其次是说"法身"是"一",而能遍在于一切:

　　　　此乘是大乘,说名无碍智。一乘一归依,佛第一义依。佛法是一义,如来妙法身。僧者说如来,如来即是僧。法及比丘僧,二是方便依。如来非方便,是第一义依。是故我今日,归依于如来。于诸归依中,如来真实依。②

　　　　答曰:"归依三世佛,以佛法身同故。归依一佛,则是三世诸佛,以佛无异故。有云:'若归依三世诸佛者,有诸天自说我迦叶佛弟子,我拘留孙佛弟子,如是七佛中各称我是某佛弟子。以是因缘,正应归依一佛,不应三世。'有云:'不应尔。何以故?如《毗沙门经》说:毗沙门王归依三宝,归依过去、未来、现在佛。以是义故,应归依三世诸佛。'"③

　　上文说"三世诸佛"为"同一法身",这一"法身"遍在于众生身中,"僧者说如来,如来即是僧",只是随众生的因缘不同而显现,所以法身的特点就是它是"一",而同时遍在于一切。

　　第三个特点是"法身"的"一"是静止的,而不是运动的:

　　　　如来常及恒,第一不变易。清净极寂静,正觉妙法身。甚深如来藏,毕竟无衰老。是则摩诃衍,具足八圣道。④

　　　　第一义常身,佛不思议身。第一不变易,恒身亦复然。第

---

① (南朝宋)求那跋陀罗译:《央掘魔罗经》卷第二,《大正藏》第2册,第527页中。
② (南朝宋)求那跋陀罗译:《央掘魔罗经》卷第二,《大正藏》第2册,第530页上。
③ (后汉)失译人名:《大方便佛报恩经》卷第六,《大正藏》第3册,第156页下。
④ (南朝宋)求那跋陀罗译:《央掘魔罗经》卷第三,《大正藏》第2册,第532页上。

一义静身,妙法身真实。如是不思议,彼身云何现?①

　　我于无量阿僧祇劫恒河沙生,无量众生诸天及人随邪见者,安立正见故,生此第一寂静之身。②

第四个特点是"法身"和"智慧"相连接:"我于无量阿僧祇劫恒河沙生,现随世间支节不具,令无量众生安立菩提故,生无上法身。"③

综上所述,法身具有无相、绝对、静止、智慧四个特征,这些都是西方哲学意义上的"本体"范畴的特征。

二、"法界"含义的演变

到了后来,"法身"一词的应用范围越来越大,逐渐就和另外一个相关的概念联系了起来,那就是"法界"。"法界"一词,出现的也很早,《阿含经》里就有较多的出现:世尊答曰:"阿难,若有比丘见十八界知如真,眼界、色界、眼识界、耳界、声界、耳识界、鼻界、香界、鼻识界、舌界、味界、舌识界、身界、触界、身识界、意界、法界、意识界。阿难,见此十八界知如真。"④

可以很明白看出,这里的"法界"和"意界""意识界"并列,属于"意识"的分别对象,主要指的是广义的"思维的对象"。后来,佛典也将广义的"法界"用来专指佛教领域的义理,如:

　　比丘集法堂,讲说贤圣论。如来处静室,天耳尽闻知。佛日光普照,分别法界义。⑤

　　世尊告曰:"黑齿,如是如是,若我一日一夜以异文异句,

① (南朝宋)求那拔陀罗译:《央掘魔罗经》卷第二,《大正藏》第2册,第530页下。
② (南朝宋)求那拔陀罗译:《央掘魔罗经》卷第三,《大正藏》第2册,第536页上。
③ (南朝宋)求那拔陀罗译:《央掘魔罗经》卷第三,《大正藏》第2册,第536页中。
④ (东晋)瞿昙僧伽提婆译:《中阿含经》卷第四十七,《大正藏》第1册,第723页中。
⑤ (后秦)佛陀耶舍、竺佛念:《长阿含经》卷第一,《大正藏》第1册,第1页下。

问舍梨子比丘此义者,舍梨子比丘必能为我一日一夜以异文异句而答此义;黑齿,若我二、三、四至七日七夜,以异文异句问舍梨子比丘此义者,舍梨子比丘亦能为我二、三、四至七日七夜,以异文异句而答此义。所以者何? 黑齿,舍梨子比丘深达法界故。"①

这里的"法界",指的是"善别法性",知"彼佛有如是戒,如是法、有如是慧、有如是解,有如是住",知"如是性";《中阿含经》里,"深达法界"的意思也是深入理解佛经的义理。故可知,在《阿含经》里,"法界"一词主要指的是佛教经典里提到的各种概念的含义区别及义理。然而,到了《杂阿含经》阶段,"法界"一词就逐渐转变为了一个能够表示"实体"的概念:

云何缘生法,谓无明、行,若佛出世,若未出世,此法常住。法住法界,彼如来自所觉知,成等正觉,为人演说,开示显发,谓缘无明有行,乃至缘生有老死,若佛出世,若未出世,此法常住,法住法界。②

佛告比丘,缘起法者,非我所作,亦非余人作,然彼如来出世及未出世,法界常住。彼如来自觉此法,成等正觉,为诸众生分别演说开发显示。③

若如来出世,若如来不出,此法界恒住如故,而不朽败。有丧灭之声,生、老、病、死、若生、若逝,皆归于本。比丘,此五难得之物。④

可见,"法界"一词经历了由"思维的对象"到"佛理"再到"实

① (东晋)瞿昙僧伽提婆译:《中阿含经》卷第五,《大正藏》第1册,第452页中。
② (南朝宋)求那跋陀罗译:《杂阿含经》卷第十二,《大正藏》第2册,第84页中。
③ (南朝宋)求那跋陀罗译:《杂阿含经》卷第十二,《大正藏》第2册,第85页中。
④ (东晋)瞿昙僧伽提婆译:《增壹阿含经》卷第二十六,《大正藏》第2册,第697页上。

体"的演化过程。

综上所述,"如来藏"最早是和大乘佛教的"佛身"思想以及涅槃学说联系在一起的。"如来藏"思想的产生除了与"舍利崇拜"相关以外,也和佛教的"涅槃学说"紧密相关,单纯的"舍利崇拜"还不足以产生"如来藏"思想,因为"舍利崇拜"崇拜的是物质实体,而"如来藏"崇拜的则是内心的精神性的"佛性",前者无法解释崇拜的对象是怎么由"物质的"转变为了"精神的"的问题,佛教的"涅槃"学说的发展为解释这一转变提供了可能。"涅槃"一词的最初含义为"寂灭",类似于中国人所说的"人死灯灭",到了后来则由于信众的需要,不再强调"寂灭"了,转而相信佛陀死去的只是"肉身""化身",而其"真身"则还继续存在,印度人称之为"法身",而"法身"所在的那个地方就是"法界"。

第三节 普贤菩萨与"如来藏"

一、普贤菩萨与"如来藏"的结合

刚开始的时候普贤菩萨与如来藏并无联系,到了后期的般若经中普贤菩萨就明确地与"如来藏"思想联系了起来:

> 尔时世尊,复依一切住持藏法、如来之相,为诸菩萨宣说般若波罗蜜多,一切有情住持遍满,甚深理趣胜藏法门,谓一切有情皆如来藏,普贤菩萨自体遍故;一切有情皆金刚藏,以金刚藏所灌洒故;一切有情皆正法藏,一切皆随正语转故;一切有情皆正妙业藏,一切事业加行依故。[①]

---

① (唐)玄奘译:《大般若波罗蜜多经》卷五百七十八,《大正藏》第 7 册,第 990 页中。

关于这一点,黄夏年先生曾有专文讨论,他引用了窥基大师的解释:

> 可见,窥基明确指出了这一点,由于普贤自体遍的特点,也就具有了能证一切有情有如来藏的功能。①

> 窥基将如来藏看作"真如在缠",认为如来藏有"诸佛所有一切功德",众生只因善与不善的原因,显善出缠之时就得佛的法身,隐善未起之时仍为烦恼身,所以重要的是要得善与去除不善。他引用《胜鬘经》关于普贤的说法,就是要说明善或贤善是遍在于一切有情之中,推而广之,善存在于过去、现在、未来三世之中,众生都具有贤善的如来性或如来藏,这是"体"。由"体"而出缠,这是"用",菩萨是"废用显体"的,他能够在一切法中开发贤善的理用,并将此贤善用在一切法中,调顺一切活动(业)为贤善,又能证得贤善的如来藏自体,这就做到了普贤的最高境界。②

普贤菩萨能证一切有情都具有"如来藏",实际上是取得了代表如来藏的资格。如来藏之说,其基本精神和般若经是不同的,正如黄夏年先生所说,普贤具有如来藏的"自体遍在"的特点,无疑是在显性,而不是破相,所以它与空宗遮诠遣荡破执的特点是不同的。③

二、普贤菩萨与"如来藏"结合的意义

"如来藏"思想的产生是对当时流行的"法身"之说的一个总

---

① 黄夏年:《印度佛教普贤菩萨信仰初探——兼谈普贤菩萨与如来藏的关系》,魏道儒主编:《普贤与中国文化》,第105页。
② 黄夏年:《印度佛教普贤菩萨信仰初探——兼谈普贤菩萨与如来藏的关系》,魏道儒主编:《普贤与中国文化》,第106—107页。
③ 黄夏年:《印度佛教普贤菩萨信仰初探——兼谈普贤菩萨与如来藏的关系》,魏道儒主编:《普贤与中国文化》,第108页。

结。关于两者的关系，印顺大师曾有论述："而如来藏的原始说，是真我。众生身心相续中的如来藏我，是'法身遍在''涅槃常住'的信仰，通过法法平等、法法涉入的初期大乘经说而引发出来；在初期大乘的开展中，从多方面露出这一思想的端倪。"①

这里的"法身"实际上就是"如来藏身"，也就是"佛性"，即成佛的根据。"如来藏"之说，对于佛教的意义怎么评价都不过分，因为它能将成佛的根据通过"普贤菩萨"的"遍在性"建立在"有情"自己身上。这样，成佛就不必然是在遥远的彼岸，也不再是只需要必然靠佛菩萨的救护，佛教有了一条新的路子，在自己身上下功夫就行了，那就是修自己体内的"心"，因为这个"心"内有"法身"、有"佛性"、有"如来藏"。我们的肉身虽然各不相同，但我们每个人心中的"如来藏"是相同的。普贤菩萨表征的是"如来藏"，可以分身无数，遍在于每个有情，同时又统而为一，分合而得自在。这正是"如来藏"法身说的生动体现。

普贤菩萨与"如来藏"结合之后产生的佛教经典对"心"更加重视，普贤菩萨的地位也越来越高，这与一切众生都有如来藏，而普贤菩萨代表如来藏这一理论开拓有着紧密的关系。甚至我们可以说，普贤菩萨取得代表如来藏的地位，其实也就是取得了与后来的毗卢遮那佛"同体"的资格，这无论是在普贤信仰的发展史上，还是在大乘佛教发展史上都具有里程碑的意义。这一理论应用于《华严经》中开出了著名的"一毛孔"观；应用于密教经典中开出了"菩提心"的相关理论，并且借此理论，普贤菩萨与"一切如来"发生了紧密的联系，因而在密教中扮演了十分重要的角色，所有这些，在之后的论述中会逐步展开。

---

① 印顺：《如来藏之研究》，《印顺法师佛学著作全集》第18卷，《自序》第1页。

第五章　鼎盛之普贤：华严本尊

第一节　《华严经》的形成地点

大本《华严经》的形成时间,按照魏道儒先生的考证,当在公元300年左右,在此之前,它是由一系列先后出现的单行经的形式出现的:"六十华严的编成应在支法领去于阗之前数十年,可以大致定在公元300年左右。它是在以普贤类经典统摄文殊类经典的基础上,汇集在古印度各地形成的相关单行经,并进行了系统化整理和改造之后形成的。"①

对于《华严经》产生的时间问题,魏道儒先生的这一说法并没有太大争议,倒是关于《华严经》产生的地点,至今仍然没有定论。

一、诸家之说法

关于《华严经》的形成地点,吕澂先生认为,《华严经》首先流传于印度南方:"在印度,华严一类经典是当公元第二世纪中顷先流行于南方的。这只要看经文的重要部分《入法界品》以福城做根据地,并提到当地的大塔,便可了然。"②

然而,大多数学者的观点都推定是在新疆的和田地区编纂而

---

① 魏道儒:《中国华严宗通史》,第46—47页。
② 吕澂:《中国佛学源流略讲》,北京:中华书局,1979年,第367页。

成的,但也仅仅都是推定,没有直接的证明。如杜继文先生认为:

> 六十卷《华严》的原本为"胡文",系支法领得自于阗;八十卷本是实叉难陀自于阗携至长安所译;至今除《入法界品》和《十地品》之外,尚未发现《华严经》的任何梵文本。由此种种现象推断,《华严经》当是 2—7 世纪流传在西域,最后在于阗编纂成集的,而且不止一个定本。①

任继愈主编的《中国佛教史》也认为《华严经》"可能在于阗编纂成集的"。②

日人高崎直道也认为,《华严经》"有一部分可能是在于阗制作的":

> 推定《华严经》成立于西北印度的根据是:经中'四十二字文'中有 Ysa(酸、阇、也娑、夷娑)字母,但这个字母并不是印度固有的梵语字母,而被认为是起源于中亚于阗的音,于西元一世纪末传到西北印度。根据这点,也可以推定《华严》有一部分可能是在于阗制作的。这种情形,无疑地是统一的贵霜王朝所促成的。从《华严经》最早的译者月支国的支娄迦谶,以及其后的支谦,和将《六十华严》带入中国的支法领的名字来看,可以知道他们都是月支国系统的人,由此也可以推断《华严经》曾广布于中亚。又,竺法护也是月支国人;《八十华严》的译者实叉难陀也是于阗人。③

宋立道先生认为虽然《华严经》中的信息表明自己出自南印度,"但其实已经汇集了大量西北印度的宗教文化观念,其中对于

---

① 杜继文:《汉译佛教经典哲学》下卷,第 155 页。
② 任继愈主编:《中国佛教史》第 3 卷,北京:中国社会科学出版社,1988 年,第196—197 页。
③ 高崎直道著,李世杰译:《华严思想的展开》,《世界佛学名著译丛》61,台北:华宇出版社,佛历 2530 年(1986),第 8 页。

从吠陀圣典以来的印度诸神特别有转化与摄入"。他首先阐述了高崎直道的观点，然后又补充了两个理由：

> 第二，有关菩萨的阶位说，十住说或者十地说，多半与佛传《大事》（属于大众部说出世部）的十地说相关。说出世部的根据地被推定是在北印度、摩偷罗（马土腊）地方，北地与说出世部与《华严经》都有纠葛。

> 第三，从旧的十地说看，其中吸取了《般若经》所说的四位——发心、行道、不退转、一生补处，换一句话，十地是从四位扩展开来的，《华严》特有的十波罗蜜也是从《般若经》的六波罗蜜扩展开来的。①

魏道儒先生认为，至少《入法界品》出自"东方界"人士之手：

> 在叙述善财童子依次寻访十二位善知识时，《罗摩伽经》有时说西行，有时说南行，有时不说明具体方向，但《入法界品》一概说是"南"行。《罗摩伽经》所说的方向不是象征性的，透露出《入法界品》产生的真实历史情况。善财是来自东方的求法者，必须向西、向南行走才能到达印度，这正是西域地区的人去印度的方向。

> 与其说《入法界品》产生于南印度或最早流传于南印度，不如说它出自印度以外的"东方界"人士之手。②

魏先生虽然没有明确指明《华严经》编纂于于阗国，但他肯定《入法界品》出于西域。

日人镰田茂雄也认为《华严经》是在于阗编成的："《华严经》之二种梵本皆在于阗被发现，此或显示着《华严经》系于于阗编纂之

---

① 宋立道：《〈华严经〉与普贤信仰》，魏道儒主编：《普贤与中国文化》，第78页。
② 魏道儒：《中国华严宗通史》，第46页。

可能性颇大，且如前述有关于阗之传说，所谓毗卢遮那罗汉，恰与《华严经》之教主同名。"①镰田茂雄认为，《华严经》所尊崇的"毗卢遮那佛"，可能与于阗国原来就有的"毗卢遮那罗汉"崇拜有关。

不过，这些证据也只能证明某些章节是在于阗写成的，并不能完全证明《华严经》就是在于阗编成的。

二、本书之观点

本书认同《华严经》在于阗编纂而成的说法，但是，这并不是说，《华严经》里所有的章节都是在于阗国写成的，而是说，可能在于阗国有一个收集、整理华严类经典的佛教团体，长期地从事着这个工作。理由如下：

第一，《华严经》在印度流传有限。华严经在印度的影响主要是《十地品》与《入法界品》，龙树曾写过《十住毗婆沙论》、世亲写过《十地经论》。尤其世亲生于大约 5 世纪的西北印度，如果那时《华严经》已经编成，如世亲这般被称为"千部疏主"的大家，居然见到的仅仅是华严单品经《十地经》，这是不可想象的，可见在当时的印度本土并未流传整本的《华严经》。甚至在几百年之后的唐德宗时，南印度的国王亲手抄写的实际上只是《华严经》里的《入法界品》，却书以"《华严经》"的名字进贡给中国，可见该国王并未见到过真正的整本《华严经》。以此推论，则《华严经》确实在印度流传有限。为什么在中国引起这么大影响的《华严经》在印度却这么寂寞呢？

笔者认为，作为一部佛经，《华严经》所提倡的信仰类型与当时流行于印度的梵天崇拜太相似了，也许正是如此，影响了它在印度的弘传。这种因相似所以受冷落的文化传播现象，李利安教授称

---

① （日）镰田茂雄著，慈怡译：《华严经讲话》，高雄县大树乡：佛光山宗务委员会，1997 年，第 17 页。

之"相似亦轻"。① 在中国和西域这些没有印度教影响或印度教影响较小的地方,《华严经》的传播就会顺利的多。

第二,《华严经》确实与传统的佛教思想差别很大,而与西域的情况很接近。

首先是《华严经》里有明显的泛神论思想,这是印度本土的佛教哲学所没有的:"诸宝地宝墙,宝堂宝殿,台观楼阁,阶砌户牖,如是一切咸出妙音,悉向于王,曲躬敬礼,妙光城内所有居人,……一切山原及诸草树,莫不回转向王敬礼。"②

其次,《华严经》强调菩萨要"孝事父母""利益父母宗亲"等:

> 菩萨在家,当愿众生,知家性空,免其逼迫;……妻子集会,当愿众生,怨亲平等,永离贪着。③

> 不孝父母,不敬沙门及婆罗门,……不久当堕三恶道处。④

> 善男子,如人护身先护命根,菩萨摩诃萨亦复如是,护持佛法亦当先护菩提之心;善男子,譬如有人命根若断,不能利益父母宗亲。⑤

一般而言,印度佛学的思想一般是强调舍弃妻子儿女,弃家修行的,像"孝事父母"这样的思想可能是儒家思想的反映。⑥ 早在西汉武帝时期,汉人的势力已经到达了西域,之后东汉虽然几得几失,但汉人在西域的影响一直都有,作为强势的政治存在,也必然

---

① 李利安:《观音信仰的渊源与传播》,第457页。
② (唐)实叉难陀译:《大方广佛华严经》卷第六十六,《大正藏》第10册,第357页中。
③ (唐)实叉难陀译:《大方广佛华严经》卷第十四,《大正藏》第10册,第70页上。
④ (唐)实叉难陀译:《大方广佛华严经》卷第六十八,《大正藏》第10册,第370页上。
⑤ (唐)实叉难陀译:《大方广佛华严经》卷第七十八,《大正藏》第10册,第433页下。
⑥ 魏道儒:《中国华严宗通史》,第6页。

会反映到文化上。《净行品》这一说法，就可以说明这一点。

最后，华严经反复强调，菩萨应当"不厌生死行"：

> 善男子！我在此城海岸路中，净修菩萨大悲幢行。善男子！我观阎浮提内，贫穷众生，为饶益故，修诸苦行，随其所愿，悉令满足。先以世物，充满其意；复施法财，令其欢喜，令修福行，令生智道，令增善根力，令起菩提心，令净菩提愿，令坚大悲力，令修能灭生死道，令生不厌生死行，令摄一切众生海，令修一切功德海，令照一切诸法海，令见一切诸佛海，令入一切智智海。①

《华严经》不断强调，菩萨应当发"众生尽，我愿尽；烦恼尽，我愿乃灭"的大愿，为救护众生而甘愿出生入死，轮回不已。而印度传统思想的主流一般认为修行的目的就是脱离生死轮回的苦海，达到最终的解脱。

第三，经过对《六十华严》（也称晋译《华严》）与《八十华严》（也称唐译《华严》）的对勘，我发现新增加的部分明显带有西域的特点。

如在晋译《华严经·离世间品》中有如下字句："菩萨摩诃萨处母胎时，余方世界一生补处，在母胎者，悉共讲说菩萨无尽智慧之藏，是为第八事。"②而到了唐译《华严经·离世间品》中，则变成了："菩萨摩诃萨在母胎中，他方世界一切最后生菩萨在母胎者，皆来共会，说大集法门，名广大智慧藏。是为第八事。"③

很明显，唐译将"菩萨无尽之藏"改为了流行于西域的"大集法

---

① （唐）实叉难陀译：《大方广佛华严经》卷六十七，《大正藏》第 10 册，第 361 页下。
② （东晋）佛驮跋陀罗译：《大方广佛华严经》卷第四十二，《大正藏》第 9 册，第 666 页下。
③ （唐）实叉难陀译：《大方广佛华严经》卷第五十九，《大正藏》第 10 册，第 311 页上。

门",即《大集经》所倡导的信仰。而关于《大集经》,杜继文先生有专门的论述:"在《大集经·日藏经》中还特别记载了有关于阗历史和现状的神话,由此推测,大集经类可能反映了3—6世纪,自阿富汗经于阗到敦煌一路佛教信仰的另一种动向。"①

而关于《大集经》的特点,杜先生曾有提及:

> 《大集经》的内容极杂,总的来说,玄理相对减少,突出鬼神佑护和禁咒法术的作用,尤以"菩萨"能于"一时中,示八万四千种色","无情亦有神"等说法最为新奇,是佛教向多神主义方面发展的重要典籍,最便于在底层民众中传播。

> 把《大集经》思想引进江南是一个创举,引进江南的禅众中更为稀罕。而这些思想对于牛头宗之泛神论宗教哲学的形成有明显影响。②

> 佛教的多神主义和泛神论思想,以及由此而表现出的各种自然神异,在其他僧侣的记载中也时有所见,但都不像在润州僧群中那样集中而普遍。草木山水能被高僧高行所感动,恶兽毒蛇遇禅师而驯顺回避,则无情亦有情;禅师遗嘱死后不依佛教传统火化,而是施诸山林禽鸟,则禽兽也通佛性。法聪为嘉兴县高王神授菩萨戒,应鄱阳府君神之请讲《涅槃》《大品》,民间诸神也由佛教管辖起来。③

《大集经》的泛神论思想不仅对中国南京地区的牛头宗产生过重要影响,对于《华严经》的形成也有重大影响。

如在晋译《华严经》中有如下字句:

> 阿修罗中天鼓声,于人道中海潮声。又复他化自在天,雨

---

① 杜继文:《佛教史》,第110页。
② 杜继文、魏道儒:《中国禅宗通史》,南京:江苏人民出版社,2008年,第92—93页。
③ 杜继文:《中国禅宗通史》,第98页。

妙香华为庄严。①

　　百万亿天鼓出大音声，百万亿天琴出微妙音，百万亿天牟
陀罗出大音声，百万亿天娱乐具、百万亿天乐音声充满十方一
切佛刹，百万亿化音声声彻十方，众生闻者，悉解如响。②

而在唐译《华严经》中则添加了不少内容：

　　忉利天中有天鼓，从天业报而生得。知诸天众放逸时，空
中自然出此音，……天鼓出音告其众：汝等宜应勿忧怖！诸
天闻此所告音，悉除忧畏增益力。时阿修罗心震惧，所将兵众
咸退走。甘露妙定如天鼓，恒出降魔寂静音。大悲哀愍救一
切，普使众生灭烦恼。③

　　尔时，诸天子闻天鼓音如是劝诲，咸生是念："奇哉希有！
何因发此微妙之音?"是时，天鼓告诸天子言："我所发声，诸善
根力之所成就。诸天子！如我说我，而不着我，不着我所；一
切诸佛亦复如是，自说是佛，不着于我，不着我所。"④

　　可以看到，晋译《华严》只有两处提到"天鼓"，并且这两处都没
有对"天鼓"进行神化。而唐译《华严》18 次提到"天鼓"，对晋译
《华严》中有关天鼓的字句仍然保留，没有神化，但将新加的 16 处
"天鼓"都是作神化处理了。这里，天鼓像人一样会说话，为大家讲
法，警示大家，因为天鼓的这种能力是"从天业报而生得"。

　　这种泛神论思想虽然还是不能确定证明晋译《华严经》写于西
域，但却至少可以说明，唐译《华严经》确实是在西域编成的，因为

①　（东晋）佛驮跋陀罗译：《大方广佛华严经》卷第七，《大正藏》第 9 册，第 440 页下。
②　（东晋）佛驮跋陀罗译：《大方广佛华严经》卷第十三，《大正藏》第 9 册，第 480
页上。
③　（唐）实叉难陀译：《大方广佛华严经》卷第十五，《大正藏》第 10 册，第 79 页上。
④　（唐）实叉难陀译：《大方广佛华严经》卷第四十八，《大正藏》第 10 册，第 256
页上。

其新加的部分明显是西域的经典。并且由于《大集经》中有介绍于
阗国历史传说的内容,则我们至少可以说,《华严经》极有可能是在
于阗国产生的。这说明在中亚的某个地方,极有可能是于阗国周
围,存在着一个《华严经》的编纂团体,他们不断地收集相关经典,
编辑成册,最后以《华严经》的名字流传出去。依次来推断,这个僧
团当不是后来才有的,将之视为一个有传承的团体更符合逻辑。
如果是这样的话,那么晋译《华严》也有可能是在西域甚至是于阗
国编成的。

第二节　华严类单品经中的普贤菩萨的
地位不断上升

一、《兜沙经》《本业经》等单品经中普贤菩萨没有出现

汉末月支人支谶译出的《兜沙经》,为较早的华严单品经之一,
普贤菩萨并未在其中出现,该经是以文殊菩萨为上首菩萨的:"文
殊师利菩萨,持佛威神,悉遍视诸菩萨,皆遍以便举慧言:诸菩萨
大众会,何甚快耶? 不可复计诸佛,佛所居处,诸所处,诸所被服佛
法,佛说法,佛刹威神……"①

三国时吴支谦译的《本业经》,里面没有提到文殊菩萨,上首菩
萨是"敬首""贤首""法意"等菩萨。可是,到了西晋优婆塞聂道真
所译《诸菩萨求佛本业经》(这本是支谦所译《本业经》中"愿行品"
的异译),里面一开始就提到了文殊菩萨:

若那师利菩萨,问文殊师利菩萨:"菩萨何因身有所行,不

---

① (后汉)支娄迦谶译:《兜沙经》,《大正藏》第10册,第445页下。

令他人得长短？口所言，不令他人得长短？心所念，不令他人得长短？何缘身不法他人长短？口不说他人长短？心不念他人长短？持是身所行、口所言、心所念？"……文殊师利菩萨谓若那师利菩萨言："善哉善哉，佛子所问，乃尔极大慈爱，多所度脱，乃作是发意问。所问者皆有佛子菩萨身所行，有口所言，有心念，有意所念道。"①

而到了《六十华严》的相对应诸品，文殊菩萨更是成了会主，可见华严类经典中确有一类是抬高文殊菩萨的。

相对来说，抬高普贤菩萨的倾向出现较晚，正如魏道儒先生所总结的那样，汉三国时期中国所译的华严类经典里没有出现普贤类单品经，最早的普贤类单品经出现于西晋竺法护的译经，主要有三部：

其一，《佛说如来兴显经》四卷，元康元年(291)译出，又名《兴显如幻经》。其前半部分相当于晋译《华严经·性起品》，篇幅约占五分之四；后半部分相当于《十忍品》，篇幅约占五分之一。此经主要叙述菩萨如何通过修行进入佛境界。其二，《度世品经》六卷，也是元康元年(291)译出，相当于晋译《华严经·离世间品》，采取普贤菩萨解答普慧菩萨二百问的形式，主要讲菩萨如何修行，以便用"神通方便"度化众生。其三，《等目菩萨所问三昧经》三卷，又名《普贤菩萨定意》，相当于唐译《华严经·十定品》，晋译《华严经》中缺。主要讲述普贤的"诸定正受卓变之行"，即不可思议的神通变化。②

魏先生这里所说的只是竺法护的译经，如果加上别人译的，则流传至今的还有西秦圣坚译的《罗摩伽经》，该经是属于《华严经

---

① （西晋）聂道真译：《诸菩萨求佛本业经》，《大正藏》第10册，第451页上。
② 魏道儒：《中国华严宗通史》，第9页。

入·入法界品》的部分内容。现在所能见到的,在整本《华严经》出现之前与普贤菩萨有关的单品经就只有这四部。

二、《兴显经》中普贤菩萨地位超过诸佛

《佛说如来兴显经》开篇就确立普贤菩萨为诸菩萨之首:

> 其名曰普贤菩萨、普称尊菩萨、如来族姓成首菩萨、金刚幢英菩萨、无盖月净菩萨、日光离垢藏菩萨、大神通变动菩萨、离垢光首十方精进王大师子娱乐神通菩萨,如是等类,犹如十方不可计数亿百千姟诸佛之土满中众尘,众会菩萨,其数如斯。①

《佛说如来兴显经》中普贤菩萨还上升为了佛的代言人,并获得了佛的亲自认可。当经中说"如来族性成首菩萨"在会中向佛问谁可以代替世尊为大家讲法时,于是:

> 应时世尊从口演光,名不可计亿数照明,照于一切无有边际诸佛世界,绕诸佛土。具足十匝,示现如来圣旨威变,请无央数诸菩萨亿百千姟,悉见告敕,动诸佛土,至诸恶趣,悉灭灾患,覆蔽一切诸魔宫殿,十方如来平等正觉,觉诸不觉,示现诸佛众会道场,光明之耀度于法界,一切周遍虚空之界,达诸佛土。寻即复还,绕诸菩萨,入于普贤菩萨面门。②

该段经文在《六十华严》与《八十华严》中都有了发展,《兴显经》中含糊不清的"佛"被确定为了"卢舍那佛"或"毗卢遮那佛"(两者只是翻译不同),而"如来族性成首菩萨"则被改译为了"如来性起妙德菩萨",该段经文在《六十华严》中属于《宝王如来性起品》,

① (西晋)竺法护译:《佛说如来兴显经》卷第一,《大正藏》第10册,第593页上。
② (西晋)竺法护译:《佛说如来兴显经》卷第一,《大正藏》第10册,第593页下。

在《八十华严》中属于《如来出现品》。尤为重要的是,将佛放之光明进入普贤菩萨之"面门"改为了进入普贤菩萨之"口",毗卢遮那佛在《华严经》中经常对华严会的会主放光,有时是足下放光,有时是膝盖放光,而独独对普贤菩萨是"口中放光",这显然是有特殊含义的。因为"口"即是用来"说法"的,这显然是有特别含义的,象征意义乃是将代替自己说法的权力授予了普贤。宋立道先生认为是"普贤菩萨承继如来使命"。① 后来的密教中干脆就将普贤菩萨说成是毗卢遮那如来的"转法轮身",都可以在此找到原始依据。

《兴显经》还描述了普贤菩萨的殊胜:"普贤菩萨,适遇斯光,寻时如应,功德威颜,师子之座,倍加于前,超越佛身及师子座,又复绝逾诸菩萨体师子之座,普贤菩萨仪观美德,师子之座,高广殊妙,而现特为显丽。"②

这里的经文说,普贤菩萨的"师子之座"超越了佛身,也超越了佛的"师子之座",更是"绝逾诸菩萨体师子之座",这是至高无上的地位,也是以前的经典中从来没有看到过的。笔者认为,可能是受到了当时刚刚兴起但还没有形成体系的密教的影响。因为我们注意到,普贤菩萨超越佛陀,有一个前提:"适遇斯光"。谁的光? 是"一切如来"之光。当"一切如来"的光明照射到普贤菩萨身上时,他就超越了佛及诸菩萨,这在密教当中正是"上师"受到诸佛加持时就排在佛陀之前的理论滥觞。

《佛说如来兴显经》中普贤菩萨之座超越了佛之座这一说法,后来在晋译《华严经》和唐译《华严经》中都被修改为了:

　　　　尔时普贤菩萨摩诃萨身及师子座,殊胜百倍诸菩萨身及

---

① 宋立道:《〈华严经〉与普贤信仰》,魏道儒主编:《普贤与中国文化》,第80页。
② (西晋)竺法护译,《佛说如来兴显经》,《大正藏》第10册,第593页下。

师子座,唯除如来所处之座。①

其光入已,普贤菩萨身及师子座过于本时及诸菩萨,身座百倍,唯除如来师子之座。②

不惜把普贤菩萨的地位抬高到佛陀之上,说明《佛说如来兴显经》的作者们力图抬高普贤菩萨的努力是显而易见的,也说明了当时确有一批信众在狂热地支持普贤信仰。同时,尽管这种将普贤菩萨抬高到佛陀之上的说法后来又被修改了,但其精神仍然体现在了《华严经》中。在《华严经》中,普贤菩萨尽管在地位上不及佛陀,但是在品格上却超越了毗卢遮那佛很多,这些将在之后的论述中详细分析。

在《兴显经》中,普贤菩萨已经超越了"当机者"的地位,而是"讲法者",直接以菩萨的身份代表佛陀为众菩萨宣讲《兴显经》:

善哉佛子,愿说如来兴显现身,畅演弘音,所可讲说,诸心念行境界之处,所叹行者,成最正觉,转于法轮,宣传佛教,现大灭度,示于如来一切德本,诸所造行。③

现在诸佛,见普贤菩萨,闻所言讲,而遥赞曰:"善哉善哉,卿族姓子,是为如来所分别说不可思议。所以者何?建立真谛,游入法界。"④

经文明确了普贤菩萨代佛所讲之《兴显经》,即是"建立真谛",可以让信众"游于法界"。这个论述进一步强化了普贤菩萨是引导信众进入"法界"的导师的地位。

---

① (东晋)佛陀拔陀罗译:《大方广佛华严经》卷第三十三,《大正藏》第9册,第611页下。
② (唐)实叉难陀译:《大方广佛华严经》卷第五十,《大正藏》第10册,第262页中。
③ (西晋)竺法护译:《佛说如来兴显经》卷第一,《大正藏》第10册,第594页上。
④ (西晋)竺法护译:《佛说如来兴显经》卷第四,《大正藏》第10册,第613页下。

三、其他华严单品经中普贤菩萨的地位不断上升

《度世品经》中的普贤菩萨仍然是"上首菩萨"，被尊称为"最胜之子"：

> 十方诸佛皆各现身，而遥赞叹普贤菩萨："善哉善哉，最胜之子，随时讲说菩萨大士功勋之德，分别正义，一何快乎！开阐班宣度世法品，如汝佛子，本学真谛，解达斯法，今者善说承经威德光明清净经典之要，我等悉解，诸佛亦然。吾等亦共称誉此经，于今现在十方诸佛，为诸当来诸菩萨，学未闻者，施慈恩广大，乃如是乎？"①

对于普贤菩萨所讲之法，"十方诸佛"的评价很高，认为普贤菩萨代佛所讲之《度世品经》让"我等悉解"，并且是"诸佛亦然"，对"现在十方诸佛"等"施慈恩广大"，这是继《兴显经》后又一次将普贤菩萨凌驾于诸佛之上。除此之外，《度世品经》还点出了普贤菩萨的三个特征：

> 成平等觉，悉能示现，心闲心憺，已了佛道，不离一切众生发心，入一人心，则能普入一切众生，所知所乐，自于其慧，而不动转，诸菩萨身，逮得普智诸通慧心，住于其地，而不退转，菩萨所行，力无休懈，周旋往来，慧无所行。……于是普贤菩萨，即以佛藏三昧正受，入三昧已，应时遍入十方诸佛之所游居，靡不周畅，皆以通达。②

普贤菩萨可以"应时遍入十方诸佛之所游居，靡不周畅，皆以通达"。诸佛所居住之地为"法界"，也就是本体界。可以随意进出

---

① （西晋）竺法护译：《度世品经》卷第六，《大正藏》第 10 册，第 653 页中。
② （西晋）竺法护译：《度世品经》卷第一，《大正藏》第 10 册，第 617 页下。

"法界"是普贤菩萨的第一个特征。另外,经文还指出,普贤菩萨"已了佛道,不离一切众生发心",这是讲普贤菩萨的愿行广大,以度尽众生为己任,早就已经成佛,但是又以菩萨身来到世间救难,这是《度世品经》所讲的普贤菩萨的第二个重要特征。上述引文讲,普贤菩萨"能普入一切众生,所知所乐",是讲普贤菩萨能够以"方便力"救助诸痴顽众生,帮其脱离苦海,这是《度世品经》所讲的普贤菩萨的第三个特征。

《等目菩萨所问三昧经》相当于唐译《华严经·十定品》,经文一开始就讲了佛在"摩竭境界法静道场"始成正觉,普贤菩萨以法眼看到佛成正觉时所现之种种祥瑞,遍召集诸"菩萨大士","普悉来会"。

> 尔时会场,有一菩萨,名曰普贤,承佛圣旨,而自念曰:"今日如来,所现感变,从往古来,所未闻睹,如是瑞应,必有殊特无尽之要,当使他方诸大菩萨咸共受持,即如其像,而为正受,放大金光,照十方土,于光明中,散天华香,而作天乐,其乐柔和,同一洪音。"普贤菩萨告诸族姓子:"释迦文佛,今日当演未曾有法,族姓子等,所欲者成,寻顷之时,菩萨大士,如尘之数,普悉来会。"①

普贤菩萨第一次成了"佛教大会"的主持人,这是普贤菩萨地位进一步上升的又一个表现。于是诸位大菩萨来到法静道场,环绕于佛周围。这些菩萨皆能:"晓了诸法本无之界,尽得诸佛相好庄严,皆能分身,十方现化,悉于极世,如佛感动,游步无侣,威神独尊,能于十方,大师子吼,以金刚志,陷碎魔怨,伏之以慈,降顺唯德,却众外道,进退自由,道德正想,祐济一切。"②可见,来会的都

① (西晋)竺法护译:《等目菩萨所问三昧经》卷上,《大正藏》第10册,第575页上。
② (西晋)竺法护译:《等目菩萨所问三昧经》卷上,《大正藏》第10册,第575页上。

是颇有修行的大菩萨。然而，其中普贤菩萨非常特别："普贤菩萨，今在此会，得无思议菩萨感动，为修无量菩萨之行，得无思议菩萨变化，已净菩萨难值之愿，致无退还，菩萨生行，修诸无量，广德净行，等越无量，辩才无碍。"①

之所以能够如此，是因为普贤菩萨能入一种"无思议之定"，进入该定，就能"修无量菩萨之行"，得"无思议菩萨变化"。大家都对普贤菩萨之高超定力很感兴趣，于是便由等目菩萨作为"应机者"，向佛问法：

> 尔时等目菩萨，承佛威神，忽从坐起，偏袒右肩，右膝着地，向佛叉手，白世尊曰："欲问如来平等正觉，若当听许乃敢自陈。"佛告等目："随若所问，恣问如来，佛从汝意，当为发遣，令汝欢喜。"于时等目，寻白佛言："云何世尊，菩萨，为以几无思议之定，得应普贤菩萨之行，而致与等勇世誓愿？"②

佛告诉等目菩萨，普贤菩萨就在现场，可以让普贤菩萨回答这个问题。然而，大家环顾四周，却找不到普贤菩萨。对此，佛作了解释：

> 世尊告曰："如是族姓子，汝等不见普贤菩萨身及坐处，所以者何？其普贤菩萨，处深行故，不可得以，其慧行住无碍，得如师子强猛之故，得佛无上感变，寂无碍际，住佛十力法界首藏，致佛威神，严无毁慧，于三世等，诸佛法身，普贤菩萨……"时等目菩萨，从定寤起，而白佛言："吾以十无数千三昧，而正受，亦不见普贤菩萨身口意行及其处所，亦复不睹所住游行之地。"③

① （西晋）竺法护译：《等目菩萨所问三昧经》卷上，《大正藏》第10册，第575页下。
② （西晋）竺法护译：《等目菩萨所问三昧经》卷上，《大正藏》第10册，第575页下。
③ （西晋）竺法护译：《等目菩萨所问三昧经》卷上，《大正藏》第10册，第576页上。

佛说，大家看不到普贤菩萨，那是因为"普贤菩萨处深行故"，普贤菩萨"于三世等诸佛法身"。等目菩萨不服气，入"十无数千三昧"，还是看不到普贤菩萨，这才知道普贤菩萨的甚深定力不可思议，才真正心悦诚服。

> 尔时等目，而白佛言："此普贤菩萨之德，为无有量，不可限行，为无称限之行，为无断行，为无转行，普流之行，为无所不周至，为无回还之行，分别诸法行明，无分别随一切方便之行，等过口行。"世尊告曰："如是，等目，如尔之言，普贤菩萨，以净无数众生，无极清净，无量功德，兴无数福，修无数相，德备无限，行无等伦，名流无外，无得之行，普益三世，有佛名誉。"①

等目菩萨认识到了"普贤行"乃是"不可限行""普流之行""方便之行""无所不周至"，从而对普贤菩萨推崇备至。释迦文佛也认为等目菩萨所言极是，普贤菩萨虽是菩萨，但"有佛名誉"。这是第一次从佛之口承认了普贤菩萨有"佛"的名誉。

对于等目菩萨等大菩萨看不到普贤菩萨的原因，释迦文佛解释道：

> 其幻化不可处别，况其普贤菩萨，身口意行，见可入处，所以者何？以其深邃无思议德备之故，亦以无量敷演无尽故，解达金刚之慧，取要言之，晓了无量诸法性界，于诸刹土，而无所著，于一切身，解无体行，无所入，无所有法等吾我神足境界，而无毁坏诸住际者，而无着财，以神通解本无。②

释迦文佛说普贤菩萨已经"解达金刚之慧"，"晓了无量诸法性

① （西晋）竺法护译：《等目菩萨所问三昧经》卷上，《大正藏》第 10 册，第 576 页中。
② （西晋）竺法护译：《等目菩萨所问三昧经》卷上，《大正藏》第 10 册，第 576 页上。

86

界”，故可以于一切刹土而无所著、于一切身而无所入，却“无毁坏诸住际者”，即使大家看不到他，他仍然遍在于一切。

而想要见到普贤菩萨者，必须达到如下境界：“欲见普贤菩萨者，彼无蔽碍，闻亦无碍，礼敬无碍，心敬无碍，意念无碍，趣向无碍，睹见无碍，修入无碍，求索无碍。”①

可见普贤菩萨地位之高，这种高深莫测的境界也给普贤菩萨蒙上一层神秘的色彩。另外，在《等目菩萨所问三昧经》中，反复提到了“普贤菩萨行愿”或“普贤菩萨之行”：

> 菩萨之愿，而无罣碍，得修具足普贤菩萨行愿之光曜，得入普智之行诸法觉道行，以无念，以无着，修如来行。如彼四大河无懈无止处之劫数，流归于海。菩萨亦如是，修入普贤菩萨之行，于无数劫修菩萨行，而无懈倦……为无数诸佛所建为无数诸佛感动，普远所归普贤菩萨所行愿，以清净菩萨所行，如来十力，而无罣碍，修普贤菩萨之行，建立具满，晓达诸感动。②

> 菩萨亦如是，至于兴修普贤菩萨之行，而致众生之界亦清净，以其德本，譬如大云降雨，慧泽而以时节。③

> 岂谁不信普贤菩萨誓愿之行，岂非法界尽其所处，菩萨所兴，而审谛。时普贤菩萨谓等目曰：“善哉善哉，是族姓子。若此，如卿所言，其菩萨而现等像诸如来，岂非佛之谓也？”④

可见，尽管普贤代表的本体，并不完全等同于化身于现象之中的“普贤菩萨”，但作为后来所称的“普贤行愿”来说，其实也就是“普贤菩萨的行愿”，从本质来看，两者并无区别。

① （西晋）竺法护译：《等目菩萨所问三昧经》卷上，《大正藏》第10册，第576页上。
② （西晋）竺法护译：《等目菩萨所问三昧经》卷下，《大正藏》第10册，第587页下。
③ （西晋）竺法护译：《等目菩萨所问三昧经》卷下，《大正藏》第10册，第589页中。
④ （西晋）竺法护译：《等目菩萨所问三昧经》卷下，《大正藏》第10册，第590页上。

《等目菩萨所问三昧经》将"无思议之定"作为普贤菩萨殊胜定力的代表,这正是普贤菩萨所代表的本体法界所具有的"不可思议"的特征。这一最早源于"普贤如来"的特征后来和普贤菩萨合流后,一直作为普贤菩萨的重要特征而保留了下来。

有关普贤菩萨的华严类单品经《佛说罗摩伽经》,相当于《华严经》中的《入法界品》,该经中普贤菩萨并未露面,但是相关论述中却有不少章节提到了"普贤愿""普贤行""普贤道""普贤地":

> 善男子,我唯知此大悲清净毗罗摩伽菩萨光明法门,诸大菩萨,一切皆具普贤菩萨清净大愿,成满究竟普贤之行。①

> 近善知识,求妙功德,救护众生,悉具一切普贤菩萨所行之道。尔时喜目观察众生夜天,为善财童子,显现菩萨教化一切世间法门境界相好庄严身相,眉间白毫相中放大光明。②

> 住普贤菩萨广行究竟地,圆满清净大境界地,于一念顷普现十方无量佛刹,具十法门,一一法门具足无量无边不可思议阿僧祇等诸法界海,尽一切苦际,皆悉深信。佛子,如是等种种功德,我已久修,信解受持,具普贤行。③

从相关表述看,"普贤愿""普贤行""普贤道""普贤地"其实也就是普贤菩萨的愿、行、道、地,并无区别。这样,从最初的"愿"与"行",发展到了愿、行、道、地,显然,普贤菩萨的影响力扩大了。

另外,西晋聂道真还译有《三曼陀跋陀罗菩萨经》,本经可能是《普贤行愿品》的早期形式,"三曼陀跋陀罗"即梵文"samantabhadra"的音译,指的就是普贤菩萨,该经中普贤菩萨是主角:

> 一时佛在摩竭提国清净法处自然金刚座,光影甚明无所

---

① (西秦)圣坚译:《佛说罗摩伽经》卷上,《大正藏》第10册,第860页下。
② (西秦)圣坚译:《佛说罗摩伽经》卷下,《大正藏》第10册,第875页中。
③ (西秦)圣坚译:《佛说罗摩伽经》卷下,《大正藏》第10册,第875页上。

不遍照,与众摩诃萨等无央数菩萨共会坐,三曼陀跋陀罗菩
萨、文殊师利菩萨最第一。文殊师利菩萨问三曼陀跋陀罗菩
萨言:"若有人求菩萨道者,善男子善女人,欲得无盖清净者,
当施行何等法自致得之乎?"①

《三曼陀跋陀罗菩萨经》中,以"智慧"著称的文殊菩萨向普贤
菩萨问道,由普贤菩萨给予详细解答,无疑,普贤菩萨智慧的高深
是不可思议的。

普贤菩萨分五品回答了文殊的提问:"五盖品""悔过品""愿乐
品""请劝品""譬福品"。这五品经的内容和"普贤十大愿王"中的
"礼敬诸佛""忏悔业障""随喜功德""请转法轮""请佛住世""普皆
回向"六品相近,②应该是《普贤行愿品》的原型。《三曼陀跋陀罗
菩萨经》中这些带有总结性质的陈述,说明社会上有将"普贤行"简
单化、实用化,使修行容易操作的倾向,反映了普贤信仰的进一步
普及。

综上所述,华严类单品经告诉了我们有关普贤菩萨的若干
信息:

1. 普贤菩萨是众菩萨之首,是显赫的大菩萨。

2. 普贤菩萨具有召集诸神集会的资格,可以是佛教会议的召
集人。

3. 普贤菩萨具有代佛讲法的资格,经常代佛讲法,可以说是
佛的"助教"。

4. 普贤菩萨可以随意进出法界。

5. 普贤菩萨愿力广大,他虽已经成佛,但为了救助众生而不
离开世间。

---

① 　(西晋)聂道真译:《三曼陀跋陀罗菩萨经》,《大正藏》第 14 册,第 666 页下。
② 　娄静华:《大乘佛教智慧与愿行的表征——论〈华严经〉中文殊与普贤的形象》,玄
奘大学硕士学位论文,2006 年,第 54 页。

6. 普贤菩萨定力甚深,智慧高超,不可思议。

7. 普贤菩萨具有救苦救难的"方便力",能够针对具体情况给予救助。

8. 所谓的"普贤行""普贤愿",实际上就是普贤菩萨的行愿。

第三节　鼎盛之普贤:华严"本尊"地位之确立

晋译《华严经》是第一部系统地、全面地表述普贤菩萨的经典,在其三十四品经中,以普贤菩萨为会主的有九品,也就是说,将近四分之一的品目是以普贤菩萨为主角的,是出场次数最多的菩萨。尽管说,《华严经》经并不仅限于表述普贤菩萨,但是,经文的主题是弘扬"普贤行"这一殊胜的大乘佛法,关于莲华藏世界的种种描述,关于毗卢遮那佛、文殊、法慧等佛菩萨的赞叹,实际上都是为"普贤行"服务的。法慧、金刚幢、金刚藏等大菩萨虽然各有自己的行法,但他们的行法都只是"普贤行"的一个阶段、一个部分,而只有"普贤行"才是真正完整的、最高级别的、可以含摄"一切行法"于一体的殊胜行法。大本《华严经》的核心任务就是向信众介绍这一行法,弘扬这一行法。《华严经》对普贤菩萨进行了系统地阐述,全面地介绍了普贤菩萨。

一、《华严经》的"序论"部分

晋译《华严》(即《六十华严》)的"序论"部分有三品,分别是《世间净眼品》《卢舍那品》和《如来名号品》。① 其中,《世间净眼品》和

---

① 桑大鹏:《三种华严及其经典阐释研究》,武汉:华中师范大学出版社,2007年,第52页。

《卢舍那品》提到了普贤菩萨。在《世间净眼品》中，普贤菩萨继续保持了"上首菩萨"的地位："与十佛世界微尘数等大菩萨俱，其名曰：普贤菩萨、普德智光菩萨、普明师子菩萨、普胜宝光菩萨、普德海幢菩萨、普慧光照菩萨、普宝华幢菩萨……一切如来坐道场者，普能往诣礼事供养，悉得一切普贤愿海，于诸众生智身满足。"①

同时，普贤菩萨殊胜的"方便力"也被重新强调："是时，普贤菩萨成就不可思议方便法门海、能入如来无量功德海。所谓：……分别显现一切菩萨诸根境界海法门，其身自在充满无量无边法界法门，一切菩萨种种方便广分别法入一切智方便法门。"②

《世间净眼品》中的这些有关普贤菩萨的论述，与华严单品经中的相关内容相比，并无新意，只是重复了以前的特征，这也表现了大本《华严经》对以前流传的单品经的继承性。相比而言，《卢舍那品》则赋予了普贤菩萨新的职能：

一一佛刹中，三世诸佛皆悉显现。念念中，于一一世界各化一佛刹尘数众生，以梦自在示现法门教化，一切诸天化生法门教化，一切菩萨行处音声法门教化，震动一切佛刹建立诸佛法门教化，一切愿海法门教化，一切众生言辞入佛音声法门教化，一切佛法云雨法门教化，法界自在光明法门教化，建立一切大众海于普贤菩萨法门教化，以如是等一切法门，随其所乐而教化之，于一念顷，能灭一切世界中各如须弥山尘数众生诸恶道苦……各如须弥山尘数众生，立一切不可尽功德智慧地；各如须弥山尘数众生，令立卢舍那佛愿性海中。③

尔时，世尊欲令一切菩萨大众知佛无量无边境界自在法门故，放眉间白毫相一切宝色灯明云光，名一切菩萨慧光观察

① （东晋）佛驮跋陀罗译：《大方广佛华严经》卷第一，《大正藏》第9册，第395页中。
② （东晋）佛驮跋陀罗译：《大方广佛华严经》卷第二，《大正藏》第9册，第404页上。
③ （东晋）佛驮跋陀罗译：《大方广佛华严经》卷第三，《大正藏》第9册，第407页中。

照十方藏。此光遍照一切佛刹,于一念中,皆悉普照一切法界;于一切世界,雨一切佛诸大愿云,显现普贤菩萨。①

如上第一段引文,佛列举了种种法门,最后落脚在了"建立一切大众海于普贤菩萨法门教化",这带有以普贤菩萨之法门总摄其他一切法门之意,认为这些法门可令"如须弥山尘数众生"立于"卢舍那佛愿性海中",也就是入法界。第二段引文中,世尊想让大众知晓"无量无边境界自在法门",于是就"显现普贤菩萨",说明普贤菩萨之法门是"无边无量"的,可以总摄其他一切法门,是最殊胜的法门。

普贤菩萨不仅法门殊胜,而且"法身遍在":

> 普贤菩萨愿音声,遍满一切世界海,法身充满一切刹,普雨一切诸法雨,法相不生亦不灭,悉照一切诸世间。②

> 常见普贤真佛子,无量三昧方便行,法身充满诸法界,一切十方佛国土,遍游一切众生海,安住深妙清净法。永度无量诸法界,离众烦恼不可坏。③

普贤菩萨的"法身"充满"法界""一切刹""一切十方佛国土","遍游一切众生海",这是普贤菩萨所表之本体法界的特征,"本体法界"是世界的本源,故大本《华严经》籍由普贤菩萨来为大家讲述"世界海起具因缘":

> 尔时,普贤菩萨告诸菩萨言:"佛子! 世界海有十种事,去、来、今佛之所演说,所谓:说世界海、起具因缘世界海、住世界海、形世界海、体世界海、庄严世界海、清净世界海、如来出世世界海、劫世界海、坏方便世界海。诸佛子! 世界海有如

---

① (东晋)佛驮跋陀罗译:《大方广佛华严经》卷第三,《大正藏》第9册,第407页下。
② (东晋)佛驮跋陀罗译:《大方广佛华严经》卷第三,《大正藏》第9册,第408页上。
③ (东晋)佛驮跋陀罗译:《大方广佛华严经》卷第三,《大正藏》第9册,第408页下。

是等十种事为首,乃至有世界海尘数种事。诸佛子! 当知一切世界海,有世界海尘数因缘具故成,已成、今成、当成,所谓:如来神力故,法应如是故,众生行业故,一切菩萨应得无上道故,普贤菩萨善根故,菩萨严净佛土愿行解脱自在故,如来无上善根依果故,普贤菩萨自在愿力故,如是等世界海尘数因缘具故,一切世界海成。"①

总之,与华严单品经中的普贤相比,晋译《华严经》的序论中的普贤菩萨多了两项职能:一是普贤法门可以统摄其他一切法门;二是因为普贤菩萨代表的是"本体法界",是世界的本源,故其具有了向大众讲述"世界起具因缘"的资格。

二、行法部分

作为"地前菩萨"修行阶段的"十信""十住""十行""十回向"等行法阶段,普贤菩萨也常被提及,但有关表述多是强调其修行不离开"普贤菩萨愿行"的指导,强调其修行目的仍然是以完成"普贤行"为目的。如《十回向品》中:

回向善根安住不动,满足普贤菩萨愿行,如诸佛境界如善根亦尔;回向一切众生智慧境界,皆悉满足,除灭一切烦恼境界,如不可坏如善根亦尔。②

以此无缚无着解脱心善根,于一一根中,皆悉了知无量诸根,不可数意,不思议境界,修普贤行法门诸根。③

菩萨摩诃萨以无缚无着解脱心,彼善根回向,具足普贤

① (东晋)佛驮跋陀罗译:《大方广佛华严经》卷第三,《大正藏》第9册,第409页下。
② (东晋)佛驮跋陀罗译:《大方广佛华严经》卷第二十,《大正藏》第9册,第527页上。
③ (东晋)佛驮跋陀罗译:《大方广佛华严经》卷第二十一,《大正藏》第9册,第530页中。

身、口、意业;以无缚无着解脱心,修习普贤勇猛精进;以无缚无着解脱心,具足普贤无碍音声陀罗尼门。……得普贤一法门,于无量无数劫,示现诸佛无尽自在,悉能度脱一切众生;以无缚无着解脱心,得普贤种种法门自在,于无量无数劫,示现诸佛无尽自在,悉能度脱一切众生;以无缚无着解脱心,得普贤自在。①

《十地品》出现的很早,早在公元 2 世纪时,龙树的《十住毗婆沙论》就为其进行了注疏,但其中没有语句涉及普贤菩萨,说明在那个时期普贤菩萨的地位还不是十分显赫。但是,在晋译《华严经》中,"十地"行法被列为"普贤行"的高级阶段。

三、等觉阶段

按照晋译《华严经》关于"普贤行"的修行步骤,十地圆满以后,就进入了所谓的"等觉"阶段。"觉"就是智慧,"等觉"即行者具有与佛相等的智慧,智慧已经圆满,但功德尚未圆满,仍需继续修行的阶段。这时期的行者就会具备不可思议的神通,即"十明品"的相关内容,"十明品"在唐译《华严经》中被称作"十通品",讲的就是十地圆满的菩萨所得到的十种神通,包括:第一善知他心智明,能知晓三千大千世界众生的不同心理活动;第二无碍天眼智明,能见到种种众生的生死轮回过程;第三深入过去际劫无碍宿命智明,能知自身及一切众生过去所做之事及所有情况;第四深入未来际劫无碍智明,能知众生未来的一切情况;第五无碍清净天耳智明,能随心所欲地听到所有音声;第六安住无畏神力智明,具有"不动本处",分身而在诸佛处现身的神力;第七分别一切言音智明,能够分

---

① (东晋)佛驮跋陀罗译:《大方广佛华严经》卷第二十,《大正藏》第 9 册,第 528 页中。

别所听到的一切言音，并悉能理解；第八出生无量阿僧祇色身庄严智明，能够以无色之法身，应机变化种种色身；第九一切诸法真实智明，能够在真俗之间往来自如；第十一切诸法灭定智明，即证得诸法实相，得到真常之身。

《华严经》以"十"来组织经文，这个"十"并非只是数字的含义，它代表的是"完整""圆满""全部"的含义，故不能将此"十明"仅仅理解为十种神通，更应该将其理解为所有神通的代表。由普贤菩萨为大众讲述此十明，当然是因为普贤菩萨"神通不可思议故"。由此我们也可以得出结论：普贤菩萨在《华严经》中成为佛法神通的代表者，这也是晋译《华严经》的新突破。

晋译《华严经》中普贤菩萨还是《十忍品》的主角：

> 尔时，普贤菩萨摩诃萨复告诸菩萨言："佛子！菩萨摩诃萨成就十种忍，能得一切无碍忍地，又得一切诸佛无尽无碍之法。何等为十？所谓：随顺音声忍、顺忍、无生法忍、如幻忍、如焰忍、如梦忍、如响忍、如电忍、如化忍、如虚空忍。佛子！是为菩萨摩诃萨十种忍，过去诸佛已说，未来诸佛当说，现在诸佛今说。"①

这里的"十忍"实际上讲的就是的佛教的十种智慧境界："菩萨智慧身，音声如虚空，身性亦虚空，安住虚空智，是名十种忍……深入此忍门，成就无碍智……调伏一切恶，转无上法轮。谦下行菩提，得此深法忍。妙法清净意，悉满一切愿。"②

这十种智慧可以产生不可思议的力量："明智之忍力，令音净微妙，解世皆寂灭。彼于三世中，了达语言道，不取虚妄声，其心无

---

① （东晋）佛驮跋陀罗译：《大方广佛华严经》卷第二十八，《大正藏》第9册，第580页下。
② （东晋）佛驮跋陀罗译：《大方广佛华严经》卷第二十八，《大正藏》第9册，第585页下。

所著。"①

可见，普贤菩萨不仅是佛法神通的代表着，也是佛法智慧代表者。不仅如此，普贤菩萨还是如来诸"大人相"的解说者："尔时，普贤菩萨摩诃萨告诸菩萨言：'佛子！谛听，谛听，善思念之，当为汝说如来相海，如来顶上有大人相，名曰明净，三十二宝以为庄严，普放无量大光明网，遍照一切十方世界。'"②

普贤菩萨具有解说佛的诸相的资格，说明他具有指导十地圆满后的佛地修行的资格，这说明普贤菩萨实际上已经达到佛的境界，只是由于愿力广大而仍留世间。

《六十华严》中普贤菩萨还为大众宣讲"如来性起正法"：

> 时如来口中放大光明，名无碍无畏，无量亿那由他阿僧祇光以为眷属。普照十方一切世界，围绕十匝，显现如来无量自在，觉悟无数亿那由他诸菩萨众，一切世界六种震动，除灭一切诸恶道苦，映蔽一切诸魔光明犹若聚墨，显现一切如来菩提，显现一切诸佛大众究竟庄严，普照法界、虚空界等一切世界。复还围绕一切菩萨诸大众已，入普贤菩萨摩诃萨口。尔时，普贤菩萨摩诃萨身及师子座，殊胜百倍诸菩萨身及师子座，唯除如来所处之座。③

"性起"妙理，是华严哲学最高之境界，也是华严哲学的特色之一，其理论与实践涉及华严行法之目标及过程的方方面面。如来之光明落入普贤菩萨之口，即是请普贤菩萨代他讲此"性起"妙理。

---

① （东晋）佛驮跋陀罗译：《大方广佛华严经》卷第二十八，《大正藏》第 9 册，第 585 页上。
② （东晋）佛驮跋陀罗译：《大方广佛华严经》卷第三十二，《大正藏》第 9 册，第 601 页上。
③ （东晋）佛驮跋陀罗译：《大方广佛华严经》卷第三十三，《大正藏》第 9 册，第 611 页下。

为何普贤菩萨可以具有此等资格？《性起品》里借如来性起妙德菩萨之口给出了答案："仁者曾于无量亿那由他佛所，恭敬供养种诸善根，成就菩萨无上妙行，诸三昧门皆得自在；深入一切如来秘密，于诸佛法除众疑惑；深入佛法，善知一切众生诸根，随众生性而为说法，随顺佛智分别演说一切佛法，究竟彼岸，成就如是等无量功德。"①

就是说，因为普贤菩萨修"无上妙行"，具备了"佛智"，成就了与佛齐等的"功德"，因而无论是智慧还是功德都与佛无异，故普贤菩萨可以宣讲"性起"妙理，向诸大菩萨讲述"如来出兴于世"的种种因缘和必要性，以及大千世界、大千世界众生和如来出现之紧密关系。

《离世间品》里普贤菩萨还是会主，何为"离世间"？"离世间"就是远离世间一切凡夫、声闻、缘觉，"离世间法"乃是法身大士所具有之"不共法"。在该品里，普慧菩萨向普贤菩萨提出了二百个问题，而普贤菩萨问一答十，向其解说了两千句，这就是后人津津乐道的"普慧云兴二百问，普贤瓶泻两千酬"。仔细研究普慧菩萨提出的这两百个问题，都是关于出离世间的重大问题，涉及从理论概念到修行实践的方方面面。而普贤菩萨给予了详尽的答复，充分显示了普贤菩萨的殊胜智慧。该品经最后说："十方诸佛面对视普贤菩萨，欢喜赞言：'善哉！佛子！乃能说此出生一切菩萨诸行功德，深妙义华，深入智慧，摄一切法门，远离世间声闻、缘觉、一切众生所不共法，悉能普照一切法门，长养善根，度脱众生经。'"②

十方诸佛肯定了普贤法门能"出生一切菩萨诸行功德""普照

① （东晋）佛驮跋陀罗译：《大方广佛华严经》卷第三十三，《大正藏》第 9 册，第 612 页上。

② （东晋）佛驮跋陀罗译：《大方广佛华严经》卷第四十二，《大正藏》第 9 册，第 669 页下。

一切法门",这凸显了普贤法门"总持"一切法门的特点。这一点虽然在单品经里有所表露,但在《华严经》里才真正由佛亲口认定。

《入法界品》为晋译《华严经》的最后一品,关于《入法界品》,魏道儒先生认为其不可能是最早产生的一批华严典籍:

> 《入法界品》不能成为最早产生的一批华严典籍,有两个重要原因:其一,本品具有总结文殊和普贤两大类经典的性质,几乎包容了整个集成本的所有重要思想,它只有在文殊和普贤两类经典的主体部分完成之后才能创作。这是由本品的学说性质所决定的。其二,竺法护搜集华严类典籍较完备,甚至超出了六十华严的汇集范围,他也没有提及《入法界品》这样最大篇幅的华严类典籍,也从另一方面表明在公元 250 年之前此品尚未产生。①

但是,魏先生的这一判断尚不能算是定论,笔者认为,就算《入法界品》不是最早产生的华严类典籍,它的产生恐怕也是比较早的,因为在《入法界品》里,卢舍那佛还是"娑婆世界"的化佛,而不是整本所推崇的、至高无上的法身佛:

> 尔时,普贤菩萨即伸右手,摩善财顶。摩已,善财复得一切世界微尘等诸三昧门;一一三昧门,各有一切世界微尘等三昧,以为眷属;一一三昧中,见一切世界微尘等诸如来海,长养一切世界微尘等诸功德具,生萨婆若,满大愿海,安住正道;究竟一切诸菩萨行,发萨婆若,勇猛精进,为一切佛光明所照。如此娑婆世界卢舍那佛所,普贤菩萨摩善财顶,令得具足一切世界微尘等三昧门,诸妙功德,普贤菩萨在于十方一切世界诸

---

① 魏道儒:《中国华严宗通史》,第 45 页。

如来所，摩善财顶，所得功德，亦复如是。①

前文我们已经提及，华严类最早出现的单品经如《兜沙经》等里面的佛指的都是"释迦佛"，后来才演变为"卢舍那佛"，而《入法界品》中的佛还是"释迦佛"，因此我倾向于认为《入法界品》产生的时间颇早，可能当时的经文内容比较简单，后来才逐渐加入了很多新的思想。《入法界品》里面讲述了善财童子参访善知识的故事，故事一开始，文殊菩萨就点化善财："是故，善男子应求善知识，亲近恭敬，一心供养而无厌足。问菩萨行：云何修习菩萨道？云何满足菩萨行？云何清净菩萨行？云何究竟菩萨行？云何出生菩萨行？云何正念菩萨道？云何缘于菩萨境界道？云何增广菩萨道？云何菩萨具普贤行？"②

《入法界品》中的这段话说明，"普贤行"是"五十三参"的主题，善财童子是行者修行的榜样，因此，无论其参访哪位善知识，所问的都是"云何菩萨具普贤行"？

《入法界品》中的普贤菩萨还经常亲自教化众生：

> 尔时，普贤菩萨知宝华灯城王都众生，自恃色貌，陵蔑他人；化现妙身，端严殊特，往诣彼城，放大光明，普照一切。时彼圣王身之光明，诸宝光明，宝女光明，宝树光明，日月星宿光明，皆悉映蔽，犹如聚墨；在真金山，普贤菩萨身色光明，映蔽众光，亦复如是。③

看到"宝华灯城"众生自恃色貌强于别人，瞧不起别人，普贤菩

---

① （东晋）佛驮跋陀罗译：《大方广佛华严经》卷第六十，《大正藏》第9册，第785页上。
② （东晋）佛驮跋陀罗译：《大方广佛华严经》卷第四十六，《大正藏》第9册，第689页中。
③ （东晋）佛驮跋陀罗译：《大方广佛华严经》卷第五十二，《大正藏》第9册，第731页中。

萨就降临该城,向大家展示"妙身",放大光明,使该城的一切光明都黯然无色,使他们认识到自己的狂妄无知。

普贤菩萨还能够向大家预告新佛出世:

> 尔时,普贤菩萨在彼圣王宝官殿上,于虚空中而告之言:"大王!当知佛兴于世,今在普光明妙法音幢菩提树下。"时彼众生,见普贤菩萨相好严身,无量光明,闻妙音声,欢喜无量,发如是愿:"令我等所作善根,得此妙身,相好庄严,威仪无异,神力自在;除灭一切众生愚闇,觉悟一切;佛兴于世,趣趣受生,愿常不离此善知识。"①

《入法界品》中,普贤菩萨还向大众讲述"师子奋迅三昧",这也是为了突出了普贤菩萨的神通和智慧:"尔时,普贤菩萨观察一切大众,欲重开发,显现照明;以法界等方便,广说师子奋迅三昧;法界等、虚空界等、三世等、一切众生界等、一切劫等、一切业性等、众生希望等、众生欲等、法光明等、随时教化等、一切众生根等,为诸菩萨十种广说师子奋迅三昧。"②

"师子奋迅三昧"是何等境界呢?

> 何等为十?所谓:广说一切法界中,一切佛刹微尘等佛,次第兴世,演说正法;广说虚空界等,一切佛刹中,尽未来劫一切诸佛所说;广说一切佛刹中,一切如来现成正觉;广说虚空界等,一切佛刹中,佛坐道场,眷属围绕,菩萨大众,皆悉往诣;广说一念中,三世一切佛出变化身,充满一切法界;广说一身充满一切世界海、一切佛刹海,平等照持;广说一一境界中,显现三世一切诸佛自在功德地;广说一一微尘中,显现三世一切

---

① (东晋)佛驮跋陀罗译:《大方广佛华严经》卷第五十二,《大正藏》第9册,第731页下。

② (东晋)佛驮跋陀罗译:《大方广佛华严经》卷第四十五,《大正藏》第9册,第683页中。

佛刹微尘等，佛自在神力；广说一一毛孔，出三世一切佛大愿海音，开发化导，尽未来劫一切菩萨；广说处法界等师子之座，大众围绕，庄严道场，各随其处，转妙法轮，尽未来劫，未曾断绝。佛子！此师子奋迅三昧，有如是等不可说佛刹微尘等广说，唯是如来智慧境界。①

可见，"师子奋迅三昧"所证的，正是普贤菩萨最擅长的"一毛孔观"，那正是证到了本体与现象不一、不异，相互表里的境界。

四、普贤地阶段

"普贤地阶段"阶段指的就是佛的境界，指行者的智慧、功德均已经圆满，本来可以成佛了，但由于大悲心起，誓愿广大，为拯救众生而自愿轮回世间而不涅槃成佛的那些菩萨的境界。《入法界品》中，普贤菩萨是善财童子参访的最后一位善知识。第五十一参是去参访的是弥勒菩萨，弥勒菩萨早已是公认的候补佛，代表的是传统大乘"菩萨行"的最高水平了，但他也只是化身佛。就是说，按照传统的"六度""四摄"等修法，最高只能达到"化身佛"的果位，无法进入法身境界，成为"法身大士"。善财童子先见到弥勒菩萨后才见到文殊菩萨，说明文殊菩萨所表征的"信门"作为"普贤行"的初始部分，起码从境界上已经高于了弥勒所表的传统行法的最高部分，而普贤菩萨为"五十三参"的最后一站，则代表的是圆满的法身境界。

> 尔时，善财见十种瑞相已，即作是念："我今必见普贤菩萨，增长善根，究竟菩萨妙行；见一切佛若见普贤菩萨；得一切智想，一心恭敬，欲见普贤菩萨。"尔时，善财即见普贤菩萨，在

---

① （东晋）佛驮跋陀罗译：《大方广佛华严经》卷第四十五，《大正藏》第9册，第683页中。

金刚藏道场,于如来前,处莲华藏师子之座,大众围绕;心如虚空,无所染着,除灭障碍,净一切刹;以无碍法,充满十方,住一切智,入诸法界,教化众生;于一切劫,行菩萨行,恭敬供养一切诸佛,心无退转;于众生中,最胜最上,一切世间无能坏者,一切菩萨不能察其智慧境界;具不思议诸妙功德,普观三世等诸如来。①

普贤菩萨在"金刚藏道场",坐的是"莲华藏师子之座",前者代表的是宇宙之本体,后者代表的是本体纯然无垢之性质;普贤菩萨"住一切智","净一切刹","一切菩萨不能察其智慧境界,具不思议诸妙功德,普观三世","等诸如来",见到了普贤菩萨,才算真正入了法界。这里,普贤菩萨就代表了"法界",见到普贤菩萨不仅是行者修行的目标,也是"普贤行"圆满的标志。

综上所述,晋译《华严经》中的普贤菩萨与单品经阶段相比,有了以下突破:

1. 增加了对普贤菩萨智慧的渲染,这使得他成为毗卢遮那佛的"代言人"。在《华严经》一开始,普贤菩萨就代表卢舍那佛为大家讲述"世界起具因缘"。后来的《十忍品》《性起品》都是重点突出普贤菩萨的殊胜智慧的,从"性起妙理"到"离世界诸德",都是普贤菩萨为大家讲述的。到了《入法界品》里,普贤菩萨的智慧就达到了"一切菩萨不能察其智慧境界"了,连以智慧著称的文殊菩萨也相形见绌了。

2. 普贤菩萨的行法被认为是可以摄一切行法的圆满行法。

3. 普贤菩萨对世俗的教化作用被强调,亲民性增强。

4. 普贤菩萨的神通得到了进一步的强调。

---

① （东晋）佛驮跋陀罗译:《大方广佛华严经》卷第六十,《大正藏》第9册,第784页中。

5. 普贤菩萨成为"普贤行"的"本尊",①这是《入法界品》的论述重点。

第四节　《八十华严》对普贤菩萨的继续提升

武则天时期,从西域于阗国请来了三藏法师实叉难陀,依照西域的新版本重新翻译了《华严经》。与晋译《华严经》相比,唐译《八十华严》有了不少变化,首先表现在它新增加了五品经:《如来现相品》《普贤三昧品》《世界成就品》《华藏世界品》《十定品》。这新增的五品经都由普贤菩萨做会主。其次,在十地修行圆满后的佛地境界介绍阶段,唐译《八十华严》与晋译《六十华严》相比,有五品经的会主出现了变化:《心王菩萨问阿僧祇品》《寿命品》《菩萨住处品》这三品经原来的会主为心王菩萨,现在改为了普贤菩萨;《佛不思议法品》《佛小相光明功德品》这两品经,原来的会主为青莲花菩萨和宝手菩萨,唐译《华严经》中也改为了普贤菩萨。这样,在整本经的三十九品经中,以普贤菩萨为会主的品目达到了十七品,占到了将近一半。这些变化都显示了普贤信仰进一步增强,普贤菩萨作为华严经本尊菩萨的地位进一步巩固。

一、序论新增部分对普贤菩萨的提升

在新增加的五品经中,前四品经都属于《华严经》的起始部分。众所周知,《华严经》的组织结构是先明"果",再究"因",而前面的

---

① "本尊"原系密教术语,海云法师在讲课中常用其表述普贤菩萨在《华严经》中的地位,笔者认为该词能非常恰当地说明普贤菩萨在《华严经》中代表"普贤行"的作用,故采用此说。

六品内容实际上是整本经的纲领。在唐译《八十华严》的前六品经，均由普贤菩萨做会主，分别是《世主妙严品》《如来现相品》《普贤三昧品》《世界成就品》《华藏世界品》和《毗卢遮那品》。其中，《世主妙严品》相当于晋译《华严》中的《世间净眼品》，变化不大。但是，在《如来现相品》中，就增加了不少强化普贤菩萨信仰的内容。

如在描述了在毗卢遮那佛显示了种种神变后，"于如来白毫相中有菩萨摩诃萨，名一切法胜音"，一切法胜音菩萨既然是从如来白毫相中出，自然是佛的代表，正是他代表佛来讲明"华严法会"的宗旨就是"演说普贤之胜行"："佛身充满于法界，普现一切众生前，随缘赴感靡不周，而恒处此菩提座。如来一一毛孔中，一切刹尘诸佛坐，菩萨众会共围绕，演说普贤之胜行。"①

接着，胜音菩萨又给大家介绍了毗卢遮那佛的神变："如来安处菩提座，一毛示现多刹海，一一毛现悉亦然，如是普周于法界。一一刹中悉安立，一切刹土皆周遍，十方菩萨如云集，莫不咸来诣道场。一切刹土微尘数，功德光明菩萨海，普在如来众会中，乃至法界咸充遍。法界微尘诸刹土，一切众中皆出现。"②

毗卢遮那佛展现了华严行法之最高境界，"一"与"多"相互交涉的"分身"境界，那么，这种神变如何才能得到呢？"如是分身智境界，普贤行中能建立。一切诸佛众会中，胜智菩萨佥然坐，各各听法生欢喜，处处修行无量劫。已入普贤广大愿，各各出生众佛法，毗卢遮那法海中，修行克证如来地。"③

这个偈子很有意思，它先描述了佛的不可思议的神通，接下来本来应该是歌颂毗卢遮那佛的伟大才对，可是结论却是要"演说普

---

① （唐）实叉难陀译：《大方广佛华严经》卷第六，《大正藏》第10册，第30页上。
② （唐）实叉难陀译：《大方广佛华严经》卷第六，《大正藏》第10册，第30页上。
③ （唐）实叉难陀译：《大方广佛华严经》卷第六，《大正藏》第10册，第30页上。

贤之胜行"；紧接着更加详细地描述了佛的神通和不可思议，最后告诉大家，毗卢遮那佛之所以有如此神变，乃是因为他在"无量劫"前已经修行了"普贤行"的缘故，即"如是分身智境界，普贤行中能建立"，如果大家想达到此种神变，就必须"入普贤广大愿"、修行"普贤行"。这实际上是告诉信众，佛的境界虽然华丽庄严，可那是佛的境界，对佛才有意义，对信众来讲，关键是要知道通向它的道路只有"普贤行"："普贤菩萨所开觉，一切如来同赞喜，已获诸佛大神通，法界周流无不遍。一切刹土微尘数，常现身云悉充满，普为众生放大光，各雨法雨称其心。"①

最后，胜音菩萨赞叹普贤菩萨"已获诸佛大神通"的殊胜神力以及"普为众生放大光"的无量功德。

类似胜音菩萨这样在偈赞中歌颂"普贤愿""普贤行"的偈文还很多，限于篇幅不能一一列举。《世间净眼品》和《世主妙严品》经文里面的偈颂都是在歌颂佛的神力如何殊胜、功德如何圆满、智慧如何超群，而在新增加的《如来现相品》中，则把毗卢遮那佛的这些超凡之处与"普贤行"联系了起来，强调这些超凡神力均是其发"普贤愿"、修"普贤行"而得来的，也就是说，普贤菩萨是"因"，毗卢遮那佛是"果"，要想得"果"，就必须修"因"，显然，普贤菩萨的地位进一步得到了凸显。不仅如此，《如来现相品》还增加了突出普贤菩萨"本体性"的相关表述：

> 念念中，以光明普照十方国土周遍法界示现神变法门，开悟世界海微尘数众生；念念中，以普现佛身充遍法界一切如来解脱力法门，开悟世界海微尘数众生；念念中，以普贤菩萨建立一切众会道场海法门，开悟世界海微尘数众生。如是普遍一切法界，随众生心，悉令开悟。念念中，一一国土，各令如须

---

① （唐）实叉难陀译：《大方广佛华严经》卷第六，《大正藏》第10册，第30页上。

弥山微尘数众生堕恶道者,永离其苦。①

普贤菩萨能够"建立一切众会道场海法门",当然是本体所具有的"生成性"的特征的表现。

《普贤三昧品》也是新增的部分,主要对"普贤境界"做了奢华的渲染:

> 尔时普贤菩萨摩诃萨,于如来前坐莲华藏师子之座,承佛神力,入于三昧。此三昧名一切诸佛毗卢遮那如来藏身,普入一切佛平等性,能于法界,示众影像,广大无碍,同于虚空,法界海漩,靡不随入,出生一切诸三昧法;普能包纳十方法界,三世诸佛,智光明海,皆从此生;十方所有诸安立海,悉能示现;含藏一切佛力解脱,诸菩萨智,能令一切国土微尘普能容受无边法界;成就一切佛功德海,显示如来诸大愿海,一切诸佛,所有法轮,流通护持,使无断绝。
>
> 如此世界中,普贤菩萨,于世尊前,入此三昧。如是尽法界虚空界,十方三世,微细无碍,广大光明,佛眼所见,佛力能到,佛身所现,一切国土,及此国土,所有微尘,一一尘中,有世界海微尘数佛刹;一一刹中,有世界海微尘数诸佛;一一佛前,有世界海微尘数普贤菩萨,皆亦入此一切诸佛毗卢遮那如来藏身三昧。尔时,一一普贤菩萨,皆有十方一切诸佛,而现其前。②

在第一段话中,先描述了普贤菩萨所入之"一切诸佛毗卢遮那如来藏身菩萨三昧"的殊胜:一、能出生一切诸三昧法,可谓一切三昧之母;二、十方法界、三世诸佛、智慧光明皆从此生;三、能令

---

① (唐)实叉难陀译:《大方广佛华严经》卷第六,《大正藏》第10册,第29页上。
② (唐)实叉难陀译:《大方广佛华严经》卷第七,《大正藏》第10册,第32页下。

一切微尘普能容受无边法界；四、护持一切法不令断绝。第二段话则给我们描绘了普贤菩萨入此定的精彩状况：第一层境界：每一微尘中，含有"世界海微尘数佛刹"；第二层境界，在每一个佛刹中，都有"世界海微尘数诸佛"；第三层境界：一一佛前，有世界海微尘数普贤菩萨，正在入此三昧。第四层境界：一一普贤菩萨前，皆有十方一切如来，而现其前。由此境界让我们想起了《世主妙严品》中毗卢遮那佛的境界：

> 尔时，世尊处于此座，于一切法成最正觉，智入三世悉皆平等，其身充满一切世间，其音普顺十方国土。譬如虚空具含众像，于诸境界无所分别；又如虚空普遍一切，于诸国土平等随入。身恒遍坐一切道场，菩萨众中威光赫奕，如日轮出，照明世界。三世所行，众福大海，悉已清净，而恒示生诸佛国土。无边色相，圆满光明，遍周法界，等无差别；演一切法，如布大云。一一毛端，悉能容受一切世界而无障碍，各现无量神通之力，教化调伏一切众生；身遍十方而无来往，智入诸相，了法空寂。三世诸佛所有神变，于光明中靡不咸睹；一切佛土不思议劫所有庄严，悉令显现。①

这种毗卢遮那佛特有的神通境界，普贤菩萨竟也完全具备。原因是什么呢？《普贤三昧品》中给出了答案：

> 彼诸如来，同声赞言：善哉善哉，善男子，汝能入此一切诸佛毗卢遮那如来藏身菩萨三昧，佛子，此是十方一切诸佛共加于汝，以毗卢遮那如来本愿力故，亦以汝修一切诸佛行愿故，所谓能转一切佛法轮故……②

> 尔时，普贤菩萨即从是三昧而起。从此三昧起时，即从一

---

① （唐）实叉难陀译：《大方广佛华严经》卷第一，《大正藏》第10册，第1页下。
② （唐）实叉难陀译：《大方广佛华严经》卷第七，《大正藏》第10册，第33页上。

切世界海微尘数三昧海门起。①

普贤菩萨所入得三昧名"一切诸佛毗卢遮那如来藏身菩萨三昧",进了这个三昧,就是和毗卢遮那如来同体,只有普贤菩萨具备这种三昧的能力。"从此三昧起时,即从一切世界海微尘数三昧海门起",表明普贤菩萨的"三昧"可以摄其他一切三昧,普贤菩萨因此而可以具有与毗卢遮那佛同样的神通。所以普贤菩萨能具备与毗卢遮那佛一样的神通境界,原因有二:"以毗卢遮那如来本愿力故","亦以汝修一切诸佛行愿力故"。首先,这是毗卢遮那佛的"本愿力";其次,也是普贤菩萨的修行满足了一切诸佛的"行愿力",从而才获得了这样殊胜的神通。佛教的智慧由定而来,所谓"由定生慧"。普贤菩萨既有如此殊胜的定力,他也必然有超凡的智慧:

> 尔时,十方一切诸佛,即与普贤菩萨摩诃萨能入一切智性力智,与入法界无边量智,与成就一切佛境界智,与知一切世界海成坏智,与知一切众生界广大智,与住诸佛甚深解脱无差别诸三昧智,与入一切菩萨诸根海智,与知一切众生语言海转法轮辞辩智,与普入法界一切世界海身智,与得一切佛音声智。如此世界中,如来前,普贤菩萨蒙诸佛与如是智;如是,一切世界海,及彼世界海一一尘中,所有普贤,悉亦如是。何以故?证彼三昧法如是故。②

该文介绍说,"十方一切诸佛"见到普贤菩萨所入之定可以普入法界,即给予其十种智慧,这十种智慧当然不是指具体的十种智慧,而是以"十"来表示圆满的一切智慧。

《世界成就品》也是唐译《八十华严》新增加的部分,它是对"普

---

① (唐)实叉难陀译:《大方广佛华严经》卷第七,《大正藏》第10册,第33页中。
② (唐)实叉难陀译:《大方广佛华严经》卷第七,《大正藏》第10册,第33页上。

贤行"有了新的阐发：

> 是时，普贤菩萨复欲令无量道场众海生欢喜故，令于一切法增长爱乐故，令生广大真实信解海故，令净治普门法界藏身故，令安立普贤愿海故，令净治入三世平等智眼故，令增长普照一切世间藏大慧海故，令生陀罗尼力持一切法轮故，令于一切道场中尽佛境界悉开示故，令开阐一切如来法门故，令增长法界广大甚深一切智性故，即说颂言："……安住普贤诸愿地，修行菩萨清净道，观察法界如虚空，此乃能知佛行处。此诸菩萨获善利，见佛一切神通力，修余道者莫能知，普贤行人方得悟……"①

经文说，"普贤行"是"一切如来法门"，可"令一切法增长爱乐"，可令"净入三世平等智眼"，令"生陀罗尼力，持一切法轮"，令"于一切道场中尽佛境界悉开示故"，令"增长法界广大甚深一切智性"。每句中都带有"一切"的字样，表明"普贤行"或"普贤法门"是圆满的法门，可以摄取其他一切法门，带有后来密教所称的"总持"法门的特点。

《毗卢遮那品》主要由普贤菩萨为大家讲述毗卢遮那佛的身世，他作为"大威光王子"时的修行经历，其主题也是强调"普贤行"：

> 普贤菩萨所有愿，是汝大光能趣入。汝能以此广大愿，入不思议诸佛海，诸佛福海无有边，汝以妙解皆能见。汝于十方国土中，悉见无量无边佛，彼佛往昔诸行海，如是一切汝咸见。若有住此方便海，必得入于智地中，此是随顺诸佛学，决定当成一切智。汝于一切刹海中，微尘劫海修诸行，一切如来诸行

---

① （唐）实叉难陀译：《大方广佛华严经》卷第七，《大正藏》第10册，第34页下。

海,汝皆学已当成佛。①

这里的"大光"当然指的是"大威光王子",毗卢遮那佛的前身"大威光王子"竟然也是通过修"普贤行"而成佛的。普贤菩萨告诉大家,只要住"普贤愿海",修"普贤行",则"必得入于智地中""决定当成一切智",如果能够于"一切刹海""劫海"中修行,则"学已当成佛"。如《毗卢遮那品》这般对"普贤行"的提升,当然会给信众以极大的信心。当然,这些内容并不是新内容,《六十华严》里也有类似思想,而《八十华严》将其专门列为一品,则是对其进一步的强化。

二、其他新增部分对普贤菩萨的提升

唐译《华严经》在晋译的《十地品》与《十明品》之间,加入了《十定品》,该品经属于普贤类华严单品经,原名《等目菩萨所问三昧经》,晋译《华严》未能收入,唐译《华严》则将其收录,放在《十通品》《十忍品》之前。《十定品》主要渲染了普贤菩萨殊胜的定力是如何的不可思议,这点在论述《等目菩萨所问三昧经》时已经阐明,不再赘述。《十定品》中,普贤菩萨为众菩萨讲述了十种禅定,这十种定可以摄取一切禅定。《十定品》放于《十地品》之后,当然是为了说明获得这种殊胜的定力的前提,乃是完成对"十地"的修行,这十种定力乃是"佛地"菩萨才有的能力。佛教讲神通、智慧由定力产生,故"十定"之后就是"十通","十通"之后就是"十忍"(即十种智慧境界)。这种结构使得《华严经》的体系更加完备,逻辑更加合理,也使普贤菩萨的神通进一步凸显了出来。

《八十华严》中的《入法界品》和《六十华严》中的《入法界品》相比,思想内涵和精神取向差别不大,但增加了一切参访善知识的环节,总的说来是更完善了。笔者认为,《八十华严》的《入法界品》较

① (唐)实叉难陀译:《大方广佛华严经》卷第十一,《大正藏》第10册,第57页中。

之于《六十华严》的《入法界品》，有三点值得关注：

第一，唐译《华严经》里，增加了对"入法界"的必要性的说明：为何修"普贤行"一定要"入法界"？"入法界"有什么好处？经文讲："愿一切众生，任运能往一切佛刹，一刹那中普周法界，而无懈倦。愿一切众生，逮得菩萨自在神通，分身遍满等虚空界，一切佛所，亲近供养。"①

可见，"入法界"可以获得两大功能：首先可以"任运能往一切佛刹"；其次，可以"分身遍满等虚空界"，亲近诸佛，成为"法身大士"。《华严经》中经常出现的诸"世主""夜神"，就是这样的"法身大士"，他们虽显现世间身，但其实是"菩萨"："时彼夜神，即舍菩萨庄严之相，还复本形。"②

第二，更加强调"普贤菩萨"的地位和智能的倾向很明显。对比一下《六十华严》与《八十华严》的相关经文就可以很明显地看出这一点。

> 善男子！尔时明净宝藏妙德转轮圣王者，岂异人乎？今弥勒菩萨是也；时宝女妙德成满者，今寂静音夜天是也；妙德眼女者，我身是也。善男子！我以庄严具，供养妙德幢如来故，见佛无量自在神力，闻说正法，闻正法已，即得教化一切众生法门，恭敬供养须弥山微尘等一切如来，闻彼诸佛所说经法，皆悉受持，于一念中，见彼一切佛刹，一切如来及菩萨众。③

> 普救众生妙德夜神：善男子！于意云何？尔时毗卢遮那藏妙宝莲华髻转轮圣王者，岂异人乎？今弥勒菩萨是，时王妃

---

① （唐）实叉难陀译：《大方广佛华严经》卷第二十六，《大正藏》第 10 册，第 139 页中。

② （唐）实叉难陀译：《大方广佛华严经》卷第七十，《大正藏》第 10 册，第 378 页下。

③ （东晋）佛驮跋陀罗译：《大方广佛华严经》卷第五十三，《大正藏》第 9 册，第 732 页下。

圆满面者,寂静音海夜神是,今所住处去此不远。时妙德眼童女者,即我身是。我于彼时,身为童女,普贤菩萨劝我修补莲华座像,以为无上菩提因缘,令我发于阿耨多罗三藐三菩提心。我于彼时,初始发心;次复引导,令我得见妙德幢佛,解身璎珞,散佛供养,见佛神力,闻佛说法,即得菩萨普现一切世间调伏众生解脱门。于念念中,见须弥山微尘数佛,亦见彼佛道场、众会、清净国土;我皆尊重,恭敬供养,听闻说法,依教修行。①

可以看出,《八十华严》中多了"普贤劝修"这第一情节,而《六十华严》并无此论述。

第三,唐译《华严》中有两处出现了"普贤佛",而在晋译《华严》中,都统一被称作"普贤"。在实叉难陀翻译唐译《华严》时,翻译的班子很大,华严宗也已经基本形成,学者们对晋译《华严经》都很熟悉,在"佛"还是"菩萨"这样明显的问题上不会存在笔误,之所以出现这种情况,那只能是因为实叉难陀所依的梵本本来就是如此。这也说明后期《华严》有将"普贤菩萨"提高为"佛"之倾向。

> 以无着无缚解脱心,成就普贤自在力,普入一切众道场,普现一切诸佛前,修菩萨行;以无着无缚解脱心,成就普贤佛自在力,于一门中,示现经不可说不可说劫,无有穷尽,令一切众生,皆得悟入;以无着无缚解脱心,成就普贤佛自在力,于种种门中,示现经不可说不可说劫,无有穷尽,令一切众生,皆得悟入,其身普现一切佛前;以无着无缚解脱心,成就普贤自在力,念念中令不可说不可说众生,住十力智,心无疲倦;以无着无缚解脱心,成就普贤自在力,于一切众生身中,现一切佛自

---

① （唐）实叉难陀译:《大方广佛华严经》卷第七十,《大正藏》第10册,第382页中。

在神通，令一切众生住普贤行。①

仔细对比唐译《华严》中的"普贤菩萨"与"普贤佛"，可以看到，凡是提到"众生"的，都是对应的是普贤菩萨；当提到"法门"时，就换成了普贤佛，这应该是两者的区别。不管怎么说，《八十华严》中"普贤佛"的重新出现，不应该将之简单地理解为大乘初期"普贤佛"的卷土重来，而应该将之视为一种对"普贤菩萨"重新提升的新倾向。

综上所述，唐译《华严经》对普贤菩萨的提升可归纳如下：

1. 经文反复强调了"普贤行"的殊胜，并把毗卢遮那佛的超凡神通与"普贤行"联系了起来，强调这些超凡神力均是其发"普贤愿"、修"普贤行"而得来的。

2. 增加了突出普贤菩萨"本体性"的相关表述。对"普贤境界"做了奢华的渲染，显示了普贤境界与毗卢遮那佛的境界的等同，证明了普贤菩萨和毗卢遮那佛同体的事实。

3. 进一步强调了普贤菩萨的智慧和神通不可思议。

4. 有了向"普贤佛"提升的新倾向。

第五节 《四十华严》《普贤菩萨行愿赞》中普贤信仰与弥陀信仰的圆融

南天竺乌荼国国王师子王于唐德宗贞元十一年（795）遣使入华，所献的贡品中有一部《华严经》，唐德宗命般若三藏于长安崇福寺译出。该部华严经一共四十品，故俗称《四十华严》。《四十华

---

① （唐）实叉难陀译：《大方广佛华严经》卷第三十一，《大正藏》第 10 册，第 165 页下。

严》主要部分有二：其一是《六十华严》和《八十华严》里面都有的
《入法界品》；其二则是新增添的部分，只有一品，后来一般称为《普
贤行愿品》。

一、《普贤行愿品》的来历

对于《普贤行愿品》，杜继文先生有过研究：

> 《普贤行愿品》，是六十卷和八十卷《华严》之《入法界品》
> 所没有的，很可能也是独立的单行经。因为六十卷《华严》的
> 译者佛陀跋陀罗还译有《文殊师利发愿经》，即是《普贤行愿
> 品》的早期译本；《普贤行愿品》也与四十《华严》并行，称《大方
> 广华严经入不思议解脱境界普贤行愿经》，敦煌还发现有《普
> 贤菩萨行愿王经》《大方广华严经菩萨行愿王经》等写本。①

杜先生认为，《普贤行愿品》原来的名字为佛陀跋陀罗译的《文
殊师利发愿经》，显然属于文殊类经典，《四十华严》中出现了将本
属文殊菩萨的内容转为普贤菩萨的情况，这无疑反映了普贤菩萨
的地位的上升。

但也有不同意见，娄静华先生认为，《普贤行愿品》自有其自身
发展的脉络，其最早的原型为《三品经》。《三品经》现在已经亡佚，
但从其他经中辑佚出来句子表明，其内容包含"礼敬、忏悔、随喜、
劝请"等内容，可能是《普贤行愿品》最早的原型。②

娄先生认为，《三品经》后来可能被改造为了《佛说舍利弗悔过
经》，他仔细研究了经文，认为其中包含"请转法轮""请佛住世""忏

---

① 杜继文：《汉译佛教经典哲学》下卷，第 219 页。
② 娄静华：《大乘佛教智慧与愿行的表征——论华严经中文殊与普贤的形象》，第
50 页。

悔""随喜"，并包含"回向"等内容，故"也有《普贤行愿》的雏形"。①

　　娄先生还提到了《三曼陀跋陀罗菩萨经》，在分析了经文后，他认为："《三曼陀跋陀罗菩萨经》表现出普贤行愿的雏形包括'礼敬诸佛、忏悔业障、随喜功德、请转法轮、请佛住世及普皆回向'等行愿。"②

　　笔者认为，不管是《佛说舍利弗悔过经》还是《三曼陀跋陀罗菩萨经》，其中都缺少"普贤十大愿王"中"称赞如来""广修供养""常随佛学""恒顺众生"四愿，而这四个愿恰恰在《文殊师利发愿经》中都有体现："于一微尘中，见一切诸佛。菩萨众围绕，法界尘亦然。以众妙音声，宣扬诸最胜。无量功德海，不可得穷尽。"③这是"称赞如来"；"以普贤行力，无上众供具。供养于十方，三世一切佛。以妙香华鬘，种种诸伎乐。一切妙庄严，普供养诸佛。"④这是"广修供养"；"若有同行者，愿常集一处。身口意善业，皆悉令同等。若遇善知识，开示普贤行。于此菩萨所，亲近常不离。"⑤这是"常随佛学"；"遍行游十方，教化诸群生。除灭恶道苦，具足菩萨行。虽随顺世间，不舍菩萨道。尽未来际劫，具修普贤行。"⑥这是"恒顺众生"。

　　《文殊师利发愿经》中几乎包含《普贤菩萨行愿品》中主要的内容，尤其是其中提到修"普贤行"可以命终后往生阿弥陀佛的极乐世界："愿我命终时，除灭诸障碍。面见阿弥陀，往生安乐国。生彼佛国已，成满诸大愿。阿弥陀如来，现前授我记。严净普贤行，满

---

①　娄静华：《大乘佛教智慧与愿行的表征——论华严经中文殊与普贤的形象》，第52页。
②　娄静华：《大乘佛教智慧与愿行的表征——论华严经中文殊与普贤的形象》，第54页。
③　(东晋)佛驮跋陀罗译：《文殊师利发愿经》，《大正藏》第10册，第878页下。
④　(东晋)佛驮跋陀罗译：《文殊师利发愿经》，《大正藏》第10册，第879页上。
⑤　(东晋)佛驮跋陀罗译：《文殊师利发愿经》，《大正藏》第10册，第879页中。
⑥　(东晋)佛驮跋陀罗译：《文殊师利发愿经》，《大正藏》第10册，第879页上。

足文殊愿。"①

　　这和《普贤行愿品》完全一致。因此,本文认同杜继文先生的看法,即《文殊师利发愿经》应该是《普贤行愿品》的直接来源。而娄先生的看法应该反映了《普贤行愿品》的更早的渊源,事实上,如果追溯很远的话,《普贤行愿品》更可能是上述几部经的综合和总结。

　　《四十华严》的每一品,都称是《不思议解脱境界普贤行愿品》,并且它还有一个非常长的名字:《大方广佛华严经、百千偈中所说、善财童子亲近承事佛刹极微尘数善知识行中、五十五圣者善知识、入不思议解脱境界、普贤行愿品》②。这反映了《四十华严经》对"普贤行愿力"的特别强调。

二、普贤信仰与弥陀信仰的融合

　　《四十华严》中的第一部分和《六十华严》《八十华严》中《入法界品》的内容差别不大,但是其第二部分,即后来所称的《普贤行愿品》中,则对普贤菩萨、普贤愿、普贤行有了很多新的表述。《普贤行愿品》主要阐述普贤菩萨开示行者的十种具体的修行方法:一者,礼敬诸佛;二者,称赞如来;三者,广修供养;四者,忏悔业障;五者,随喜功德;六者,请转法轮;七者,请佛住世;八者,常随佛学;九者,恒顺众生;十者,普皆回向。

　　《四十华严》的这种革新,应该说很有必要,因为大本的《华严经》结构严谨、逻辑严密、内容广泛、篇幅浩大,颇有经院哲学的特点,教内的学问僧理解起来都有困难,更别说一般信众了。信众们不仅没有能力也没有时间和精力来钻研如此大部头的经典,对他

---

① （东晋）佛驮跋陀罗译:《文殊师利发愿经》,《大正藏》第10册,第879页下。
② 桑大鹏:《三种华严及其经典阐释研究》,第34页。

们而言,知道如何具体去做及这样做有哪些好处才是最重要的,这正是《普贤行愿品》的主题。

《普贤行愿品》的第一部分就是告诉信众,普贤行有十种具体的修行方法。在对这十种修行方法进行解释的过程中,普贤菩萨突出了所谓"普贤行愿力"的指导作用:

> 普贤菩萨告善财言:"善男子! 言礼敬诸佛者:所有尽法界、虚空界十方三世一切佛刹极微尘数诸佛世尊,我以普贤行愿力故,起深信解,如对目前,……我此礼敬,无有穷尽。"①
>
> "复次,善男子! 言广修供养者:所有尽法界、虚空界十方三世一切佛刹极微尘中,一一各有一切世界极微尘数佛,一一佛所种种菩萨海会围绕,我以普贤行愿力故,起深信解,现前知见,悉以上妙诸供养具而为供养。"②
>
> "善男子! 是为菩萨摩诃萨十种大愿具足圆满。若诸菩萨于此大愿随顺趣入,则能成熟一切众生,则能随顺阿耨多罗三藐三菩提,则能成满普贤菩萨诸行愿海。"③

引文第一段描述了普贤菩萨"一"与"多"相互涉入,重重无尽的境界,这是为了保持与《华严经》全文的一致性。引文前两段对"礼敬诸佛"与"广修供养"的解释中,以及第三段对十种修行方法的总结中,普贤菩萨都向大家强调了"普贤行愿力"的指导作用。

《普贤行愿品》的第二部分就是要告诉信众,修行这十种修行方法的好处:

> 或复有人以深信心,于此大愿受持读诵,乃至书写一四句偈,速能除灭五无间业,所有世间身心等病,种种苦恼,乃至佛

---

① （唐）般若译:《大方广佛华严经》卷第四十,《大正藏》第10册,第844页中。
② （唐）般若译:《大方广佛华严经》卷第四十,《大正藏》第10册,第844页下。
③ （唐）般若译:《大方广佛华严经》卷第四十,《大正藏》第10册,第846页中。

刹极微尘数一切恶业,皆得销除;一切魔军、夜叉、罗刹、若鸠槃荼、若毗舍阇、若部多等饮血啖肉诸恶鬼神,皆悉远离,或时发心亲近守护。是故若人诵此愿者,行于世间无有障碍,如空中月出于云翳,诸佛菩萨之所称赞,一切人天皆应礼敬,一切众生悉应供养。此善男子善得人身,圆满普贤所有功德,不久当如普贤菩萨,速得成就微妙色身,具三十二大丈夫相,若生人天,所在之处常居胜族,悉能破坏一切恶趣,悉能远离一切恶友,悉能制伏一切外道,悉能解脱一切烦恼,如师子王摧伏群兽,堪受一切众生供养。①

诵读普贤菩萨的行愿,"乃至书写一四句偈"的功德就不可思议:一、可以除灭五无间业;二、消除世间种种病与苦恼;三、众恶鬼不敢靠近;四、诸佛菩萨赞叹、天人礼敬;五、轮回时善得人身,并能像普贤菩萨那样成就微妙色身,具三十二大丈夫相;六、若轮回到人部及天部,则具备破坏一切恶趣,远离一切恶友、制伏一切外道的能力。尤其是在《普贤行愿品》的最后,还提到了按照普贤行愿修行还可以往生西方极乐净土,见到阿弥陀佛:

又复,是人临命终时,最后刹那一切诸根悉皆散坏,一切亲属悉皆舍离,一切威势悉皆退失,辅相大臣,宫城内外象马车乘,珍宝伏藏,如是一切无复相随,唯此愿王不相舍离,于一切时引导其前,一刹那中即得往生极乐世界,到已即见阿弥陀佛、文殊师利菩萨、普贤菩萨、观自在菩萨、弥勒菩萨等,此诸菩萨色相端严,功德具足,所共围绕。②

《普贤行愿品》的这段话,显然受到了弥陀信仰的影响,因为前面两个版本的《华严经》,包括前面的单品经,都未提到阿弥陀佛和

---

① （唐）般若译:《大方广佛华严经》卷第四十,《大正藏》第 10 册,第 846 页中。
② （唐）般若译:《大方广佛华严经》卷第四十,《大正藏》第 10 册,第 846 页下。

西方净土,而主要阐述的佛是法身佛卢舍那与娑婆世界的释迦牟尼佛,这里忽然将阿弥陀佛引入《华严经》,并且是成为行者修行所得的最殊胜的果报,这应该是反映了印度本土阿弥陀佛信仰上升的趋势。《普贤行愿品》讲人往生后,六根消散,四大皆空,可是平时所修之"普贤愿力"仍不离开,带领着中阴身往生极乐世界,并且不住"边地",而是直接进入中央国土,见到阿弥陀佛。当然,《普贤行愿品》也对弥陀信仰进行了适合自己的改造。按照弥陀净土的说法,极乐世界是阿弥陀佛、观世音、大势至菩萨教化的国土,文殊、普贤、弥勒不住其内,但《普贤行愿品》则言修普贤行愿者,往生极乐净土,不仅可以见到阿弥陀佛、观世音、大势至,而且可以见到文殊、普贤、弥勒,当然是比修净土更有效果,也更保险。《普贤行愿品》还给予了信众无比的信心:

> 其人自见生莲华中,蒙佛授记;得授记已,经于无数百千万亿那由他劫,普于十方不可说不可说世界,以智慧力随众生心而为利益。不久当坐菩提道场,降伏魔军,成等正觉,转妙法轮。能令佛刹极微尘数世界众生发菩提心,随其根性,教化成熟,乃至尽于未来劫海,广能利益一切众生。[①]

修普贤行愿者,不仅一定可以进入西方极乐净土,并且往生后自己能够看到自己生于莲花之中,得到阿弥陀佛的授记,"不久当坐菩提道场,降伏魔军,成等正觉,转妙法轮",也就是成就佛果,利益众生。

以上关于修"普贤行愿"的果报,大致可以总结为以下几点:一、灭罪;二、除病;三、救苦;四、辟邪;五、增益;六、往生极乐;七、见诸佛菩萨;八、快速成佛。这种许诺可谓将修行所有的好处都涵盖于内了,也将对普贤菩萨的信仰发展到了顶峰。

———————————
① （唐）般若译:《大方广佛华严经》卷第四十,《大正藏》第 10 册,第 846 页下。

综上所述,《四十华严》中关于普贤菩萨的新观点可概括如下:

1. 着重强化了"普贤行愿力"对修行的指导作用。

2. 突出了对信仰普贤菩萨,修"普贤行愿"的果报。

3. 普贤菩萨在"弥陀净土"和"华藏净土"之间搭了一座桥,修行"普贤行愿"的信众不仅可以享受到修弥陀净土的果报,而且可以进一步登堂入室,由化身佛上升为法身大士。

唐代不空三藏虽为著名的密教僧侣,但其译的《普贤菩萨行愿赞》从内容到风格都和《四十华严》很像,属于华严类典籍,故在此一并阐述。

《普贤菩萨行愿赞》在内容上是对《华严经》中所推崇的"普贤行"的总结,使之更简练易懂,更适合一般信众的理解,也更适宜流通。这本经的出现,当是普贤信仰信众增多、群众基础扩大的表现,与《华严经》相比,该经在内容上并无显著增加,但其以非常简单明了的语句重新强调了《华严经》中的一些核心内容。

《普贤菩萨行愿赞》非常推崇"一切如来":"所有十方世界中,一切三世人师子。我今礼彼尽无余,皆以清净身口意。身如刹土微尘数,一切如来我悉礼。"①并且明确指出"一切如来"的法门虽然各有差异,但"普贤菩萨"之行愿则可以将之"圆满":"所有三世诸如来,菩提行愿众差别。愿我圆满悉无余,以普贤行悟菩提。"②

《普贤菩萨行愿赞》和《华严经》一样,高度赞扬"普贤行"度尽众生的高尚目标:"无量修行而住已,尽知一切彼神通。乃至虚空得究竟,众生无余究竟然。及业烦恼乃至尽,乃至我愿亦皆尽。"③

经文也强调了修"普贤行"的种种好处:

① (唐)不空:《普贤菩萨行愿赞》,《大正藏》第10册,第880页上。
② (唐)不空:《普贤菩萨行愿赞》,《大正藏》第10册,第881页上。
③ (唐)不空:《普贤菩萨行愿赞》,《大正藏》第10册,第881页上。

若人于此胜愿王，一闻能生胜解心。于胜菩提求渴仰，获得殊胜前福聚。彼得远离诸恶趣，彼皆远离诸恶友。速疾得见无量寿，唯忆普贤胜行愿。得大利益胜寿命，善来为此人生命。如彼普贤大菩萨，彼人不久当获得。所作罪业五无间，由无智慧而所作。彼诵普贤行愿时，速疾销灭得无余。智慧容色及相好，族姓品类得成就。于魔外道得难摧，常于三界得供养。速疾往诣菩提树，到彼坐已利有情。觉悟菩提转法轮，摧伏魔罗并营从。若有持此普贤愿，读诵受持及演说。如来具知得果报，得胜菩提勿生疑。如妙吉祥勇猛智，亦如普贤如是智。①

这里提到了：1. 远离恶趣；2. 远离恶友；3. 见无量寿佛；4. 灭无间罪；5. 获得智慧；6. 相貌美好；7. 外道难扰；8. 觉悟得化身佛；9. 摧毁魔军；10. 进入法界（如文殊、普贤）。

但这些都没有超出《华严经》的范围，算不上新突破。真正算得上突破的体现于一句话："诸佛如来有长子，彼名号曰普贤尊。"②《普贤菩萨行愿赞》将普贤菩萨称为诸佛（即"一切如来"）之"长子"，这是一个具有突破性的新提法，并在之后的普贤信仰中得到了广泛接受和引用，对于《华严经》中普贤菩萨的地位的评价也十分妥当。

除此之外，《普贤行愿赞》后面还附有一个《八大菩萨赞》，八大菩萨中，除了显教中著名的观音、弥勒、虚空藏、普贤、文殊、除盖障、地藏等外，还有密教中极其尊贵的金刚手菩萨，后来密教根据其而出八大菩萨曼荼罗，所以《普贤菩萨行愿赞》应该属于从《华严》到密教之间过渡型的经典。

---

① （唐）不空：《普贤菩萨行愿赞》，《大正藏》第10册，第881页上。
② （唐）不空：《普贤菩萨行愿赞》，《大正藏》第10册，第881页上。

第六节 "普贤行"的目标及行法

"普贤行"是大乘佛教理论与实践都极为推崇的殊胜法门,为大乘佛教"菩萨行"思想的顶峰,本节试图对"普贤行"的内涵和行法进行一些探索。

一、"普贤行"即"普贤菩萨之行",是含摄一切佛教行法的圆满之行

首先,《华严经》里有大量的语句直接将"普贤行"表述为"普贤菩萨之行":

> 普摄一切诸众生界,具足普贤菩萨行故,……佛子,菩萨摩诃萨以诸善根如是回向时,用无所得而为方便,不于业中分别报,不于报中分别业,虽无分别而普入法界。①

> 愿一切众生,乘禅定乘,速至道场,证菩提智;……愿一切众生,乘一切智最上宝乘,满足普贤菩萨行愿,而无厌倦。②

> 以佛神力皆周遍,悉见十方无量佛,安住普贤菩萨行,过去未来及现在,所有一切诸善根,令我常修普贤行,速得安住普贤地,一切如来所知见。③

> 出一切世主身云,充满十方,演说普贤菩萨之行。……如来一一毛孔内,常现难思变化身,皆如普贤大菩萨。④

> 善男子,是处难知,诸天及人一切二乘所不能测,何以故?

---

① （唐）实叉难陀译：《大方广佛华严经》卷第二十四,《大正藏》第 10 册,132 页上。
② （唐）实叉难陀译：《大方广佛华严经》卷第二十六,《大正藏》第 10 册,141 页上。
③ （唐）实叉难陀译：《大方广佛华严经》卷第三十三,《大正藏》第 10 册,178 页上。
④ （唐）实叉难陀译：《大方广佛华严经》卷第六十一,《大正藏》第 10 册,329 页中。

此是住普贤菩萨行者境界故。①

其次，对《华严经》的两个版本进行对勘，也可以得出这个结论："以无缚无着解脱心，于一众生身，尽未来劫，示现普贤菩萨一切自在神力，如一众生身，一切众生身亦复如是。"②唐译《华严》则将晋译《华严》中的"普贤菩萨"改译为了"普贤"："以无着无缚解脱心，成就普贤自在力，于一众生身中，示修一切菩萨行，尽未来劫常无间断，如一众生身，一切众生身悉如是。"③

对比两段文句就可以看出，"普贤"和"普贤菩萨"在《华严经》中是交换使用的，因此，"普贤行"也就是"普贤菩萨行"。

关于"普贤行"，《华严经》有如下表达：

令一切众生舍世间地，住智慧地，以普贤行而自庄严。④
修诸最胜行，从佛法化生，得名为普贤。⑤

可见，普贤行者绝不是中国某些儒者所标榜的"满街都是圣人"，也不是中国某些禅者所谓"穿衣吃饭即是道"。"普贤行"是对智慧和践行都有更高要求的、具有"超越性"的大乘行法。

二、"普贤行"的修行目标

"普贤行"追求的目标就是进入"性起法界"。何为"性起法界"？《华严经》里没有明确给出定义，它只是强调，"性起法界"到来之前是有前兆的，这就是《如来出现品》所讲述的内容。它认为，经过漫长而又曲折的修行之后，功德圆满，就可以成就佛果了，该

---

① （唐）实叉难陀译：《大方广佛华严经》卷第七十，《大正藏》第10册，第379页中。
② （东晋）佛驮跋陀罗译：《大方广佛华严经》卷第二十，《大正藏》第9册，528页中。
③ （唐）实叉难陀译：《大方广佛华严经》卷第三十一，《大正藏》第10册，第165页中。
④ （唐）实叉难陀译：《大方广佛华严经》卷第三十，《大正藏》第10册，第164页上。
⑤ （唐）实叉难陀译：《大方广佛华严经》卷第四十九，《大正藏》第10册，第261页下。

品经广述如来出现前所显现的种种征兆,包括将要出现之如来的"心、意、识、音声"等种种征兆以及诸天、神、阿修罗、人、非人等的种种反映,为"性起法界"的到来烘托出氛围。

这个美妙无比的"性起法界"正是"普贤行"圆满成就所得的果报。根据经文的相关阐述,整个宇宙里的万物都是毗卢遮那佛的显现,作为万物之灵的"人类",当然也更是如此,毗卢遮那佛在人的人体中的存在就表现为我们所称的"性""本性"。人身难得,信众学菩萨道,修普贤行,最终的目的落实在个体身上就是要开发出这一被"无明"遮蔽的"性",将其唤起,使我们由世俗的"第一生命"转换成庄严的"第二生命"。①

但是因为毗卢遮那佛已经成佛,不再轮回世间,而普贤菩萨为毗卢遮那佛在世间的代表,与其又是"同体"的,所以"性起法界"的代表者就成了普贤菩萨,《华严经·十定品》用了戏剧化的场面来说明了普贤菩萨与毗卢遮那佛的这种关系:经文讲到"世尊在摩揭提国阿兰若法菩提场中,始成正觉,于普光明殿,入刹那际诸佛三昧,以一切智自在神力,现如来身",并大声赞叹普贤菩萨,这时,"往昔皆与毗卢遮那如来同修菩萨诸善根行"的大菩萨们云集,大家听到佛对普贤菩萨的赞叹,对普贤菩萨都"心生尊重,渴仰欲见",可是除了佛之外,大家都看不到他,即使普眼菩萨入"十千阿僧祇三昧",还是见不到普贤菩萨,因为普贤菩萨以"金刚慧"所普入的这个众生看不见的形而上的"法界",正是"性起法界"。这些情节在前文介绍《等目菩萨所问经》时,已经有所介绍,不再重述。由于"性起法界"代表了毗卢遮那佛之"体",而法身佛之"体"本就是"无形无相"的,故在普贤菩萨普入"性起法界"后,大家看不到普贤菩萨。

---

① 海云继梦:《普贤菩萨的存在价值》,魏道儒主编:《普贤与中国文化》,第40页。

可见，"性起法界"是"非世间"法。那么，它与"世间"是什么关系呢？

> 云何为世间？云何非世间？世间非世间，但是名差别。①

> 非有非无，非一非二，以不二智，知一切二，以无相智，知
> 一切相，以无分别智，知一切分别，以无异智，知一切异，以无
> 差别智，知一切差别，以无世间智，知一切世间，以无世智，知
> 一切世，以无众生智，知一切众生。②

> 法界中，无有法名向声闻乘，向独觉乘，无有法名向菩萨
> 乘，向阿耨多罗三藐三菩提，无有法名向凡夫界，无有法名向
> 染、向净、向生死、向涅槃，何以故？诸法无二，无不二故。③

可见"性起法界"与世间的"缘起法界"本来就是一体的，"但是名差别"，它"非有非无"，又与"缘起法界"非一非二。所以海云法师有这样的评述："华严将此一世界分成两部分，一是缘起法界，一是性起法界，缘起法界与性起法界对立时，乃是因地的状况，亦即烦恼者看法界所产生的区别，然而当行者圆满了缘起法界而仅存性起法界时，是指性起法界包容着缘起法界。此性起法界即'一真法界'。"④

由此也可以看出，"性起法界"与"缘起法界"圆满融合时，行者才能修成正果，进入法界。"性起法界"与"缘起法界"的这种关系也就是"华藏世界"与"十方世界"的关系：

> 十方所有广大刹，悉来入此世界种（华藏世界）。虽见十
> 方普入中，而实无来无所入。以一刹种入一切，一切入一亦无

---

① （唐）实叉难陀译：《大方广佛华严经》卷第十九，《大正藏》第 10 册，第 101 页下。
② （唐）实叉难陀译：《大方广佛华严经》卷第五十五，《大正藏》第 10 册，第 299 页上。
③ （唐）实叉难陀译：《大方广佛华严经》卷第二十，《大正藏》第 10 册，第 107 页上。
④ 海云继梦：《华严经导读1》，台北县：空庭书苑有限公司，2006 年，第 264 页。

余。体相如本无差别,无等无量悉周遍。……此上过佛刹微
尘数世界,至此世界名娑婆,以金刚庄严为际,依种种色风轮
所持莲花网住,状如虚空,以普圆满天宫殿庄严虚空云,而覆
其上,十三佛刹微尘数世界,周匝围绕。①

就是说,十方所有世界,包括娑婆世界与极乐世界,与华藏世
界是"多"与"一"的关系,"体相如本无差别"。就是说,十方一切世
界的"相"虽不同,但"本"却是"无差别"的,都是毗卢遮那佛的
显现:

世界大海无有边,宝轮清净种种色。所有庄严尽奇妙,此
由如来神力起。……毗卢遮那清净身,悉入其中普令见。诸
庄严中现佛身,无边色相无央数。悉往十方无不遍,……十方
所有净刹海,佛自在力咸令遍。②

光明无有边,说法亦无量,佛子随其智,能入能观察;佛身
无有生,而能示出生,法性如虚空,诸佛于中住;无住亦无去,
处处皆见佛,光明靡不周,名称悉远闻;无体无住处,亦无生可
得,无相亦无形,所现皆如影。……智身能遍入,一切刹微尘,
见身在彼中,普见于诸佛。③

既然华藏世界与娑婆世界是一体的,为什么大家却看不到呢?
《华严经》认为那是由于自身的"心"被欲望所遮蔽的缘故:

一切诸国土,皆随业力生。汝等应观察,转变相如是。染
污诸众生,业惑缠可怖。彼心令刹海,一切成染污。若有清净
心,修诸福德行。彼心令刹海,杂染及清净。信解诸菩萨,于
彼劫中生。随其心所有,杂染清净者。无量诸众生,悉法菩提

---

① (唐)实叉难陀译:《大方广佛华严经》卷第八,《大正藏》第10册,第42页中。
② (唐)实叉难陀译:《大方广佛华严经》卷第八,《大正藏》第10册,第39页中。
③ (唐)实叉难陀译:《大方广佛华严经》卷第六,《大正藏》第10册,第30页中。

心。彼心令刹海，住劫恒清净。①

晋译《华严》的第一品即为"世间净眼品"，一开始就强调了获得"净眼"的重要性，而所谓的"净眼"就是指的我们的心性。心净而眼自然净；心浊而眼自然染，也就是经文所说的"彼心（被遮蔽的心）令刹海，一切成染污"。之后的论述中这一点一再被强调：

> 心如工画师，能画诸世间。五蕴悉从生，无法而不造。如心佛亦然，如佛众生然。应知佛与心，体性皆无尽。若人知心行，普造诸世间。是人则见佛，了佛真实性。若人欲了知，三世一切佛。应观法界性，一切唯心造。②

> 譬如众缋像，画师之所作。如是一切刹，心画师所成。众生身各异，随心分别起。③

虽然毗卢遮那佛就在我们心中，但是如果没有一双"净眼"，则看不到。如在《入法界品》一开始，毗卢遮那佛就展现了种种神变：

> 尔时世尊，知诸菩萨心之所念，大悲为身，大悲为门，大悲为首，以大悲法而为方便，充遍虚空，入师子频申三昧。入此三昧已，一切世间，普皆严净。于时此大庄严楼阁，忽然广博，无有边际，金刚为地，宝网覆上……尔时复以佛神力故，其逝多林，忽然广博，与不可说佛刹微尘数诸佛国土，其量正等，一切妙宝间错庄严……如来能以神力，令一切佛，及佛国庄严，皆入其身不思议故；如来能于一微尘内，普现一切法界影像不思议故，如来能于一毛孔中，示现过去一切诸佛不思议故，如来随放一一光明，悉能遍照一切世界不思议故，如来能以一毛孔中，普现一切佛刹微尘数变化云，充满一切诸佛国土，充满

① （唐）实叉难陀译：《大方广佛华严经》卷第七，《大正藏》第10册，第38页中。
② （唐）实叉难陀译：《大方广佛华严经》卷第十九，《大正藏》第10册，第102页上。
③ （唐）实叉难陀译：《大方广佛华严经》卷第十，《大正藏》第10册，第51页下。

一切诸佛国土不思议故,如来能于一毛孔中,普现一切十方世界成住坏劫不思议故。①

众多的佛菩萨都来集会,可是,对于佛这令人叹为观止的神变,那些声闻们却无法睹见:"于时上首诸大声闻,舍利弗、大目揵连、摩诃迦叶……富楼那等,诸大声闻,在逝多林,皆悉不见如来神力、如来严好、如来境界。"②原因是他们没有"智眼":

> 如是皆是普贤菩萨智眼境界,不与一切二乘所共,以是因缘,诸大声闻不能见……是故虽在逝多林中,不见如来诸大神变。③

> 复次诸大声闻,无如是善根故,无如是智眼故……是故于此不能知不能见……④

> 佛子,如恒河岸,有百千亿无量恶鬼,裸形饥渴,举体焦然,乌鹫豺狼,竞来搏撮。为渴所逼,欲求水饮,虽住河边,而不见河,设有见者,见其枯竭。何以故?……无明翳膜,覆其眼故。……以无菩萨清净眼故。譬如雪山,具众草药,良医诣彼,悉能分别,其诸捕猎放牧之人,恒住彼山,不见其药。此亦如是。……譬如地中,有诸宝藏,种种珍异,悉皆充满,有一丈夫,聪慧明达,善能分别一切伏藏,其人复有大福德力,能随所欲,自在而取,奉养父母,赈恤亲属,老病穷乏,靡不均沾。其无智慧无福德之人,虽亦至于宝藏之处,不知不见,不得其益。此亦如是。诸大菩萨有净智眼,能入如来不可思议甚深境界,能见佛神力,能入诸法门,能游三昧海。⑤

---

① (唐)实叉难陀译:《大方广佛华严经》卷第六十,《大正藏》第 10 册,第 320 页上。
② (唐)实叉难陀译:《大方广佛华严经》卷第六十,《大正藏》第 10 册,第 323 页上。
③ (唐)实叉难陀译:《大方广佛华严经》卷第六十,《大正藏》第 10 册,第 322 页下。
④ (唐)实叉难陀译:《大方广佛华严经》卷第六十,《大正藏》第 10 册,第 323 页上。
⑤ (唐)实叉难陀译:《大方广佛华严经》卷第六十,《大正藏》第 10 册,第 323 页中。

《华严经》还对此进行了理论总结：

> 不见诸法空，恒受生死苦。斯人未曾有，清净法眼故。我
> 昔受众苦，由我不见佛。故当净法眼，观其所应见。若得见于
> 佛，其心无所取。若见佛真法，则名大智者。斯人有净眼，能
> 观察世间。无见即是见，能见一切法。于法若有见，此则无所
> 见。一切诸法性，无生亦无灭。①

> 若住于分别，则坏清净眼。遇痴邪见增，永不见诸佛。②

> 一切诸国土，皆随业力生。汝等应观察，转变相如是。染
> 污诸众生，业惑缠可怖。彼心令刹海，一切成染污。若有清净
> 心，修诸福德行。彼心令刹海，杂染及清净。信解诸菩萨，于
> 彼劫中生。随其心所有，杂染清净者。无量诸众生，悉发菩提
> 心。彼心令刹海，住劫恒清净。③

"随其心所有"，也就是说，由于每个人的智慧不一样，在不同
境界与智慧的人的眼中，华藏世界和毗卢遮那佛就会有不同的显
现，这是毗卢遮那佛"随众生根而显现故"。所以我们所在的娑婆
世界和阿弥陀佛的极乐世界，其实也都是华藏世界海的不同显现，
两者本是"不一不异，二而不二"的关系：

> 然于其中，无分别离分别，无种种差别；无功德，无境界，
> 非有非无，非一非二。以不二智，知一切二。以无相智，知一
> 切相。以无分别智，知一切分别。以无异智，知一切异。以无
> 差别智，知一切差别。以无世间智，知一切世间。以无世智，
> 知一切世。以无众生智，知一切众生。以无执着智，知一切执

---

① （唐）实叉难陀译：《大方广佛华严经》卷第十六，《大正藏》第 10 册，第 82 页上。
② （唐）实叉难陀译：《大方广佛华严经》卷第十六，《大正藏》第 10 册，第 82 页中。
③ （唐）实叉难陀译：《大方广佛华严经》卷第七，《大正藏》第 10 册，第 38 页中。

着；以无住处智，知一切住处；以无杂染智，知一切杂染。①

所以要想进入法界，首先需要观念层面的转变，这就是将修行的实践建立在开发我们的本性、本心上，高度的重视对"自身""心"的开发：

> 于自身中现一切佛刹成坏，示于众生身业，以一身容受一切众生身业，于自身中普现一切清净佛刹。②

> 佛子，菩萨摩诃萨应知心境界，是如来境界，如心境界无量无边，无缚无脱，如来境界亦无量无边，无缚无脱。③

> 心如工画师，能画诸世间。五蕴悉从生，无法而不造。如心佛亦尔，如佛众生然。应知佛与心，体性皆无尽。若人知心行，普造诸世间。是人则见佛，了佛真实性。④

> 佛子，此地菩萨智慧明达，神通自在，随其心念，能以狭世界作广世界，广世界作狭世界，垢世界作净世界，净世界作垢世界。⑤

台湾大华严寺的海云法师曾经详细地讲过这个问题：

> 一般"十信位"的摸索阶段不谈，从"正行"来讲，"十住"先慧，先慧后定。十住是慧，十行是定；十回向是慧，十地也是定，这是就总说而言，当然这里面，十个波罗蜜也有具备，留意看这些差别，意义在哪里？它要我们的心性一层扩大、一层实

---

① （唐）实叉难陀译：《大方广佛华严经》卷第五十五，《大正藏》第10册，第289页上。
② （唐）实叉难陀译：《大方广佛华严经》卷第五十六，《大正藏》第10册，第297页中。
③ （唐）实叉难陀译：《大方广佛华严经》卷第五十二，《大正藏》第10册，第273页下。
④ （唐）实叉难陀译：《大方广佛华严经》卷第十九，《大正藏》第10册，第102页上。
⑤ （唐）实叉难陀译：《大方广佛华严经》卷第三十九，《大正藏》第10册，第207页中。

践、一层扩大、一层实践……，这才是真正的"定慧等持"。①

海云认为，"普贤行"就是要将我们的"心性"一层层的开发，止于至善，正是在这个意义上，他将之称为"华藏工程"。

既然要见到毗卢遮那佛，见到华藏世界，就必须开发自己的心性，那么具体该怎么做呢？这正是来自印度南方福城的善财童子的疑问。在《入法界品》中，善财童子每参访一位善知识，都会这样问："圣者，我已先发阿耨多罗三藐三菩提心，而未知菩萨云何学菩萨行？云何修菩萨道？"《华严经》给出的答案就是修"普贤行"。

三、修行层面的"普贤行"

普贤行属于菩萨行的一种，并且是最殊胜的菩萨行。但《华严经》没有专门给普贤行下定义，周贵华先生曾讨论过它的定义的原则问题，认为："从《华严经》的意趣看，由于普贤根本是以悟入、实现相即相入、重重无尽之普贤境界并最终成佛为目的，于此相应之行，才是真正意义上的普贤。"②根据这个原则以及《华严经》的相关描述，我们可以大致归纳出其基本的含义："普贤行"是为见到毗卢遮那如来，进入性起法界为目标而大发菩提心，以普贤菩萨十大愿王为指导，以十信、十住、十行、十回向、十地为修行次第，广泛参访善知识，最终进入究竟的一真法界而又不离世间、广泛利益众生的殊胜法门。它在前提、关键、行法、落脚点四个方面都比原来的菩萨行殊胜。

首先，我们看普贤行前提的殊胜。普贤行的前提就是要先发菩提心。菩提心一般是指为了利益众生而发的求证无上智慧之心。《华严经》比其他任何佛教经典都更强调"初发菩提心"的重要

---

① 海云继梦：《华严经导读2》，台北县：空庭书苑有限公司，2006年，第68页。
② 周贵华：《普贤愿行与净土》，魏道儒主编：《普贤与中国文化》，第177页。

性与功德:

> 尔时,天帝释白法慧菩萨言:"菩萨初发菩提之心,所得功德,其量几何?"法慧菩萨言:"此意甚深,难说、难知、难分别、难信解、难证、难行、难通达、难思惟、难度量、难趣入。虽然,我当承佛威神之力,而为汝说。佛子,假使有人,以一切乐具,供养东方阿僧祇世界所有众生,经于一劫,然后教令净持五戒,南西北方,四维上下,亦复如是,佛子,于汝意云何? 此人功德,宁为多不?"天帝言:"佛子,此人功德,唯佛能知,其余一切,无能量者。"法慧菩萨言:"佛子,此人功德,比初发心菩萨功德,百分不及一,千分不及一,百千分不及一;如是亿分、百亿分、千亿分、百千亿分;那由他亿分、百那由他亿分、千那由他亿分、百千那由他亿分,数分、歌罗分、算分、喻分、优波尼沙陀分,亦不及一。"……"何以故? 佛子,菩萨不齐限,但为往尔所世界得了知故,发菩提心;为了知十方世界故,发菩提心。"①
>
> 发心功德无能测。出生三世一切佛,成就世间一切乐。增长一切胜功德,永断一切诸疑惑。开示一切妙境界,尽除一切诸障碍。成就一切清净刹,出生一切如来智。欲见十方一切佛,欲施无尽功德藏。欲灭众生诸苦恼,宜应速发菩提心。②
>
> 因菩提心出生一切诸菩萨行,三世如来从菩提心而出生故。③

晋译《华严》的《梵行品》更是明确地提出:"初发心时,便成正觉,知一切法真实之性,具足慧身,不由他悟。"唐译《华严》的《梵行

---

① (唐)实叉难陀译:《大方广佛华严经》卷第十七,《大正藏》第10册,第89页上。
② (唐)实叉难陀译:《大方广佛华严经》卷第十七,《大正藏》第10册,第95页上。
③ (唐)实叉难陀译:《大方广佛华严经》卷第七十八,《大正藏》第10册,第430页下。

品》也认为："若诸菩萨，能与如是观行相应，于诸法中，不生二解，一切佛法疾得现前，初发心时，即得阿耨多罗三藐三菩提，知一切法，即心自性，成就慧身，不由他悟。"初发心便成正觉，这是对"菩提心"的多么高的评价啊！所以善财童子每次参访善知识前，都会先告诉善知识："圣者，吾已先发阿耨多罗三藐三菩提心。"然后才问"而未知菩萨云何学菩萨行，云何修菩萨道？"而善知识也总是先赞叹善财童子发心得功德，然后才告诉他相关的法门。因此，发菩提心，是普贤行的前提。

虽然发菩提心是大乘佛教菩萨行的普遍要求，但是，《华严经》里的菩提心在含义上有了发展：它强调菩萨要有度尽众生才能涅槃的大悲心。

在普庄严园，休舍优婆夷告诉善财童子：

> 善男子，菩萨不为教化调伏一众生故发菩提心，不为教化调伏百众生故发菩提心，乃至不为教化调伏不可说不可说转众生故发菩提心；不为教化一世界众生故发菩提心，乃至不为教化不可说不可说转世界众生故发菩提心；不为教化阎浮提微尘数世界众生故发菩提心，不为教化三千大千世界微尘数世界众生故发菩提心，乃至不为教化不可说不可说转三千大千世界微尘数世界众生故发菩提心；不为供养一如来故发菩提心，乃至不为供养不可说不可说转如来故发菩提心。①

> 善男子，取要言之，菩萨以如是等百万阿僧祇方便行故，发菩提心。善男子，菩萨普入一切法，皆证得故；普入一切刹，皆严净故。是故善男子，严净一切世界尽，我愿乃尽，拔一切

---

① （唐）实叉难陀译：《大方广佛华严经》卷第六十四，《大正藏》第 10 册，第 344 页中。

众生烦恼习气尽,我愿乃满。①

"世界尽,我愿尽;烦恼尽,我愿满",也就是说,不度尽宇宙中的一切众生,普贤行菩萨就永不成佛,而甘愿在六道中轮回救世,这是何等伟大的悲心啊!修普贤行的行者就是要有如此的气概才行。正是在这一点上,使得普贤行相比于其他的菩萨行有了质上的飞跃。

其次,普贤行修行的关键。普贤行相较于以前的"戒、定、慧"三学以外,还特别强调了参访善知识的重要性,指出依止善知识是圆满普贤行得关键。我们看到,在善财童子参访德生童子、有德童女时,两位圣者为他开示了依止善知识的重要性:

> 菩萨因善知识听闻一切菩萨诸行……;菩萨由善知识任持,不堕恶趣……;善知识者,能净诸障,能灭诸罪,能除诸难,能止诸恶,能破无明长夜黑暗,能坏诸见坚固牢狱,能出生死城,能舍世俗家,能截诸魔网,能拔众苦箭,能示菩提路,能教菩萨法,能令安住菩萨行,能令趣向一切智,能净智慧眼,能长菩提心……复次,善男子,善知识者长诸善根……能开示无量菩萨妙行,能成就无量广大佛法。②

应该说,《入法界品》中的"入法界"其实就是"入众生界",要求普贤行者要深入到社会中去,广泛地参访善知识。如果说,以前也有法门强调参访善知识的话,那么普贤行将参访的对象的范围大大地扩大了:

> 善男子,汝不应修一善,照一法,行一行,发一愿,得一记,

---

① (唐)实叉难陀译:《大方广佛华严经》卷第六十四,《大正藏》第 10 册,第 344 页下。

② (唐)实叉难陀译:《大方广佛华严经》卷第七十七,《大正藏》第 10 册,第 421 页上—422 页上。

住一忍,生究竟想,不应以限量心行于六度,住于十地,净佛国土,而事善知识。何以故？善男子,菩萨摩诃萨应种无量诸善根,应集无量菩提具,应修无量菩提因,应学无量巧回向,应化无量众生界,应知无量众生心,应知无量众生根,应识无量众生解,应观无量众生行。①

普贤行强调不能以"限量心"去参访善知识,而应以"无量心"去参访,在善财童子参访的善知识中,既有上层的国王、贵族,也有下层的渔夫、隐者;既有年长的老者也有幼小的童子童女;既有已经得道的大菩萨,也有出家的比丘、比丘尼;甚至还有暴君、妓女,更令人意外的是还有婆罗门。职业可谓五花八门,突破了早期佛教"八正业"的限制,强调了不看别人的缺点,只看别人的优点和长处的新思维,这当然也是普贤行的殊胜之一。

再次,普贤行修行的行法。《华严经》在修行的行法上也远远超越了传统的修行方法,这主要体现在修行的广度和次第两个方面。

首先看修行的广度。在早期原始佛教时期,一般的行法以"四"为基本单位:如"四念住":观身不净;观受是苦;观心无常;观法无我。"四正断":对于已经升起的恶,应当努力断除;对于未生的恶,要努力防止他产生;对于已经升起的善,应当坚持到底,使之圆满;对于未生的善,要努力使之升起。"四神足":欲如意足,念如意足,精进如意足,慧如意足。当然也有以七和八为单位的,如"七觉支":念觉支,择法觉支,精进觉支,喜觉支,轻安觉支,定觉支,舍觉支。"八正道":正见,正思维,正语,正业,正命,正精进,正念,正定。

----

① （唐）实叉难陀译：《大方广佛华严经》卷第七十七,《大正藏》第 10 册,第 420 页中。

在大乘初期的般若阶段，一般讲"四摄"和"六度"。"四摄"：布施摄，爱语摄，利行摄，同事摄。"六度"：布施，持戒，忍辱，精进，禅定，智慧。以上大致是小乘和大乘初期有代表性的种种行法，而普贤行则以代表圆满的"十"为基本单位，对传统的修法以较大的发展：十信，十住，十行，十回向，十地，十般若蜜，十通，十忍，十定，十顶等。

先看"十住"："诸佛子，菩萨摩诃萨十住行，去来现在诸佛所说。何等为十？一名初发心，二名治地，三名修行，四名生贵，五名方便具足，六名正心，七名不退，八名童真，九名法王子，十名灌顶。诸佛子，是名菩萨十住，去来现在诸佛所说。"①

关于"十住"的内容《华严经》里有详细的描述，限于篇幅不能一一解说，但很明显可以看出，《华严经》所说的"十住"与"四念住"相比增加了六项，并且在内容上也做了大量的超越。

再譬如传统的"五通"只包天眼通、天耳通、他心通、宿命通、如意通五个方面，相比之下，《华严经》的"十通"则有了较大的发展：

> 尔时普贤菩萨摩诃萨，告诸菩萨言："佛子，菩萨摩诃萨有十种通。何者为十？佛子，菩萨摩诃萨以他心智通，知一三千大千世界众生心差别。……佛子，菩萨摩诃萨以无碍清净天眼智通，见无量不可说不可说佛刹微尘数世界中众生。……菩萨摩诃萨以宿住随念智通，能知自身及不可说不可说佛刹微尘数世界中一切众生。……佛子，菩萨摩诃萨以知尽未来际劫智通，知不可说不可说佛刹微尘数世界中所有劫。……佛子，菩萨摩诃萨成就无碍清净天耳，圆满广大聪彻离障。……是名菩萨摩诃萨第六住无体性无动作往一切佛刹智神通。……佛子，菩萨摩诃萨以善分别一切众生言音智通，知

---

① （东晋）佛驮跋陀罗译：《大方广佛华严经》卷第八，《大正藏》第9册，第444页下。

不可说不可说佛刹微尘数世界中众生。……佛子，菩萨摩诃
萨以出生无量阿僧祇色身庄严智通。……佛子，菩萨摩诃萨
以一切法智通，知一切法，无有名字，无有种性。……佛子，菩
萨摩诃萨，以一切法灭尽三昧智通……"①

这里面包括：他心通、天眼通、知过去际劫宿住智通、知尽未
来际劫智通、天耳通、住无体性无动作往一切佛刹智通、善分别
一切言词智通、无数色身智通、一切法智通、一切三世无碍智神
通等十种神通。可以看出，无论是深度还是广度都有了较大的
发展。

再譬如说"十行"，里面的"欢喜行"相当于六度中的布施度；
"饶益行"相当于六度中的持戒度；"无违逆行"相当于忍辱度；"无
屈挠行"相当于精进度；"无痴乱行"相当于禅定度；"善现行"相当
于智慧度；再往后面的"无着行"为"方便"；"难得行"为"愿力"；"善
法行"为"力"；"真实行"为"诚"。这样，大乘初期的"六般若蜜"就
被发展成了"十般若蜜"。

不仅如此，"普贤行"不局限于修某一个法门，还讲究广修一切
法门："去来现在佛，所成诸行业，汝欲皆修学，而来至我所。"②

与传统的菩萨行相比，普贤行不仅在广度上有了扩展，在深度
上更是如此。如佛教常说的"慈、悲、喜、舍"四无量，在《华严经》中
就给予了更详细深刻的解释：

佛子，菩萨摩诃萨有十种清净慈，何等为十？所谓等心清
净慈……；佛子，菩萨摩诃萨有十种清净悲，何等为十？所谓
无寿伴清净悲……；佛子，菩萨摩诃萨有十种清净喜，何等为

---

① （唐）实叉难陀译：《大方广佛华严经》卷第四十四，《大正藏》第 10 册，第 229 页
下—231 页下。

② （唐）实叉难陀译：《大方广佛华严经》卷第七十七，《大正藏》第 10 册，第 425
页下。

十？所谓发菩提心清净喜……；佛子，菩萨摩诃萨有十种清净舍，何等为十？所谓一切众生恭敬供养，不生爱着清净舍……①

其次来看修行的次第。普贤行有严格而完整的修行次第，开始的"十信位"处于摸索阶段，需要不断地"试错"，这一阶段"定""慧"都修：

> "十信位"谈的是摸索阶段，都属资粮道，"定""慧"都必须有……一般来说，摸索阶段是"定慧乱持"，而非"定慧等持"，你摸索了一堆，人家叫你念佛、持咒、禅定……反正人家说，你都修就对了，不管谁讲你都听，抓住书就看，后来连讲话也怪怪的，因为你收了一堆杂讯的影响，而初学都难免如此。②

华严行法非常强调次第，在其核心部分"十住、十行、十回向、十地"四个顺序不能打乱。按照海云法师的说法，"十住"相当于讲修行应该关注的十种境，属于"慧"的范畴，而"十行"则属于禅定的实践，属于"定"的范畴：

> 到了十住以后就以智慧为主了，它（十住）开始过滤，排除不正的"知见""定"，也就是排除"邪定聚""不定聚"等而成就"正定聚"。非正知见、邪知见一律攘除，不但要"正知见"，还得拥有"正念""正思惟"，经过十住位的过滤后。才按照十住位法去实践。
>
> 可是一旦到了十住位，就把这些邪定、邪知见通通排除，十行位的十行才是正确的。这好比锁上螺丝前必须先拣别一下，你尚未见到机器前，可能把所有的工具和螺丝都带来了，

---

① （唐）实叉难陀译：《大方广佛华严经》卷第五十八，《大正藏》第10册，第305页下—306页上。
② 海云继梦：《华严经导读2》，第67页。

现在一确定机器是什么样子，就得挑选螺丝、选工具了，而不能随便拿来就用。十行位的状况有类于此。①

"信门""住门""行门"属于第一层次，不管是"慧"还是"定"，都要经过拣择、证明为正确才能进入第二层次。

"十回向"讲回向善根，回向菩提，总体上属于"慧"的范畴：

> 尔时如来，大悲普覆，示一切智，所有庄严，欲令不可说，百千亿那由他阿僧祇世界中众生，未信者信，已信者增长，已增长者令其清净，已清净者令其成熟，已成熟者令心调伏，观甚深法，具足无量智慧光明，发生无量广大之心，萨婆若心，无有退转，不违法性，不怖实际，证真实理，满足一切波罗蜜行，出世善根，皆悉清净，犹如普贤。②

《十回向品》，主要是检查自己修行（"一切波罗蜜行"）的出发点（"善根"）是否清净，如果还有你我的分别心，还有公私的分别心，虽然做的好事，那也不能称作"出世善根"，只有取得了"萨婆若心"，即一切智智，无分别智，才能使自己的善根清净，"犹如普贤"。

虽然经过了"十住"和"十行"的选择与检验，所得的知识都是正确的，但却不能保证一定和"十地"的要求相匹配，所以一定要通过"十回向"，再确认一下：

> 你全部上完螺丝后，要确定进入状况。怎么确定呢？由"十回向"位确定，把现有的扩大出去，"这螺丝有没有问题？"不要一用力锁就断在里面了，所以一个个加以确定，等全部过滤完没有问题后，十个螺丝一个个锁紧，就定位，机器便可开

---

① 海云继梦：《华严经导读2》，第67页。
② （唐）实叉难陀译：《大方广佛华严经》卷第二十二，《大正藏》第10册，第119页下。

工,这"十地位"的殊胜就在这里。①

"十地"是讲禅定所达到的十种境界,也属于"定",这是修行的第二层次。除了在这几个主要的修行阶段有次第以外,在"十住""十信""十回向""十地"这些阶段性的行法内部也有严格的前后高下次第之分。如《十地品》在讲述焰慧地菩萨时这样说道:"住于此地所有善根,下地善根所不能及,如摩尼宝清净光轮,能放光明,非诸余宝之所能及,风雨等缘悉不能坏。菩萨摩诃萨亦复如是,住于此地,下地菩萨所不能及,众魔烦恼悉不能坏。"②这里的"此地"与"下地"显然是高低不同的两个层次。再如经文讲第七地菩萨之殊胜:"佛子,菩萨住此地,善净无量身业无相行,善净无量语业无相行,善净无量意业无相行故,得无生法忍光明。"③

七地菩萨的殊胜不仅表现在获得"无生法忍",而且还在此真正超越了二乘:

> 解脱月菩萨言:"佛子,菩萨从初地来,所有无量身、语、意业,岂不超过二乘耶?"金刚藏菩萨言:"佛子,彼悉超过,然但以愿求诸佛法故,非是自智观察之力,今第七地自智力故,一切二乘所不能及……菩萨摩诃萨亦复如是,初发心时,以志求大法故,超过一切声闻独觉;今住此地,以自所行智慧力故,出过一切二乘之上……;佛子,菩萨从六地以来能入灭定,今住此地能念念入,亦念念起,而不作证,故此菩萨名为成就不可思议身、语、意业,行于实际而不作证。"④

----

① 海云继梦:《华严经导读2》,第68页。
② (唐)实叉难陀译:《大方广佛华严经》卷第三十六,《大正藏》第10册,第190页中。
③ (唐)实叉难陀译:《大方广佛华严经》卷第三十七,《大正藏》第10册,第197页中。
④ (唐)实叉难陀译:《大方广佛华严经》卷第三十七,《大正藏》第10册,第197页中。

这里,金刚藏菩萨强调了内外两点:第一,七地以前的菩萨,超过二乘实际上只是名义上超过了,只是因为所修之"法"超过了,而不是在真正的境界上超越,但是到了第七地,就不仅是在"法"上超过了二乘,而且在所修的境界上(自智力)也超过了二乘,这是内的方面。第二,表现在外的是六地菩萨虽能入灭定,但是能入不能起,到了七地菩萨就能念念入、念念起。金刚藏菩萨总论道:

> 佛子,菩萨于十地中皆能满足菩提分法,然第七地最为殊胜。何以故? 此第七地功用行满,得入智慧自在行故。佛子,菩萨于初地中,缘一切佛法愿求故,满足菩提分法;第二地离心垢故;第三地愿转增长得法光明故;第四地入道故;第五地顺世所作故;第六地入甚深法门故;第七地起一切佛法故,皆亦满足菩提分法。何以故? 菩萨从初地乃至第七地,成就智功用分,以此力故,从第八乃至第十,无功用行,皆悉成就。①

就是说菩萨完成了"十地"中前七地之修行,则"智慧"与"功德"就都超过了"二乘"。尽管第七地有如此的殊胜,还是不能称作"超烦恼行",因为那是八地以上的境界:"佛子,从初地至七地所行诸行,皆舍离烦恼业,以回向无上菩提故,分得平等道故,然未名为'超烦恼行'……从第七地入第八地,乘菩萨清净乘,游行世间,知烦恼过失,不为所染,尔乃名为'超烦恼行'"②

七地菩萨"未超烦恼行"的原因是"求如来智心未满故":"佛子,此第七地菩萨尽超过多贪等诸烦恼众,住此地,不名有烦恼者,不名无烦恼者,何以故? 一切烦恼不现行故,不名有者;求如来智

---

① (唐)实叉难陀译:《大方广佛华严经》卷第三十七,《大正藏》第10册,第196页下。
② (唐)实叉难陀译:《大方广佛华严经》卷第三十七,《大正藏》第10册,第196页下。

心未满故,不名无者。"①

第七地的特点是:"佛子,菩萨住此第七地,以深净心成就身业,成就语业,成就意业,所有一切不善业道,如来所诃,皆已舍离。……此菩萨于三千大千世界中,为大明师,唯除如来,及八地以上,其余菩萨,深心妙行无与等者。"②

经文认为,七地菩萨的特点是已经成就"身、语、意"三业,舍离一切不善业。可是马上又强调还是不及"八地菩萨"。那么,八地菩萨有何殊胜呢?

> 佛子,譬如乘船欲入大海,未至于海,多用功力;若至海已,但随风去,不假人力。以至大海,一日所行,比于未至,其未至时,设经百岁,亦不能及。佛子,菩萨摩诃萨亦复如是,积集广大善根资粮,乘大乘船,到菩萨行海,于一念顷,以无功用智,入一切智智境界,本有功用行,经于无量百千亿那由他劫,所不能及。③

> 譬如日月住虚空,一切水中皆现影。住于法界无所动,随心现影亦复然。随其心乐各不同,一切众中皆现身。④

经文举了个例子,说譬如乘船入海,在岸边将船划入大海时,要奋力划桨,等到将大船划入大海以后,就不用划桨了,"不假人力",但凭风力就可以日行千里,这样一天走的路程,靠人力是无法比拟的。而第八不动地的菩萨已经进入了"一切智智境界",深入

---

① (唐)实叉难陀译:《大方广佛华严经》卷第三十七,《大正藏》第10册,第197页上。

② (唐)实叉难陀译:《大方广佛华严经》卷第三十七,《大正藏》第10册,第197页上。

③ (唐)实叉难陀译:《大方广佛华严经》卷第三十八,《大正藏》第10册,第199页下。

④ (唐)实叉难陀译:《大方广佛华严经》卷第三十八,《大正藏》第10册,第201页中。

本体，就像进入大海的水手那样，任运而自然合乎佛法真理。

　　"下地菩萨"是不能够超越"上地菩萨"的，所以在修行时必须次第而行。再譬如说"十住品"，虽然《华严经》中没有直接经文论及十住的高下，但是，学界公认东晋祇多蜜所译的《佛说菩萨十住经》正是《华严经》里《十住品》的前身：

　　　　《菩萨十住行道品经》一卷，西晋竺法护译，与"唐译本"的《十住品》第十五相当，也没有偈颂。

　　　　《菩萨十住经》，一卷，东晋祇多蜜译；译文与竺法护的《十住行道品经》非常接近，但以为经是文殊师利说的。经初说："佛说菩萨戒十二时竟。"在大乘律部中，有《菩萨内戒经》。佛为文殊说十二时受菩萨戒，然后说"佛说菩萨戒十二时竟。文殊师利白佛言"，以下的经文，与祇多蜜所译的《菩萨十住经》完全相同（祇多蜜译本，缺流通）。《菩萨内戒经》文，在第十二时终了，这样说："颰陀和菩萨……恕轮稠菩萨等，合七万二千人，皆大踊跃欢喜，各现光明展转相照。各各起，正衣服，前以头脑着地，为佛作礼（而去）。"这一段，与《菩萨十住经》的流通分也完全一致。这样，《菩萨十住经》，实在是从《菩萨内戒经》分离出来的。①

　　正是在这部《佛说菩萨十住经》里，有明确的记载论及十住的高下，并且是佛亲口所说：

　　　　佛说菩萨戒，十二时竟。文殊师利白佛言："菩萨用何功德，得是十住？唯愿天中天，分别说之。"佛言："善哉善哉，文殊师利菩萨摩诃萨，多所忧念，多所安隐，吾当为汝具说其要，谛听谛受。"文殊师利言受教。佛言："有十住菩萨功德，各有

---

　　① 印顺：《初期大乘佛教之起源与开展》，《印顺法师佛学著作全集》第 17 卷，第857 页。

高下,自有次第。"①

魏道儒先生在他的《中国华严经通史》里也认为,《华严经》里的"十住"有高低次第之分,在讲《华严经》的前身《佛说菩萨本业经》时,他有如下论断:

> 《十地品第三》(笔者按,实为唐译《华严》的《十住品》)讲从"发意"(树立佛教信仰)到"补处"(获得佛功德)的十个修行阶段,称"十住"或"十地住"。这十个阶段的名称是"第一发意,第二治地,第三应行,第四生贵,第五修成,第六行登,第七不退,第八童贞,第九了生,第十补处"。这是继《愿行品》之后对菩萨修行的第二种展开形式,有两个特点:第一,十个阶位并不是平行并列的十个方面,而是由低到高、自浅入深,直至获得佛功德次第阶位。第二,前五个阶位各包括十项内容,后五个阶位各包括二十项内容,经中称为"从十十法成"。这样,《十地品第三》就把以十数列举菩萨修行名目的旧框架,逐步充实为自低到高的类似十进制的新体系。②

既然《十住品》和《十地品》的内部结构之间都是层层递进的关系,而上面我们已经论及,《十行品》是与《十住品》相匹配的"定慧"关系;《十地品》是与《十回向品》相匹配的"定慧"关系,那么很显然,《十行品》《十回向品》的内部结构之间也应该是逐步递进的关系。

事实上,整部《华严经》恐怕都不是简单的并列关系,几乎在每一品,我们都可以很明显地看出这种逐步递进、逐步深入的结构。譬如在著名的《入法界品》中,善财童子所参访的善知识以十人一

---

① (东晋)祇多蜜译:《佛说菩萨十住经》,《大正藏》第10册,第456页下。
② 魏道儒:《中国华严宗通史》,第6页。

组，由低到高，分别代表了十信、十住、十行、十回向、十地等境界，直到弥勒称为"等觉菩萨"，到文殊和普贤称为"妙觉菩萨"。并且善财童子向诸位善知识所提问的问题也是逐步深入，由刚开始只是简单的询问："云何学菩萨行？云何修菩萨道？"到后来还要追问："云何得一切智？"还要继续追问该法门的来源，于是后面的诸位善知识都不厌其烦地给童子解释自己在无量劫前于某一佛前，因何功德而得佛授法，得到此殊胜法门，而有此种种神通。

自古以来，"华严行法"那严密细致、逐步深入、如交响乐一般整齐的结构频率一直在震撼着人们的心。很多普贤行者就是一方面虚心地向各色人等参访，学习有用的知识，按照由低到高的次第"定慧等持"，另一方面也要慈悲救世，为他人着想，为众生服务，教化世间一切众生。

最后，落脚点的殊胜。普贤行的落脚点在于既要能进入"一真法界"，又能"不离世间和广泛利益众生"：

> 菩萨尔时，复作是念："我不成熟众生，谁当成熟？我不调伏众生，谁当调伏？我不教化众生，谁当教化？我不觉悟众生，谁当觉悟？我不清净众生，谁当清净？此我所宜，我所应作。"复作是念："若我自解此甚深法，唯我一人于阿耨多罗三藐三菩提独得解脱，而诸众生盲冥无目，入大险道，为诸烦恼之所缠缚……"菩萨如是观诸众生，作是念言："若此众生未成熟、未调伏，舍而取证阿耨多罗三藐三菩提，是所不应。我当先化众生，于不可说不可说劫行菩萨行。未成熟者，先令成熟；未调伏者，先令调伏……"是名菩萨摩诃萨第六善现行。①

"普贤行"还要求行者应该主动前往教化众生，做众生的"不请之友"，"不求而应"，而不像以前的观世音菩萨那样"有求才应"：

---

① （唐）实叉难陀译：《大方广佛华严经》卷第十九，《大正藏》第10册，第105页中。

于一切世界,若有众生、未成就、未调伏处,悉诣于彼,方便化度其中众生。①

非众生请我发心,我自为众生作不请之友。②

厌离一切,誓与普贤,同一行愿,入于不二真实之法,其身普现一切世间,悉知众生诸根差别,遍一切处,集普贤道。若能发起如是大愿,则当得见普贤菩萨。③

经文强调既能"入于不二真实之法",又要"其身普现一切世间",只有这样才能圆满普贤行,见到普贤菩萨。《华严经》中的这种思想,既有明显的超越性,又有卓越的现实意义。

第七节 《华严经》中的普贤哲学

一、《华严经》中有关普贤的若干哲学概念

在阐述普贤哲学理论之前,需要先澄清有关普贤菩萨的几个重要概念:

1. 普贤愿

"普贤愿"是《华严经》里经常出现的概念,经文对它多有介绍:

佛子! 菩萨摩诃萨有十种普贤愿行法。何等为十? 所谓尽未来劫行菩萨行普贤愿行法,恭敬供养未来一切佛普贤愿行法,立一切众生于普贤菩萨愿行普贤愿行法,积集一切善根普贤愿行法,入一切波罗蜜普贤愿行法,满足一切菩萨愿行普贤愿行法,庄严一切世界普贤愿行法,往生一切佛所普贤愿行

---

① (唐)实叉难陀译:《大方广佛华严经》卷第二十,《大正藏》第10册,第106页中。
② (唐)实叉难陀译:《大方广佛华严经》卷第二十,《大正藏》第10册,第108页上。
③ (唐)实叉难陀译:《大方广佛华严经》卷第四十,《大正藏》第10册,第212页上。

法,善巧方便求一切法普贤愿行法,于一切十方佛刹成无上菩提普贤愿行法。佛子! 是为菩萨摩诃萨十种普贤愿行法。若菩萨摩诃萨修此愿行,疾得具足普贤愿行。①

可见,"普贤愿"不同于其他的愿行,它以"十"来表示其圆满行。从经文的论述看,它是一切菩萨"供养一切佛""立一切众生""积集一切善根""入一切波罗蜜""庄严一切世界""往生一切佛所"的殊胜愿行,其实就是"一切愿"。

前文已经论证了"普贤行"即"普贤菩萨之行",那么"普贤愿"是否即是"普贤菩萨之愿"呢? 我们看经文:

> 夫人当知,一切法雷音王如来,于寂住林成无上觉,及广为说诸佛功德自在神力、普贤菩萨所有行愿。②
> 念念中示普贤菩萨一切行愿。③

可见,"普贤愿"指的就是普贤菩萨之愿。"普贤行愿"在"普贤行"中极为重要:"尔时,文殊师利菩萨劝诸比丘住普贤行;住普贤行已,入大愿海;入大愿海已,成就大愿海;以成就大愿海故心清净,心清净故身清净。"④

可见,修"普贤行"就必须"入大愿海",这个"大愿海"当然指的就是"普贤愿",只有按照"普贤愿"修行,才能使行者"心清净",进而"身清净"。因此,《华严经》给"普贤愿"以极高的评价:

> 如是十方一切菩萨,并其眷属,皆从普贤菩萨行愿中生,

---

① (东晋)佛驮跋陀罗译:《大方广佛华严经》卷第三十七,《大正藏》第 9 册,第 635 页上。
② (唐)实叉难陀译:《大方广佛华严经》卷第六十八,《大正藏》第 10 册,第 371 页上。
③ (唐)实叉难陀译:《大方广佛华严经》卷第六十九,《大正藏》第 10 册,第 374 页上。
④ (唐)实叉难陀译:《大方广佛华严经》卷第六十一,《大正藏》第 10 册,第 331 页下。

以净智眼见三世佛。①

若有已安住,普贤诸行愿,见彼诸国土,一切佛神力,能于诸佛身,一一而观察,色声无所得,了达于诸境,佛刹微尘数,如是诸国土,能令一念中,一一尘中现。②

菩萨摩诃萨以法施等一切善根如是回向时,成满普贤无量无边菩萨行愿。③

《八十华严》中的这个观念,经过酝酿和改造,最后在《四十华严》中以"十大愿王"的形式表现了出来。

2. 普贤智

"普贤智"也是《华严经》中常提及的概念,究竟何为"普贤智"?我们看经文的有关论述:

愿一切众生,行普贤行,无有退转,到于彼岸,成一切智。④

深入一切如来智故,见一切佛微妙法身,见一切众生本性清净,见一切法皆悉寂灭,见一切刹同于虚空清净慧,知一切相皆无碍故。⑤

谓普晓示一切众生,皆令得见萨婆若道。⑥

令一切众生,安住普贤不可坏智,遍住一切众生国土,从

---

① (唐) 实叉难陀译:《大方广佛华严经》卷第六十,《大正藏》第10册,第322页中。
② (唐) 实叉难陀译:《大方广佛华严经》卷第六,《大正藏》第10册,第32页中。
③ (唐) 实叉难陀译:《大方广佛华严经》卷第三十三,《大正藏》第10册,第176页下。
④ (唐) 实叉难陀译:《大方广佛华严经》卷第二十六,《大正藏》第10册,第139页中。
⑤ (唐) 实叉难陀译:《大方广佛华严经》卷第五十八,《大正藏》第10册,第305页下。
⑥ (唐) 实叉难陀译:《大方广佛华严经》卷第七十六,《大正藏》第10册,第414页上。

于不退正法中生，住于一切平等法界。①

可见，"普贤不可坏智"其实就是"萨婆若道"，也就是"一切智智"，即"无分别智"，这种智慧"住于一切平等法界"，即本体界。

3. 普贤心

还有一个重要的概念就是"普贤心"，什么是"普贤心"呢？我们看经文：

> 佛子！菩萨摩诃萨有十种发普贤心。何等为十？所谓：发大慈心，救护一切众生故；发大悲心，代一切众生受一切苦毒故；发一切施为首心，悉舍一切诸所有故；发正念一切智为首心，乐求一切佛法故；发功德庄严心，学一切菩萨诸行故；发金刚心，一切受生不忘失故；发大海心，一切白净法悉流入故；发须弥山王心，一切诽谤苦言悉堪忍故；发安隐心，施一切众生无畏故；发究竟般若波罗蜜到彼岸心，巧分别一切法无所有故。佛子！是为菩萨摩诃萨十种发普贤心。若菩萨摩诃萨安住此心，以少方便，则具足普贤巧方便智。②

由此可见，"普贤心"为普贤菩萨之心，它代表了"大慈心，大悲心、施心、智心、金刚心、大山王心、安隐心、般若波罗蜜究竟心"等等，这些都属于"普贤心"。所以，"普贤心"乃是最为圆满的心。

4. 法界

《华严经》里常常提到"法界"一词，关于"法界"，我们在第四章的《"如来藏"与"法身""法界"》一节中曾追溯了其渊源和演变，知道其本身经历了从"思维对象"到"佛理"再到"实体"的过程，后来

---

① （唐）实叉难陀译：《大方广佛华严经》卷第三十二，《大正藏》第 10 册，第 118 页下。

② （东晋）佛驮跋陀罗译：《大方广佛华严经》卷第三十七，《大正藏》第 9 册，第 634 页下。

又和"如来藏"合一,成为"如来法身"所住之处所。现在我们看其在《华严经》里的含义:"愿一切众生得法界生身,同于如来,无所依止。"①"一一佛刹,其量广大,同于法界,纯善无碍,清净光明,诸佛于中现成正觉。"②"如梦色身,随心而现故;法界色身,性净如空故。"③

可见,《华严经》继承了上述结论,并有所发展,它侧重于阐明"法界"与"众生界"的关系:虽然"法界"不离"众生界",但是,"法界"并不即是"众生界",法界是"纯善的""无碍的""清净的""光明的"。那么"入法界"就不是"入众生界",虽然要通过"入众生界"才能进入"法界",但"法界"实际上指的乃是真如本体界:"三世诸佛法,从于法界生,充满如来地。"④"应知如来音声无邪曲,法界所生故,应知如来音声无断绝,普入法界故。"⑤

可见,佛法所讲的,并不是世俗的知识,而是本体界的知识,所以我国著名高僧僧肇才在《般若无知论》中认为佛法"无知"而"无不知"。

那么进入"法界"有何用处?《华严经》认为:"普入十方法界海,此明智者受生藏,法身清净心无碍,普诣十方诸国土。"⑥"汝当入法界,遍往诸世界。"⑦

---

① (唐)实叉难陀译:《大方广佛华严经》卷第二十七,《大正藏》第 10 册,第 146 页下。

② (唐)实叉难陀译:《大方广佛华严经》卷第三十三,《大正藏》第 10 册,第 174 页下。

③ (唐)实叉难陀译:《大方广佛华严经》卷第七十六,《大正藏》第 10 册,第 415 页上。

④ (唐)实叉难陀译:《大方广佛华严经》卷第四十九,《大正藏》第 10 册,第 260 页中。

⑤ (唐)实叉难陀译:《大方广佛华严经》卷第五十一,《大正藏》第 10 册,第 268 页中。

⑥ (唐)实叉难陀译:《大方广佛华严经》卷第七十四,《大正藏》第 10 册,第 403 页上。

⑦ (唐)实叉难陀译:《大方广佛华严经》卷第七十七,《大正藏》第 10 册,第 427 页上。

可见，进入了"法界"，就可以获得"法身"，具备遍诣一切佛土的能力。

二、《华严经》中普贤哲学的内涵

《华严经》一开始就对所谓的"华严三昧"进行了铺张的渲染：

> 尔时，世尊处于此座，于一切法成最正觉，智入三世悉皆平等，其身充满一切世间，其音普顺十方国土。譬如虚空具含众像，于诸境界无所分别；又如虚空普遍一切，于诸国土平等随入。身恒遍坐一切道场，菩萨众中威光赫奕，如日轮出，照明世界。三世所行，众福大海，悉已清净，而恒示生诸佛国土。无边色相，圆满光明，遍周法界，等无差别；演一切法，如布大云。一一毛端，悉能容受一切世界而无障碍，各现无量神通之力，教化调伏一切众生；身遍十方而无来往，智入诸相，了法空寂。三世诸佛所有神变，于光明中靡不咸睹；一切佛土不思议劫所有庄严，悉令显现。①

毗卢遮那佛在"华严集会"时首先给大家显示的就是"一一毛端，悉能容受一切世界而无障碍"的奇特三昧。佛的这种定力也引起了与会诸菩萨（法身大士）的共鸣：

> 如是坐已，其诸菩萨身毛孔中，一一各现十世界海微尘数一切宝种种色光明；一一光中，悉现十世界海微尘数诸菩萨，皆坐莲华藏师子之座。此诸菩萨，悉能遍入一切法界诸安立海所有微尘；彼一一尘中，皆有十佛世界微尘数诸广大刹；一一刹中，皆有三世诸佛世尊。此诸菩萨，悉能遍往亲近供养；于念念中，以梦自在，示现法门，开悟世界海微尘数众生。②

---

① （唐）实叉难陀译：《大方广佛华严经》卷第一，《大正藏》第10册，第1页下。
② （唐）实叉难陀译：《大方广佛华严经》卷第六，《大正藏》第10册，第29页上。

普贤菩萨也显示了这种奇异的神变：

> 尔时善财童子，观普贤菩萨身，相好肢节，一一毛孔中，皆有不可说不可说佛刹海，一一刹海皆有诸佛出兴于世，大菩萨众所共围绕，又复见彼一切刹海，种种建立，种种形状……又见普贤于一一世界海中，出一切佛刹微尘数佛化身云，周遍十方一切世界，教化众生，令向阿耨多罗三藐三菩提。①

如何才能理解这种奇特的境界呢？我们看经文的表述：

> 以无着无缚解脱心，为一切众生修普贤行，生大智宝，于一一心中，知无量心……以无着无缚解脱心，成就普贤大愿智宝，于一处中，知于无量不可说处……以无着无缚解脱心，修习普贤行业智地，于一业中，能知无量不可说不可说业……以无着无缚解脱心，修习普贤知诸法智，知不可说不可说法，于一切法中而知一法。②

从"一心"到"无量心"，"一处"到"无量处"，"一业"到"无量业"，"一法"到"无量法"，可见，所谓的"普贤境界"。主要是能够"分身"，在"一"中能够分身到"多"，能在"多"中重回到"一"。

> 又知诸佛所有入劫智，所谓一劫入阿僧祇劫，阿僧祇劫入一劫；有数劫入无数劫，无数劫入有数劫；一念入劫，劫入一念；劫入非劫，非劫入劫。有佛劫入非佛劫，非佛劫入有佛劫；过去未来劫入现在劫，现在劫入过去未来劫，过去劫入未来劫，未来劫入过去劫；长劫入短劫，短劫入长劫。③

---

① （唐）实叉难陀译：《大方广佛华严经》卷第八十，《大正藏》第10册，第442页上。

② （唐）实叉难陀译：《大方广佛华严经》卷第三十一，《大正藏》第10册，第167页上。

③ （唐）实叉难陀译：《大方广佛华严经》卷第三十九，《大正藏》第10册，第206页中。

能于一念现无数劫，亦不令其一念广大。①

于自身中现一切佛刹成坏，示于众生身业，以一身容受一切众生界身业，于自身中普现一切清净佛刹。②

知一切众生界悉入如来藏，知一众生身普入一切众生界。③

这就说明，无论在空间方面还是在时间方面，"一"与"多"都能毫无障碍的相互摄入，这是真如本体界才有的自在神通，"普贤行"的目标就是获得这种不可思议的神通："住法云地菩萨，亦复如是，能安能受，能摄能持，一佛法明、法照、法雨，若二若三乃至无量，于一念顷，一时演说，悉亦如是，是故此地名为法云。"④法云地菩萨能够在一念中演说一切佛法，这当然也是真如本体界才可能具有的能力。《入法界品》中就非常精彩地描述了这种"体用不二"之神通：

又亦见彼一切世界一切诸佛出兴次第。又亦见彼一切世界一一皆有普贤菩萨，供养于佛，调伏众生。又亦见彼一切菩萨，莫不皆在普贤身中，亦见自身在其身内。亦见其身在一切如来前，一切普贤前，一切菩萨前，一切众生前。⑤

时善财童子，又见自身在普贤身内，十方一切诸世界中教化众生。⑥

---

① （唐）实叉难陀译：《大方广佛华严经》卷第四十，《大正藏》第 10 册，第 214 页下。
② （唐）实叉难陀译：《大方广佛华严经》卷第五十六，《大正藏》第 10 册，第 297 页中。
③ （唐）实叉难陀译：《大方广佛华严经》卷第五十六，《大正藏》第 10 册，第 299 页上。
④ （唐）实叉难陀译：《大方广佛华严经》卷第三十九，《大正藏》第 10 册，第 207 页上。
⑤ （唐）实叉难陀译：《大方广佛华严经》卷第七十，《大正藏》第 10 册，第 381 页下。
⑥ （唐）实叉难陀译：《大方广佛华严经》卷第八十，《大正藏》第 10 册，第 442 页上。

善财童子看到一切菩萨连同自身都在普贤菩萨身内,同时一切世界里都有普贤菩萨在供养佛和教化众生,这表明他看到了自己的肉身也属于本体的显现,他看到自己一念之间到达了一切众生前、一切菩萨前、一切如来前、一切普贤前,那说明他真正的入了真如法界,因为这种能力只有真如本体才能做到。

那么,普贤菩萨的这些神通得以实现的原因是什么呢?

> 如来成正觉时,以一相方便,入"善觉智"三昧,入已,于"一"成"正觉广大身",现一切众生数等身,住于身中;如"一"成"正觉广大身","一切"成正觉广大身,悉亦如是。佛子,如来有如是等无量成正觉门,是故应知如来所现身无有量。

> 佛子,菩萨摩诃萨应知如来身一毛孔中,有一切众生数等诸佛身,何以故? 如来成正觉身,究竟无生灭故,如一毛孔遍法界,一切毛孔悉亦如是,当知无有少许处空无佛身,何以故? 如来成正觉,无处不至故。①

这里,普贤菩萨讲了两个原因:第一,如来是成正觉者,即他已经进入了本体界,"究竟无生灭,无处不至";第二,如来(这里即代表"一",或"本体")有"无量"法门可成正觉,所以他可以现身无量。知道了这些,才能够理解普贤菩萨著名的"毛孔观":"汝应观我诸毛孔,我今示汝佛境界。普贤行愿无边际,我已修行得具足。普眼境界广大身,是佛所行应谛听。"②

这里普贤菩萨讲,要想理解该神变,只有通过"观我诸毛孔"来实现。"汗毛"是人身上极细微的部分,"毛孔"当然就更微小了,人的肉眼是无法"观"毛孔的,所以这里反复提及的"观",不是"观察"

---

① (唐) 实叉难陀译:《大方广佛华严经》卷第五十二,《大正藏》第 10 册,第 275 页中。

② (唐) 实叉难陀译:《大方广佛华严经》卷第七,《大正藏》第 10 册,第 35 页上。

的观,而是"观想"的观。其方法乃是在观想普贤菩萨时,先观想其色身,这只是第一步;其次就是逐步缩小观想的范围,直至小到"毛孔"里面。这实际上是要求行者透过"相"去把握"真如""本体",这个"毛孔里面"的空间,其实是"非有非无"的"真如"。从其无法为人的感觉器官所感知、无法言说、不可思议的角度来看,其属"非有";从其生成一切,遍在一切的角度看,其又"非无",或说"不空"。通过"普贤行"既然可以窥见"真如本体",而"本体"又是宇宙万象之本,那么行者就可以通过"真如本体"而复观见一切诸佛刹。这正是下述经文的思想:"菩萨能修普贤行,游行法界微尘道。尘中悉现无量刹,清净广大如虚空。等虚空界现神通,悉诣道场诸佛所。莲华座上示众相,一一身包一切刹。一念普现于三世,一切刹海皆成立。佛以方便悉入中,此是毗卢所严净。"①

　　菩萨如果能够修成"普贤行"的话,就可以"游行法界微尘道",这是透过现象界到达本体界,然后就可以在"尘中悉现无量刹",就可以达到法身境界,"分身"无数,"悉诣道场诸佛所",透过真如本体而"一一身"包"一切刹","一念"普现于三世。这样,"一切刹海"即整个宇宙就建立了起来,佛作为真如本体的代表当然也"悉入中"。

　　《华严经》极力渲染"游行法界微尘道"的好处,就是说,取得了"游行法界微尘道"的神通后,就能够在"尘中悉现无量刹",即能在"一"与"多"之间自在而行,这就是《华严经》追求的最高神通。那么如何才达到这种殊胜的三昧呢?"菩萨能修普贤行,游行法界微尘道",只有修"普贤行"才能达到这种境界。

　　最后,《华藏世界品》中借"一切如来"之口对上述内容进行了总结:

---

① （唐）实叉难陀译:《大方广佛华严经》卷第七,《大正藏》第10册,第35页中。

　　普贤遍住于诸刹,坐宝莲华众所观。一切神通靡不现,无量三昧皆能入。普贤恒以种种身,法界周流悉充满。三昧神通方便力,圆音广说皆无碍。一切刹中诸佛所,种种三昧现神通。一一神通悉周遍,十方国土无遗者。①

　　普贤身相如虚空,依真而住非国土。随诸众生心所欲,示现普身等一切。普贤安住诸大愿,获此无量神通力。一切佛身所有刹,悉现其形而诣彼。一切众海无有边,分身住彼亦无量。所现国土皆严净,一刹那中见多劫。

　　"普贤身相如虚空,依真而住非国土",这句话指明了这里的所说的"普贤"指的是普贤菩萨之"体",即他所代表的"真如本体"。该"体"在空间上能够"分身住彼亦无量","恒以种种身","法界周流悉充遍","一切刹中诸佛所","十方国土无遗者",这正是本体生成现象界时的状况,即在空间具有无限可分性,遍在于一切它所产生的具体现象,同时还能够保持自身完整;"普贤"在时间上能够以"一刹那中见多劫",在时间上也是永恒的,这正是哲学上所讲的"本体"的特点。对此,普贤菩萨在《华严经》中也有表述:

　　十方所有广大刹,悉来入此世界种。虽见十方普入中,而实无来无所入。以一刹种入一切,一切入一亦无余。体相如本无差别,无等无量悉周遍。一切国土微尘中,普见如来在其所。愿海言音若雷震,一切众生悉调伏。佛身周遍一切刹,无数菩萨亦充满。如来自在无等伦,普化一切诸含识。②

　　普贤菩萨在这里向大家阐述了"真如本体"的特点:虽见"十方所有广大刹","悉来入此世界种",却"而实无来无所入",这是本体"不增不减""不添不损"的本性。"本体"遍在于"一切具体现象"

---

① (唐)实叉难陀译:《大方广佛华严经》卷第七,《大正藏》第10册,第33页下。
② (唐)实叉难陀译:《大方广佛华严经》卷第八,《大正藏》第10册,第42页中。

之中，这叫做"以一刹种入一切"；"一切具体现象"均为本体之显现，这叫做"一切入一亦无余"；"本体"为"体"，现象为"相"，从本质上看，"体"就是"相"，"相"就是"体"，这叫做"体相如本无差别"。在这种思想的观照下，与"普贤菩萨"同体的"毗卢遮那佛"的佛身也就"周遍一切刹"，毗卢遮那佛身也遍在于一切菩萨身，这就是"无数菩萨亦充满"。

总之，"一"与"多"相互涉入、重重无碍的思想在《华严经》里是一以贯之的，不仅在《华严经》的开头几章有重点阐述，在中间章节反复提及，在最后的《入法界品》中，也再次出现。作为"普贤行"修行榜样的善财童子在最后一站去拜访普贤菩萨，向他问道，而普贤菩萨通过摩顶的方式给予了善财童子"华严三昧"的能力，"令得具足一切世界微尘等三昧门"。这时，善财童子天眼顿开，看到了不可思议的景象：

> 尔时，善财于普贤菩萨相好肢节诸毛孔中，见不可说不可说世界海，诸佛充满；一一如来，以不可说不可说大菩萨众，以为眷属。见彼一一如来刹海，所依不同，形色各异；金刚围山，大云弥覆，佛兴世间，所转法轮；如是等事，皆悉不同。又见菩萨于十方刹，出一切世界微尘等如来化身，教化众生，令发阿耨多罗三藐三菩提心。[①]

《华严经》文最后的这段论述，呼应了开始几章的内容，也使得"一"与"多"相互摄入，重重无尽成为普贤哲学最大的特点。那么，普贤菩萨所显之"体"或曰"真如"，是不是《大般若经》里所讲的"真如空性"呢？这是个值得探讨的问题，它既有别于重在显"空"、显"体"的文殊哲学，也有别于重在阐"有"、显"相"的弥勒哲学，而是

---

① （东晋）佛驮跋陀罗译：《大方广佛华严经》卷第六十，《大正藏》第 9 册，第 785 页下。

重在表述"空"与"有"之间、"体"与"相"之间的这种相互涉入、相互显现、重重无尽的关系,凸显"空而不空""不空而空""体而有相""相不离体""体用不二"的复杂关系。

三、《华严经》中普贤哲学的来源

《华严经》里怎么会出现如此复杂的哲学呢?这种奇妙的哲学体系来自何处?这是个很有意思的话题。笔者认为,如此复杂的哲学应该不是突然出现的,而是有所继承的,它继承的应该就是前文曾介绍过的"因陀罗哲学"。那张著名的"因陀罗网",我们不应该简单地将之视为一种武器,它更是一种哲学象征。那么,"因陀罗网"喻含的意义是什么呢?因为"因陀罗网"由"摩尼宝珠"构成,那么要了解"因陀罗网",我们就需要首先探究一下"摩尼宝珠"的含义:

> 摩尼,或云逾摩。应法师云:正云末尼,即珠之总名也。此云离垢,此宝光净,不为垢秽所染。或加梵字,显其净也。又翻增长,有此宝处,增长威德。大品云:如摩尼宝,若在水中,随作一色。以青物裹,水色即青;若黄赤白红缥物裹,随作黄赤白红缥色。……大论云:有人言此宝珠,从龙王脑中出。人得此珠,毒不能害,入火不烧。①

> 摩尼珠,此云"无垢光",又云"离垢",又云"增长"。论云:"摩尼珠多在龙脑中,有福众生自然得之,亦名如意珠。常出一切宝物、衣服、饮食,随意皆得。得此珠者毒不能害,火不能烧。或是帝释所执金刚与修罗斗时碎落阎浮提,变成此珠。"又云:"过去久远佛舍利,法既灭尽,变成此珠,以为利益。"②

---

① (南宋)法云:《翻译名义集》卷第三,《大正藏》第54册,第1105页下。
② (北宋)睦庵:《祖庭事苑》,《卍续藏经》第113册,第217页上。

　　印度人喜用譬喻的方式来说明哲学概念，摩尼宝珠之喻，便是典型，从其特点看，显然此宝乃是譬喻哲学上的"本体"。虽然印度人没有明确的去界定这个概念，但是很明显可以看出"摩尼宝珠"这一譬喻带有本体论的思路：经云此宝光净，不为垢秽所染，这正是本体的圆满性；又云此宝坚固，不为水火所侵，这讲的正是本体的永恒性；又云此宝能够随万物而变化，但自身清净不受染污，这讲的正是"本体"所具有的遍在性以及其与现象的不二性。虽然印度人并没有表示得这么完善，说得这么清楚，但考虑到文化差异和时代差异，我们完全可以认为"摩尼宝珠"之喻，正是印度人试图用此来表示万物之本体的尝试，这应该是没有问题的。

　　既然"摩尼宝珠"代表的是存在于千差万别的具体事物之中的"宇宙之本体"，那么，"因陀罗网"所代表的，正是体用不二、本体与现象一如的宇宙万物（理事无碍之法界）："修行如是寂灭之法，得佛十力，入因陀罗网法界，成就如来，无碍解脱。"[1]"知一切法界中，如因陀罗网，诸差别事，尽无有余。"[2]

　　四川大学研究生张慧敏女士在其硕士论文《帝释天研究》中，也有过类似的看法。现择其要者略加介绍：

　　　　在其（即因陀罗）名号所引申出来的诸多具体的象征意义中，最为典型的为"因陀罗网"，佛经中描述，在帝释宫殿中，有宝网装饰其殿，该网的每一节皆附有无数宝珠，宝珠光明赫赫，每一宝珠皆能映现其他一切宝珠，相互映现，重重无尽。《华严经》将"因陀罗网"比喻诸法之"一与多"如网上的宝珠相互辉映，重重无尽。并若依境而言，称为因陀罗网境；依定而言，称为因陀罗网定；依土而言，称为因陀罗网土，皆为显示事

---

① （唐）实叉难陀译：《大方广佛华严经》卷第20，《大正藏》第10册，第108页中。
② （唐）实叉难陀译：《大方广佛华严经》卷第47，《大正藏》第10册，第248页下。

事无碍圆融的法门。①

除此之外，因陀罗自身也具有以"一"化"多"的含义：

> 谁对他歌颂？谁令他满足？谁向他献供？天帝摩迦梵，
> 时刻在注意，自己之神威。犹如人二足，前后交替走；首先制
> 作一，此后造其他。

> 彼按本真相，变现种种形；正是此真相，借以显其身。幻
> 化许多相，接引其信众。犹如马千匹，套在其车上。②

"首先制作一，此后造其他"，"彼按本真相，变现种种形；正是
此真相，借以显其身。幻化许多相……"显然，这里的"一"，虽然还
称不上说具有"本体"意义，但是已经包含有后来佛教所说的"法
身"与"化身"的意义在里面。这一点（即"一"与"多"的关系）发展
以后为普贤哲学所继承。

"菩提心"也有"因陀罗网"之喻："菩提心者如因陀罗网，能伏
烦恼阿修罗故。"③"因陀罗网"还具有坚固，能断一切烦恼之意：
"善学因陀罗网能破魔网，坏诸见网，入有情网，能超烦恼眷属及魔
侣魔人。"④前面讲的是"因陀罗网"的含义，显而易见，以上几种含
义正是后来普贤菩萨所代表的含义。普贤菩萨显然汲取了因陀罗
的这些内容，尤其是吸收了其代表"一"与"多"的关系的特征。这
丰富了普贤哲学，在《华严经》中有了较大的发挥。

四、《华严经》中普贤哲学对般若思想的汲取与发展

《华严经》受之前流行的般若思想影响甚大，虽然其大量的论

---

① 张慧敏：《帝释天研究》，四川大学硕士学位论文，2007 年，第 59 页。
② 巫白慧：《印度哲学——吠陀经探义和奥义书解析》，第 35—36 页。
③ （唐）实叉难陀译：《大方广佛华严经》卷第七十八，《大正藏》第 10 册，第 430
页下。
④ （唐）菩提流志译：《大宝积经》卷第十七，《大正藏》第 11 册，第 92 页上。

述不一定都是说普贤菩萨的,但是由于《华严经》的中心主题是抬高普贤菩萨,论述其他佛菩萨也主要是为弘扬"普贤行"服务的。故笔者认为,这些思想也都是普贤哲学的组成部分。如:

> 诸法无来处,亦无能作者。无有所从生,不可得分别。一切法无来,是故无有生。以生无有故,灭亦不可得。一切法无生,亦复无有灭。若有如是解,斯人见如来。诸法无生故,自性无所有。如是分别知,此人达深意。[①]

> 众生非众生,二俱无真实。如是诸法性,实义俱非有。譬如生灭相,种种皆非实。……三世五蕴法,说名为世间。彼灭非世间,如是但假名。……分别此诸蕴,其性本空寂。空故不可灭,此是无生义。……佛及诸佛法,自性无所有。能知此诸法,如实不颠倒。[②]

《十行品》和《十回向品》中有些论述与《金刚经》的论述风格很像:

> 我应观一切法界如幻,诸佛如影,菩萨行如梦,佛说法如响。[③]

> 非究竟,非不究竟,非取,非不取,非依,非无依,非世法,非佛法,非凡夫,非得果。[④]

> 因缘生法,皆悉如响,菩萨诸行,一切如影。[⑤]

> 体性毕竟不可得,不取诸法常住相,于断灭相亦不着。[⑥]

---

① (唐)实叉难陀译:《大方广佛华严经》卷第十九,《大正藏》第10册,第100页下。
② (唐)实叉难陀译:《大方广佛华严经》卷第十九,《大正藏》第10册,第101页中。
③ (唐)实叉难陀译:《大方广佛华严经》卷第二十,《大正藏》第10册,第106页下。
④ (唐)实叉难陀译:《大方广佛华严经》卷第二十,《大正藏》第10册,第107页上。
⑤ (唐)实叉难陀译:《大方广佛华严经》卷第二十四,《大正藏》第10册,第128页中。
⑥ (唐)实叉难陀译:《大方广佛华严经》卷第二十八,《大正藏》第10册,第156页中。

《华严经》最后几章中也有大量反映般若思想的内容：

> 菩萨摩诃萨，了知诸佛皆悉如梦。①

> 不着佛身，不着自身，解如来身，非实非虚，非有非无，非性非无性，非色非无色，非相非无相，非生非灭，实无所有，亦不坏有。②

> 菩萨尔时虽现初生，悉已了达一切诸法如梦如幻、如影如像。③

可见，《华严经》的主要章节，都有受到般若思想的影响，《华严经》对般若思想的吸收，不是偶然的、局部的，而是系统的、全面的。然而《华严经》毕竟是属于广义的如来藏类经典，它对般若思想的吸收毕竟不是简单的照单全收，而是对之进行了改造。如《十回向品》中的有关论述：

> 虽无分别而普入法界，虽无所作而恒住善根，虽无所起而勤修胜法，不信诸法而能深入，不有于法而悉知见，若作不作，皆不可得，知诸法性，恒不自在，虽悉见诸法而无所见，普知一切而无所知。菩萨如是了达境界，知一切法因缘为本，见于一切诸佛法身，至一切法离染实际，解了世间，皆如变化，明达众生，唯是一法，无有二性，不舍业境，善巧方便，于有为界，示无为法，而不灭坏有为之相，于无为界，示有为法，而不分别无为之相，菩萨如是观一切法毕竟寂灭。④

---

① （唐）实叉难陀译：《大方广佛华严经》卷第五十五，《大正藏》第 10 册，第 290 页中。

② （唐）实叉难陀译：《大方广佛华严经》卷第五十五，《大正藏》第 10 册，第 291 页中。

③ （唐）实叉难陀译：《大方广佛华严经》卷第七十四，《大正藏》第 10 册，第 404 页中。

④ （唐）实叉难陀译：《大方广佛华严经》卷第二十四，《大正藏》第 10 册，第 132 页上。

　　经文里明显有般若思想："知诸法性,恒不自在,虽悉见诸法而无所见,普知一切而无所知。"这明显是般若思想的体现,很像是僧肇《般若无知论》的论述。然而到了第二段中,忽然话锋一转："菩萨如是了达境界,知一切法因缘为本,见于一切诸佛法身,至一切法离染实际,解了世间,皆如变化,明达众生,唯是一法。"这就又和如来藏思想联系在一起了,大讲"实际""无为法"。由此知开头部分"虽无分别而普入法界,虽无所作而恒住善根,虽无所起而勤修胜法"里的"法界""善根""胜法"三个概念显然是相对应的,所表述的内容是一致的,指的都是真如本体。

　　这种将般若与如来藏结合的思想在《华严经》中还有更直接的体现：

　　　　譬如真如遍一切处,无有边际……譬如真如,真实为性。①

　　　　令诸众生乘普贤乘而得出离,于一切法无所贪求,譬如真如住一切地。②

　　　　譬如真如于三世中无所分别。③

　　这里反复强调"真如"在空间上遍入于一切,在时间上横存于三世,其实指的就是"不空"之"本体"。到了后来,《华严经》更将此"真如本体"建立在了有情个体均具有之"心"上："恒以智慧,知诸世间,如幻、如影、如梦、如化,一切皆以心为自性,如是而住,随诸众生业报不同,心乐差别,诸根各异,而现佛身,如来恒以无数众生而为所缘,为说世间皆从缘起,知诸法相皆悉无相,唯是一相,智慧之本。"④

---

①　(唐)实叉难陀译：《大方广佛华严经》卷第三十,《大正藏》第10册,第162页中。
②　(唐)实叉难陀译：《大方广佛华严经》卷第三十,《大正藏》第10册,第164页中。
③　(唐)实叉难陀译：《大方广佛华严经》卷第三十,《大正藏》第10册,第164页上。
④　(唐)实叉难陀译：《大方广佛华严经》卷第二十二,《大正藏》第10册,第118页下。

综上所述，普贤哲学之微妙，就在于此，第一步，它将般若思想引进来，与如来藏思想结合，以般若思想阐述世界之"相"，认为其"如幻、如梦、如影、如响"；第二步，再用如来藏思想肯定世界之"体"，认为其"遍在于一切""恒存于三世"；最后将一切都建立在了"心"上，开出了从自身入手，开发自己心性的修行解脱的新路子。尤其是最后一点，是普贤哲学不同于之前的佛教哲学的新观点，对印度后来的唯识学和中国哲学的心性化都影响深远。

因此，我们必须强调一点，那就是华严普贤哲学虽然是在以前的普贤哲学的基础上发展而来的，但已经有所不同。在华严普贤哲学内所说的"普贤地""普贤界"，和以前普贤哲学里讲的"普贤国"已经有了本质的区别："普贤国"里所讲的世界其实就是"本体界""真如界"，在"普贤国"里，"本体界"是外在于"现象界"的超然存在；华严普贤哲学里的"普贤地""普贤界""法界"则强调了其作为"本体"与作为"现象"的世俗界的不可分割性，即本体即现象，本体与现象不二，既强调"本体"的"不空"，又强调"现象"的"如幻"。具有这样特征的"大普贤地"在后来的密教理论被吸收和改造为了"金刚地"，对建立密教理论体系、对构建密教行法都产生了巨大的作用，详细情况我们会在密教相关章节中进行阐述。

第八节 《华严经》中普贤菩萨与其他神祇的关系

《华严经》中普贤菩萨虽是"普贤行"的本尊，但体系庞大的《华严经》重点阐述的神祇却并不止一个，他们与普贤菩萨关系紧密，不分清他们之间的区别与联系，就可能对普贤菩萨的身份、地位、职能产生错误的理解。因此，梳理《华严经》中普贤菩萨与其他佛、菩萨的关系，不是可有可无的，而是非常必要的。限于篇幅，笔者不能将《华严经》提到的神祇一个一个的梳理，只能择其要者，进行介绍。

一、普贤菩萨与毗卢遮那佛（卢舍那佛）的关系

《华严经》中的毗卢遮那佛，其原型是娑婆世界的释迦牟尼佛无疑。这在华严单品经《兜沙经》里就有相关依据：

> 释迦文佛（即释迦牟尼佛），都所典主十方国，一一方各有一亿小国土，皆有一大海，一须弥山，上至三十三天。一小国土，如是所部，凡有十亿小国土，合为一佛刹，名为蔡呵祇，佛分身，悉遍至十亿小国土。一一小国土，皆有一佛，凡有十亿佛，皆与诸菩萨共坐十亿小国土，诸天人民，皆悉见佛。①

从内容上看，这一段论述，即后来大本《华严经》中对"华藏世界"的论述。此段中的释迦文佛，也即唐译《华严经》中的"毗卢遮那佛"。甚至就在大本的《华严经》中某些品里，释迦牟尼佛和"毗卢遮那佛"也有混同现象：

> 此上过佛刹微尘数世界，至此世界名娑婆，以金刚庄严为际，依种种色，风轮所持，莲花网住，状如虚空，以普圆满天宫殿庄严虚空云而覆其上，十三佛刹微尘数世界，周匝围绕，其佛既是毗卢遮那如来世尊。②

> 尔时，普贤菩萨即伸右手，摩善财顶……究竟一切诸菩萨行，发萨婆若，勇猛精进，为一切佛光明所照。如此娑婆世界卢舍那佛所，普贤菩萨摩善财顶，令得具足一切世界微尘等三昧门，诸妙功德，普贤菩萨在于十方一切世界诸如来所，摩善

---

① （后汉）支娄迦谶译：《佛说兜沙经》，《大正藏》第 10 册，第 446 中。
② （唐）实叉难陀译：《大方广佛华严经》卷第八，《大正藏》第 10 册，第 43 页上。

财顶,所得功德,亦复如是。①

我们知道,"娑婆世界"在佛教中特指的是释迦牟尼佛所教化的国土,而"卢舍那佛"即"毗卢遮那佛",是"法身佛",乃是华藏世界的教主。可是述两段引文中的"毗卢遮那佛(卢舍那佛)"竟然不是"法身佛",而是华藏世界中"娑婆世界"的化身佛。

在《入法界品》这部较早产生的作品中,这种将毗卢遮那佛与释迦佛混同的现象还有更明显的证据:

> 善男子,尔时一切法音圆满盖王者,岂异人乎?今毗卢遮那如来应正等觉是也;光明王者,净饭王是;莲花光夫人者,摩耶夫人是;宝光童女者,即我身是。②

> 善男子,如此世界摩耶夫人,为毗卢遮那如来之母,彼世界中喜光夫人为初佛母亦复如是。③

这里明确将毗卢遮那如来视为此娑婆世界之教主,称摩耶夫人为其母亲,故可知所谓的"毗卢遮那佛"最早就是"释迦牟尼佛"的另外一个称呼。"释迦"一词本身就有"太阳""遍照"的意思,而"毗卢遮那"也是"太阳""遍照"的意思,可见两者之间的转换是可能的。在《入法界品》中,"此世界"中的佛母是"摩耶夫人",她所生之"毗卢遮那如来"是此娑婆世界之主,而在"彼世界"中,还有另外一个佛母"喜光夫人",她所生的"如来"也在"彼世界"中为教主。因此可以得知,《入法界品》中所称的"毗卢遮那如来"就是"释迦牟尼佛"的另外一个名称。那为何要换个称呼呢?可能是为了突出

---

① (东晋)佛驮跋陀罗译:《大方广佛华严经》卷第八十,《大正藏》第 9 册,第 785 页上。

② (唐)实叉难陀译:《大方广佛华严经》卷第七十二,《大正藏》第 10 册,第 395 页下。

③ (唐)实叉难陀译:《大方广佛华严经》卷第七十四,《大正藏》第 10 册,第 404 页下。

其永恒性：释迦牟尼的肉身虽然已经涅槃，但是他的"法身"还在，这是不会灭的，称之为"法身佛"毗卢遮那。在《华严经》中，毗卢遮那如来作为释迦牟尼佛的"法身"，当然可以分身无数，不断下界成为化身佛，他们的母亲都是摩耶夫人："（摩耶夫人）答言：佛子，我已经成就菩萨大愿智幻解脱门，是故常为诸菩萨母……如是乃至尽此世界海，所有一切毗卢遮那如来，皆入我身，示现诞生自在神变。……诸有修行普贤行愿，为化一切诸众生者，我自见身悉为其母。"①

除了将毗卢遮那佛与释迦佛混同以外，《华严经》中还有将毗卢遮那佛（卢舍那佛）作为"过去佛"看待的表述：

> 尔时有世界，其名功德幢，彼中有诸佛，八十那由他，我皆以妙供，深心而敬奉。初乾达婆王，二名大树王，三功德须弥，第四宝眼佛，第五卢舍那，第六广庄严，第七法海佛，第八光胜佛，九名贤胜佛，第十法王佛。如是等诸佛，我悉曾供养。②

> 值迦罗鸠孙驮如来承事供养，得三昧名离一切尘垢光明；次值拘那含牟尼如来承事供养，得三昧名普现一切诸刹海；次值迦叶如来承事供养，得三昧名演一切众生言音海；次值毗卢遮那如来于此道场成等正觉，念念示现大神通力，我时得见，即获此念念出生广大喜庄严解脱。③

第一段中，卢舍那佛与宝眼佛等诸佛并列为过去佛，第二段中，"毗卢遮那佛"与"迦叶如来"等其他诸佛并列为过去佛，显然都不是"法身佛"。

---

① （唐）实叉难陀译：《大方广佛华严经》卷第七十六，《大正藏》第 10 册，第 415 页下。

② （唐）实叉难陀译：《大方广佛华严经》卷第六十九，《大正藏》第 10 册，第 376 页下。

③ （唐）实叉难陀译：《大方广佛华严经》卷第七十一，《大正藏》第 10 册，第 386 页下。

笔者认为,《华严经》中的这些相互矛盾的说法,不是作者弄混了释迦牟尼佛和毗卢遮那佛,而是反映了早期两者等同的特征。

《华严经》中毗卢遮那佛代表了什么含义呢? 前文述及,毗卢遮那佛的最大特点,在于其作为"一"能与"多"互摄,身为"小"却能与"大"互摄。"微尘"是比"毛孔"更小的单位,而佛身都能"遍入",这是因为"毛孔内"有"光明"充满。光明从何而来? 合理的解释是:毗卢遮那佛和普贤菩萨一样,实际上表征的就是西方哲学所说的"本体"。如"佛住真如法界藏,无相无形离诸垢"讲的是本体的纯粹性;"佛身无去亦无来,所有国土皆明现"讲的是本体的静止性;"佛身普遍诸大会,充满法界无穷尽"讲的是本体的遍在性;"佛不思议离分别,了相十方无所有"讲的是本体的绝对性;"佛身清净常寂灭,光明照耀遍世间,无相无行无影像"讲的是本体的"形而上"的特点,这就是说,"毗卢遮那佛"所表征的就是"真如"法界,而佛教中所说的"真如"其实就是所谓的"本体"。

"本体"当然是无所不包的,世界的一切现象,都是本体的显现:"如来色相无有穷,变化周流一切刹。"①"佛身如空不可尽,无相无碍遍十方,所有应现皆如化。""佛身周遍等法界,普应众生悉现前。"②"佛身普现于十方,无着无碍不可取。"③"十方所有诸国土,悉在其中而说法,佛身无去亦无来。"④

就连世间的一切"音声",也都是毗卢遮那佛(本体)的显现:"应知如来音声无邪曲,法界所生故;应知如来音声无断绝,普入法界故。"⑤"佛音声量等虚空,一切音声悉在中。"⑥"如来声震十方

① (唐)实叉难陀译:《大方广佛华严经》卷第四,《大正藏》第10册,第20页上。
② (唐)实叉难陀译:《大方广佛华严经》卷第二,《大正藏》第10册,第7页下。
③ (唐)实叉难陀译:《大方广佛华严经》卷第二,《大正藏》第10册,第8页下。
④ (唐)实叉难陀译:《大方广佛华严经》卷第二,《大正藏》第10册,第6页中。
⑤ (唐)实叉难陀译:《大方广佛华严经》卷第五十一,《大正藏》第10册,第268页中。
⑥ (唐)实叉难陀译:《大方广佛华严经》卷第四,《大正藏》第10册,第20页下。

国,一切言音悉圆满。"①"佛以圆满音,阐明真实理,随其解差别,现无尽法门,一切刹土中,见佛坐道场。"②可见,佛的"圆满音"是"一",随众生根器差别及缘而呈现出种种差别。

一切"化身佛""报身佛"也都是"本体"(毗卢遮那佛)的表现:"于一佛身上,化为无量佛,雷音遍众刹,演法深入海。"③

从以上对毗卢遮那佛的相关分析可以看到,毗卢遮那佛所表征的含义与普贤菩萨所表征的含义基本相同;毗卢遮那佛所显现的神通也和普贤菩萨所显的神通完全一致,都是重在表述作为本体的"一"与作为现象的"多"之间的关系。毗卢遮那佛的法门也正是可以含摄一切行法的"普贤行":

> 随其所应为现其身,而调伏之,观诸菩萨如幻,一切法如化,佛出世如影,一切世间如梦,得义身文身无尽藏,正念自在,决定了知一切诸法,智慧最胜,入一切三昧真实相,住一性无二地,菩萨摩诃萨,以诸众生,皆着于二,安住大悲,修行如是寂灭之法,得佛十力,入因陀罗网法界。④

该文讲菩萨十行圆满后就可以"得佛十力",进入"因陀罗网法界"。"因陀罗网法界"也即"方网三昧"所进入之法界:

> 有胜三昧名方网,菩萨住此广开示。一切方中普现身,或现入定或从出。或于东方入正定,而于西方从定出;或于西方入正定,而于东方从定出……于眼根中入正定,于色尘中从定出……于耳根中入正定,于声尘中从定出……于鼻根中入正定,于香尘中从定出……童子身中入正定,壮年身中从定出;

① (唐)实叉难陀译:《大方广佛华严经》卷第四,《大正藏》第10册,第21页上。
② (唐)实叉难陀译:《大方广佛华严经》卷第六,《大正藏》第10册,第32页上。
③ (唐)实叉难陀译:《大方广佛华严经》卷第六,《大正藏》第10册,第30页中。
④ (唐)实叉难陀译:《大方广佛华严经》卷第二十,《大正藏》第10册,第108页中。

壮年身中入正定,老年身中从定出;老年身中入正定,善女身中从定出;善女身中入正定,善男身中从定出;善男身中入正定,比丘尼身从定出;比丘尼身入正定,比丘身中从定出……辟支佛身入正定,现如来身从定出……①

入此禅定,则可获得种种变化身,可以任意在东方、西方、南方、北方随意出入;可以在眼根、鼻根、身根、舌根等诸根间随意转换;可以在童子、壮年、老年间随意转化;可以在男身、女身间随意转变;可以在辟支佛身、如来身之间转换。不仅打破了时间的界限,也打破了空间的界限;不仅打破了身份的界限,也打破了性别的界限;不仅打破了出家与不出家的界限,也打破了圣人和凡人之间的界限,真可谓"事事无碍"。

毗卢遮那清净身,悉入其中普令见,诸庄严中现佛身,无边色相无央数,摩尼妙宝,以为其网,普现如来所有境界,如天帝网,于中布列。②

汝应观佛身,光网极清净,现形等一切,遍满于十方。③

这里,经文介绍,佛身本来就是由清净的"光网"构成的,所谓的"一切如来",其实就是毗卢遮那佛,每一个如来都是毗卢遮那如来,毗卢遮那如来就像"光网"一样,"遍满于十方"。

这个"方网三昧"其实就是《华严经》里非常有名的"海印三昧":

菩萨功德聚亦然。或有刹土无有佛,于彼示现成正觉。或有国土不知法,于彼为说妙法藏。无有分别无功用,于一念顷遍十方。如月光影靡不周,无量方便化群生。于彼十方世

---

① (唐)实叉难陀译:《大方广佛华严经》卷第十五,《大正藏》第 10 册,第 77 页下—78 页中。
② (唐)实叉难陀译:《大方广佛华严经》卷第八,《大正藏》第 10 册,第 40 页上。
③ (唐)实叉难陀译:《大方广佛华严经》卷第十一,《大正藏》第 10 册,第 55 页上。

界中,念念示现成佛道。转正法轮入寂灭,乃至舍利广分布。或现声闻独觉道,或现成佛普庄严。如是开阐三乘教,广度众生无量劫。或现童男童女形,天龙及以阿修罗。乃至摩睺罗伽等,随其所乐悉令见。众生形相各不同,行业音声亦无量。如是一切皆能现,"海印三昧"威神力。[①]

如此殊胜的"海印三昧"如何才能获得呢?《贤首品》中即有相关阐述:

> 以法威力现世间,则获十地十自在,修行诸度胜解脱;若获十地十自在,修行诸度胜解脱,则获灌顶大神通,住于最胜诸三昧;若获灌顶大神通,住于最胜诸三昧,则于十方诸佛所,应受灌顶而升位,则蒙十方一切佛,手以甘露灌其顶;若蒙十方一切佛,手以甘露灌其顶,则身充遍如虚空,安住不动满十方,则彼所行无与等,诸天世人莫能知,菩萨勤修大悲行。[②]

此一段论述恰好就在上述"海印三昧"的经文前,讲的正是获得"海印三昧"的条件:必须获得菩萨十地自在,获得诸佛的灌顶。而这正是"普贤行"最后的步骤。可见,《华严经》所介绍的最殊胜的三昧神通"海印三昧",也是通过"普贤行"才能够获得的。

唐实叉难陀所译的《大方广普贤所说经》也对毗卢遮那佛有所表述,有助于进一步理解普贤菩萨与毗卢遮那佛的复杂关系。该经中,佛为众菩萨讲法,有十位大菩萨带领自己的眷属。忽然出现在会场中,威光四射。大家都不知他们从何方国土而来,便询问普贤菩萨,于是普贤菩萨便指导大家从"观佛身"入手去找他们的国土:

> 尔时普贤菩萨,从座而起,上升虚空,右绕世尊,无数匝

---

① (唐)实叉难陀译:《大方广佛华严经》卷第十四,《大正藏》第10册,第73页下。
② (唐)实叉难陀译:《大方广佛华严经》卷第十四,《大正藏》第10册,第72页中。

已,即于空中,普观众会,作如是言:"诸佛子,汝观佛身,无碍
庄严,三世平等,法界诸刹,无不普入,十方所有一切世界,一
切如来,一切菩萨,一切众生,一切诸趣,靡不影现如来身中,
随诸众生心之所乐,悉令开悟。"①

　　普贤菩萨告诉大家,之所以"观佛身"可以看到这一点,那是因
为佛身"无碍庄严、三世平等",因而"法界诸刹,无不普入"。接着,
大家在普贤菩萨的带领下,从佛身中看到了十位大菩萨的国土。
柯惠馨先生就此总结个图表,有助于我们对此的理解:

毗卢身中展现的世界	世界名称	住世说法的佛主	来此与会的菩萨
双足轮	法界轮	法界庄严王	普光藏菩萨摩诃萨
双缚中	无碍藏	无碍净光	深藏菩萨摩诃萨
双膝中	真金藏	金藏王	威德光明藏菩萨摩诃萨
双股中	一切宝庄严藏	众妙光	云音藏菩萨摩诃萨
脐中	毗卢遮那藏	毗卢遮那威德庄严王	金刚藏菩萨摩诃萨
心中	胜光藏	妙相庄严藏	普音不动威光藏菩萨摩诃萨
两肩	金色	金色王	威光藏菩萨摩诃萨
口中	妙宝庄严	无量庄严王	山王不动威光藏菩萨摩诃萨
眉间	法界无尽藏	三世无尽智	普现众像威光藏菩萨摩诃萨
头中	覆持不散	宝花积	十力清净威光藏菩萨摩诃萨

引自柯惠馨:《〈华严经〉中普贤菩萨之研究》,东海大学硕士学位论文,2005年,第135页。

_____

① 　(唐)实叉难陀译:《大方广普贤所说经》卷,《大正藏》第10册,第883页中。

《大方广普贤所说经》中"佛身遍入一切世界"的思想，即从佛身（即真如本体）可以观一切世界的思想和《华严经》中"普贤菩萨身遍入一切世界"的思想完全相同，故我们得出结论，普贤菩萨和毗卢遮那佛是"同体"的，这也与学术界之传统看法一致。

但是，既然两者同体，为何又分开论述呢？笔者认为，主要有两种原因：其一是《华严经》本为普贤菩萨信仰与"法身佛"信仰的结合体。从上文的追溯看，两者虽然所表的内涵基本相同，但各有独立的发展过程，如果强将明显不同的两个神祇合而为一，这会引起信众的疑惑，于是就采取佛教"神变"之原则，将两者分为两个不同的神祇，但又在所表的内涵上又是相同的，这是其一。其二，虽然普贤菩萨和毗卢遮那佛是"同体的"，但两者的任务和使命却不一样。毗卢遮那佛已经成佛，作为本体的"一"，他是处于涅槃状态中的，他虽能化生一切、遍在一切，却不主动显现自己，不再以人等有情的形象出现在世间救难，而是稳坐于"莲华藏世界"，只与"法身大士"们坐而论道，教授法理。普贤菩萨却不一样，他虽然也代表的是"一"，"觉"与"行"也早已圆满，具备了成佛的资格与条件，但由于他誓愿广大，"虚空尽，我愿乃满"，要度尽一切众生，所以他要显现在显化世间，救苦救难，带领大家进入"法界"。所以，还要轮回世间，不断地在六道中救苦救难，教化众生。

关于毗卢遮那佛与普贤菩萨的关系，杜继文先生总结说："由此看来，普贤实等于表现出来的卢舍那佛，卢舍那佛所有的体性和功能，都体现在普贤菩萨身上。"①也就是说，普贤菩萨即为入世间之毗卢遮那佛，毗卢遮那佛则为出世间之普贤。因此，普贤"行愿"其实不仅是普贤菩萨的"行愿"，也是毗卢遮那如来的本愿，只是毗卢遮那如来并不"行"，而普贤菩萨则重在"行"，故称"行愿"；"普贤

---

① 杜继文：《汉译佛教经典哲学》下卷，第189页。

心"其实也就是毗卢遮那佛之"心","普贤性"其实也就是"如来性"。正因为如此,《如来性起》这一品才需要普贤大菩萨来宣讲。毗卢遮那佛与普贤菩萨之间的这种关系,套用后来密教中的说法,毗卢遮那佛是"自性轮身",普贤菩萨则是其"正法轮身"。

二、《华严经》中普贤菩萨与文殊菩萨的关系

关于《华严经》中的文殊菩萨,杜继文先生在其《汉译佛教经典哲学》一书中有深入的分析,现将其主要观点择其要者介绍如下:

1.《华严经》中的文殊菩萨仍是大乘般若学的代表。

2.《华严经》中的文殊菩萨加强了对"方便"的阐述,"方便"即是要求菩萨发扬"救苦救难"的大悲精神,深入世间,因为文殊菩萨所代表的"般若空智"属于"不可思议""不能思维""不可说""一说即破"的对无分别之"本体"的认识,也就是对"如来所住之真实境"的认识,而如来所住之"真如本体"只有通过现象界才能显现自己,因为没有了现象界,本体界自己的存在也就没有了意义,故文殊所表之不可思议的"般若智慧"就必须通过菩萨在世间的"方便"来教化众生。因此,《华严经》中的文殊菩萨强调"菩萨"应该不畏艰苦,不生懈怠,深入群生,利益群生,在利他行为中体悟到"万物为一(卢舍那佛)"的般若真谛。

杜先生用一段很经典的论述,来概括《华严经》中文殊菩萨对"方便"的重视:

　　成就佛境界之因固是世人所不可知的;但佛境界反应在世间,则是可知的。众生不同、心智不同,所以差异万千,佛诸法门也随之呈多样示现,可以分别,也应该分别。因为就世间而言,是唯心所主。在这个领域,不论断烦恼、修菩提,都需要般若智慧的指导,然而这智慧不只是玄奥的空理,更重要的是方便实践。行者不应该单纯追求"多闻",更重要的是救度众

生；不能依赖佛的神力，而要自身的精进不息；不能外尚空谈，"内无实德"。《华严经》塑造的文殊师利，尽管所持仍是般若空观，但已有了很大不同——他更重视如何在"有"的世界中，认真对待人生每件事，按部就班地切实修行，尤其是不间断地眷恋众生，教化众生。①

3.《华严经》中文殊菩萨对"般若"的解释，已经由"怀疑论"转向了"唯心论"，主张"一切世间法，唯一心为主"，使佛教的哲学基础发生了变化。②

4.《华严经》中的文殊菩萨对戒律非常重视，这也是《华严经》对文殊内涵的新发展。正如杜继文先生所说：

> 次后的《净行品》，记述文殊为众菩萨的身口意所作的规范，相当于菩萨的戒律……菩萨必须把念想众生、祝愿众生，贯穿在日常生活的每时、每处、每事之中。一切为了众生，也就成了菩萨的第一戒条、文殊菩萨的标志性原则……总而言之，在念念不忘众生中，使佛教观念生活化，令一切生活佛教观念化。作为菩萨，不论面对的条件好恶，是否受到众生善待，都必须永持良好的祝愿，将自己训练得心地无比纯洁，不离与人为善。③

本书赞同杜继文先生对《华严经》中文殊菩萨的论述，并想做出三点补充：

第一，《华严经》中的文殊菩萨是"普贤行"的导师之一。

无论是《六十华严》还是《八十华严》，其作为序论部分的几品中，都有一品名《如来名号品》，该品经讲的是《华严》之第二会，十

① 杜继文：《汉译佛教经典哲学》下卷，第 233 页。
② 杜继文：《汉译佛教经典哲学》下卷，第 230 页。
③ 杜继文：《汉译佛教经典哲学》下卷，第 233—236 页。

方菩萨云奔,而文殊菩萨为会主。这显示了在《华严经》中,文殊菩萨同样具有总摄整个"普贤行"的功能,是除了普贤菩萨外最显赫的大菩萨。

《华严经》中文殊菩萨是"普贤行"的导师,经文借弥勒之口告诉善财:"汝当往大智,文殊师利所,彼当令汝得,普贤深妙行。"①文殊菩萨还直接劝请众生修"普贤行":

> 尔时,文殊师利菩萨劝诸比丘住普贤行;住普贤行已,入大愿海;入大愿海已,成就大愿海;以成就大愿海故,心清净;心清净故,身清净;身清净故,身轻利;身清净、轻利故,得大神通无有退转;得此神通故,不离文殊师利足下,普于十方一切佛所悉现其身,具足成就一切佛法。②

作为"普贤行"修行样板的善财童子就是文殊师利菩萨指导其去参访善知识的:"善男子! 若欲成就一切智智,应决定求真善知识。善男子! 求善知识勿生疲懈,见善知识勿生厌足,于善知识所有教诲皆应随顺,于善知识善巧方便勿见过失。"③并且,五十三位善知识中,有好多位善知识在宿世修行时都有曾得到过文殊菩萨的指导:

> (自在主:)"善男子! 我昔曾于文殊师利童子所,修学书、数、算、印等法,即得悟入一切工巧神通智法门。"④

> (婆须蜜多女:)"善男子! 我念过去,有佛出世,名为高

---

① (唐)实叉难陀译:《大方广佛华严经》卷第七十七,《大正藏》第 10 册,第 428 页上。

② (唐)实叉难陀译:《大方广佛华严经》卷第六十一,《大正藏》第 10 册,第 331 页下。

③ (唐)实叉难陀译:《大方广佛华严经》卷第六十二,《大正藏》第 10 册,第 334 页上。

④ (唐)实叉难陀译:《大方广佛华严经》卷第六十五,《大正藏》第 10 册,第 350 页下。

行；其王都城，名曰妙门。……善男子！我于彼时，为长者妻，名曰善慧，见佛神力，心生觉悟，则与其夫往诣佛所，以一宝钱而为供养。是时，文殊师利童子为佛侍者，为我说法，令发阿耨多罗三藐三菩提心。"①

（喜目观察众生主夜神：）"善男子！于汝意云何，彼时转轮圣王，名十方主，能绍隆佛种者，岂异人乎？文殊师利童子是也！尔时夜神觉悟我者，普贤菩萨之所化耳！我于尔时为王宝女，蒙彼夜神觉悟于我，令我见佛，发阿耨多罗三藐三菩提心。"②

（摩耶夫人：）"大圣！文殊师利菩萨教我发阿耨多罗三藐三菩提心，求善知识，亲近供养。我于一一善知识所，皆往承事，无空过者；渐来至此，愿为我说：菩萨云何学菩萨行而得成就？"③

计有自在主童子、婆须蜜多女、喜目观察众生主夜神、摩耶夫人四位。

第二，《华严经》中的文殊菩萨不仅指导"地前菩萨"的修行，即菩萨修行的初级阶段；也指导"入地菩萨"的修行，即修行的高级阶段。可以说，"普贤行"虽是以"见到普贤菩萨、进入法界为究竟目的"的行法，然而在具体修行实践中却是文殊菩萨在作具体指导。

《华严经》中文殊菩萨表征的是"信门"。为什么让代表"大智"的文殊菩萨来表"信门"？那当然是因为"信"与"智"两者之间有着紧密的联系，印顺法师就《华严经》中文殊菩萨的"信"与"智"的关

---

① （唐）实叉难陀译：《大方广佛华严经》卷第六十八，《大正藏》第 10 册，第 366 页上。

② （唐）实叉难陀译：《大方广佛华严经》卷第六十九，《大正藏》第 10 册，第 377 页下。

③ （唐）实叉难陀译：《大方广佛华严经》卷第七十六，《大正藏》第 10 册，第 415 页下。

系有过精彩的论述,他认为,"信"是向上的,"智"是求真的;"信"是清净的,"智"是明了的,佛教的"信"与"智"是不离的。信离开了智,就陷于迷信;智离开了信,就会就会成为邪智,就会陷于诡辩、怀疑甚至偏激。①

《华严经》中文殊菩萨对"地前菩萨"的指导,集中表现在《贤首品》所阐述的"信门"上,文中文殊菩萨借向"贤首菩萨"发问的形式,引出了《华严经》中颇为重要的"信门",并在其中给予其高度的评价,称"信为道元功德母,长养一切诸善法"。

而在《入法界品》中,文殊菩萨又重新强调了这一点:

> 比丘! 若善男子、善女人,成就深信,发此十种无疲厌心,则能长养一切善根,舍离一切诸生死趣,超过一切世间种姓,不堕声闻、辟支佛地,生一切如来家,具一切菩萨愿,学习一切如来功德,修行一切菩萨诸行,得如来力,摧伏众魔及诸外道,亦能除灭一切烦恼,入菩萨地,近如来地。②

> 是时,文殊师利遥伸右手,过一百一十由旬,按善财顶,作如是言:"善哉善哉! 善男子! 若离信根,心劣忧悔,功行不具,退失精勤,于一善根心生住着,于少功德便以为足,不能善巧发起行愿,不为善知识之所摄护,不为如来之所忆念,不能了知如是法性、如是理趣、如是法门、如是所行、如是境界;若周遍知,若种种知若尽源底,若解了,若趣入,若解说,若分别,若证知,若获得,皆悉不能。"③

柯惠馨与娄静华两位先生都认为,文殊在《华严经》中两次讲"信",所表达的含义是有区别的,前者是"劝信",后者为"证信",即

① 宋立道:《〈华严经〉与普贤信仰》,魏道儒主编:《普贤与中国文化》,第81页。
② (唐)实叉难陀译:《大方广佛华严经》卷第六十一,《大正藏》第10册,第331页中。
③ (唐)实叉难陀译:《大方广佛华严经》卷第八十,《大正藏》第10册,第439页中。

已经深切体证、理解文殊的信门。

文殊菩萨也指导高级阶段的修行，经文借弥勒菩萨之口对善财童子说："是故，善男子！汝应往诣文殊之所，莫生疲厌，文殊师利当为汝说一切功德。何以故？汝先所见诸善知识、闻菩萨行、入解脱门、满足大愿，皆是文殊威神之力，文殊师利于一切处咸得究竟。"[①]

《入法界品》中善财童子共参访五十三位善知识，除了最后三位"弥勒、文殊、普贤"是处于佛位以外，前面的五十位都是处于菩萨行阶段的、尚未达到"等觉"位的菩萨。这五十位善知识按照出场顺序，以"十"为单位，前十位善知识代表的是"十信"；十一位到二十位代表的是"十住"；二十一位到三十位代表的是"十行"；三十一位到四十位代表的是"十回向"；四十一位到五十位代表的是"十地"。上述引文中弥勒菩萨告诉善财：你先所见到的善知识，听到的菩萨行，学会的解脱门，满足的大愿，都是"文殊威神之力"，因为文殊师利"于一切处咸得究竟"。这也就是说，虽然在"十住""十行""十回向""十地"等修行阶段，文殊菩萨并未亲自现身，但这些阶段也都是文殊菩萨所指导的行法，行者的修行必须得靠"文殊威神之力"。

第三，《华严经》中的文殊菩萨已经超越等觉，修行地位高，是比化身佛地位更高的大菩萨。

上文已经说过，善财童子五十三参，所参访的善知识的顺序是不能乱的，所参访的善知识的地位越来越高，到了第五十一位善知识时，他参访的是弥勒菩萨。弥勒菩萨是著名的"未来佛"，这是佛教各派都承认了的，第五十位善知识参访完毕，就标志着"十地"修行已经完满，进入佛地。因此，能修到第五十一位的行者会见到弥

---

① （唐）实叉难陀译：《大方广佛华严经》卷第七十九，《大正藏》第 10 册，第 439 页上。

勒菩萨,这既是修行进展的标志,也是进一步修行的必经阶段。而见到弥勒菩萨后,下一个要参访的就是"文殊菩萨",既然到弥勒菩萨阶段就已经进入了佛地,而善财童子参访弥勒之后才能去参访文殊菩萨,那么救说明文殊菩萨之地位更在弥勒之上。弥勒还是要降临娑婆世界的"化身佛",故见到弥勒菩萨只是标志着修成"化身佛果",而文殊菩萨则是要帮助行者进入"法界",成为"法身大士"。

第四,文殊菩萨的禅定也十分精湛,能够指导众生禅定修行。《入法界品》中文殊菩萨告诉舍利弗等行者:

> 比丘! 若善男子、善女人,成就十种趣大乘法,则能速入如来之地,况菩萨地! 何者为十? 所谓积集一切善根,心无疲厌……于一切刹一切劫中成就菩萨行,心无疲厌。为成熟一众生故,修行一切佛刹微尘数波罗蜜,成就如来十力;如是次第,为成熟一切众生界,成就如来一切力,心无疲厌。[1]

大家如说修行,很快就入了"深定":

> 时诸比丘闻此法已,则得三昧,名无碍眼见一切佛境界。得此三昧故,悉见十方无量无边一切世界诸佛如来……又即成就十千菩提心、十千三昧、十千波罗蜜,悉皆清净;得大智慧圆满光明,得菩萨十神通,柔软微妙,住菩提心,坚固不动。[2]

可见文殊菩萨除了智慧超群外,也是定力不可思议的大菩萨,但是,我们从上文也可以看出,文殊菩萨所指导的禅定侧重于获得"见""闻""忆""辩"等方面的神通。

---

① (唐)实叉难陀译:《大方广佛华严经》卷第六十一,《大正藏》第 10 册,第 331 页中。
② (唐)实叉难陀译:《大方广佛华严经》卷第六十一,《大正藏》第 10 册,第 331 页中。

"普贤菩萨"和"文殊菩萨"在《华严经》中错综复杂的关系可概括如下：

1. 两者都是"普贤行"的导师，而分工不同：普贤菩萨表"普贤行"的目的和境界；而文殊菩萨表"普贤行"的准备和过程。

2. 两者都是智慧甚深的大菩萨，都将智慧建立在"心"上，都强调"宇宙万象"与"真如本体"不可分离。但两者强调的重心不同：文殊所表的智慧偏"般若"，重在阐述"宇宙万象"不离"真如之本体"，而普贤菩萨所表的智慧偏"圆融"，则重在强调"真如之本体"不能离开"宇宙之万象"。

3. 两者都是禅定甚深的大菩萨，但文殊菩萨所指导的禅定，侧重于获得"见""闻""忆""辩"等方面的神通，而普贤菩萨所指导之禅定，则重在显示"一毛孔观"，即"真如本体"与"宇宙万象"之间相互摄入、重重无尽的关系。

三、《华严经》中普贤菩萨与观音菩萨的关系

《华严经》中观音只出现了三次，第一次是在《入法界品》中，作为善财童子所参访的五十三位善知识之一，观音菩萨告诉善财：

> 善男子！我住此大悲行门，常在一切诸如来所，普现一切众生之前。或以布施，摄取众生；或以爱语，或以利行，或以同事，摄取众生；或现色身，摄取众生；或现种种不思议色净光明网，摄取众生；或以音声，或以威仪，或为说法，或现神变，令其心悟而得成熟；或为化现同类之形，与其共居而成熟之。①

可见，观音菩萨保持了其"救苦救难"的本色，但是也有发展。观音菩萨的"大悲行门"是"常在一切如来所，普现一切众生之前"。

① （唐）实叉难陀译：《大方广佛华严经》卷第六十八，《大正藏》第 10 册，第 367 页上。

关于"一切如来",杜继文先生早有论断:"三世十方,一切如来,都凝结在卢舍那佛身上,卢舍那佛也就成了一切佛的代表。"①"一切如来"指的就是毗卢遮那佛,只是它指的是毗卢遮那佛作为本体遍在于一切现象界、与现象界不二的状态。虽然其遍在于现象界,但其身却始终保持其完整性,因为在《华严》的理论看来,现象界的存在本身是虚幻的,其差异只是由众生的"心之垢净不同"所决定的。故从俗谛而言,毗卢遮那佛是"一",而"一切如来"是"多",两者不同;但从真谛而言,则"一切如来"就是"毗卢遮那佛"。观音的法门与"一切如来"发生了联系,也就是与"毗卢遮那佛"发生了联系。如前所述,毗卢遮那佛的法门的特点就是以"十"为表征的"圆满法门",也就是"普贤行"。可见《华严经》中的观音菩萨,也是践行和倡导圆满"普贤行"的杰出代表。

但是,应该说明的是,《华严经》中观音菩萨地位与经中其他的大菩萨相比并不高,因为他在善财童子参访的善知识序列中,位置居中,处于"行门"。这虽然是普贤行的必经阶段,但由于善财童子参访的顺序中,越靠后出现的善知识所代表行法地位越高,所以观音菩萨位于第二十七参的地位不能算高,不仅远远低于弥勒、文殊、普贤,而且也低于摩耶夫人等。

可是,到了晚出的《华严经》经文里,观音的地位却大大提高了:

> 尔时,普贤菩萨功德智慧具足庄严,犹如莲华不着三界一切尘垢,告诸菩萨言:"汝等谛听,我今欲说佛功德海一滴之相。"即说颂言:"……无量菩萨众围绕,皆悉勤修普贤行。或有见佛无量寿,观自在等所围绕,悉已住于灌顶地,充满十方

① 杜继文:《汉译佛教经典哲学》下卷,第172页。

诸世界。"①

该段经文《六十华严》里没有，《四十华严》才纳入。这里，作者借普贤菩萨之口讲，行者修"普贤行"就可以看到阿弥陀佛和观音菩萨。虽然这里观音只是作为无量寿佛的弟子出现，但其代表的方向引人注意，那就是"普贤行"与"西方净土"的结合。观音菩萨在《华严经》中的第三次出现反应的就是这一点：

> 是人临命终时，最后刹那一切诸根悉皆散坏，一切亲属悉皆舍离，一切威势悉皆退失，辅相大臣，宫城内外象马车乘，珍宝伏藏，如是一切无复相随，唯此愿王不相舍离，于一切时引导其前，一刹那中即得往生极乐世界，到已即见阿弥陀佛、文殊师利菩萨、普贤菩萨、观自在菩萨、弥勒菩萨等，此诸菩萨色相端严，功德具足，所共围绕。②

可见，《华严经》在后期发展阶段汲取了当时盛行的"西方净土"的说法，将"普贤行"与"极乐世界""阿弥陀佛""观音菩萨"等联系起来，大大提高了观音菩萨的地位。

四、《华严经》中普贤与弥勒的关系

《华严经》对弥勒菩萨的阐述，主要在体现在《入法界品》中：（普救众生妙德夜神：）"善男子！于意云何？尔时毗卢遮那藏妙宝莲华髻转轮圣王者，岂异人乎？今弥勒菩萨是。时王妃圆满面者，寂静音海夜神是，今所住处去此不远。时妙德眼童女者，即我身是。"③

这段论述说明，善财童子所参访的有些善知识都有和弥勒菩

---

① （唐）实叉难陀译：《大方广佛华严经》卷第八十，《大正藏》第10册，第442页下。
② （唐）般若译：《大方广佛华严经》卷第四十，《大正藏》第10册，第846页下。
③ （唐）实叉难陀译：《大方广佛华严经》卷第七十，《大正藏》第10册，第382页中。

萨宿世修行的经历,这说明,他们和弥勒菩萨都是通过宿世的"普贤行"而得到果位的。

《华严经》还借德生童子、有德童女之口向善财童子介绍弥勒菩萨:"何以故? 善男子! 彼菩萨摩诃萨通达一切菩萨行,了知一切众生心,常现其前教化调伏。……能令汝入普贤地,能为汝说菩萨愿,能为汝说普贤行,能为汝说一切菩萨行愿所成功德。"①

该段经文明确指出,弥勒菩萨可以给善财童子讲解"普贤行",因为弥勒菩萨已经"通达一切菩萨行,了知一切众生心"。而"普贤行"的特点就在于其圆满行,可以总摄其他一切菩萨行。由此可见,《华严经》的弥勒菩萨已经被赋予了新的身份,那就是"普贤行"的践行者和指导者。为了让善财童子明白这一点,德生童子还特意强调:

> 善男子! 汝不应修一善、照一法、行一行、发一愿、得一记、住一忍,生究竟想;不应以限量心,行于六度,住于十地,净佛国土,事善知识。何以故? 善男子! 菩萨摩诃萨应种无量诸善根,应集无量菩提具,应修无量菩提因,应学无量巧回向,应化无量众生界。②

这就是提醒善财,不要满足于获得某一行法,而应该修圆满的"普贤行"。那么,弥勒菩萨都给善财童子教导了那些道理呢?

> 善男子! 菩提心者,犹如种子,能生一切诸佛法故;菩提心者,犹如良田,能长众生白净法故;……菩提心者,犹如盛

---

① (唐) 实叉难陀译:《大方广佛华严经》卷第七十七,《大正藏》第 10 册,第 420 页上。

② (唐) 实叉难陀译:《大方广佛华严经》卷第七十七,《大正藏》第 10 册,第 420 页中。

火，能烧一切诸见薪故；菩提心者，犹如净日，普照一切诸世间故。①

善男子！菩提心者，成就如是无量功德。举要言之，应知悉与一切佛法诸功德等。何以故？因菩提心出生一切诸菩萨行，三世如来从菩提心而出生故。是故，善男子！若有发阿耨多罗三藐三菩提心者，则已出生无量功德，普能摄取一切智道。②

从弥勒的教导可以看出，他最注重"发菩提心"的重要性，认为"菩提心出生一切诸菩萨行，三世如来从菩提心而出生"。对"菩提心"的强调与推崇，是《华严经》中弥勒菩萨的最大特点。

与文殊菩萨一样，《华严经》中，弥勒菩萨同样宣扬现象界的诸法"空"、真如界"有"：

善财童子亦复如是，以弥勒菩萨力所持故，知三界法皆如梦故，灭诸众生狭劣想故，得无障碍广大解故，住诸菩萨胜境界故，入不思议方便智故，能见如是自在境界。③

弥勒言："善男子！诸菩萨无来无去，如是而来；无行无住，如是而来；无处无着，不没不生，不住不迁，不动不起，无恋无着，无业无报，无起无灭，不断不常，如是而来。……从无动摇处来，恒不舍离一切佛故；从无取舍处来，不役身心使往来故；从智慧方便处来，随顺一切诸众生故。"④

---

① （唐）实叉难陀译：《大方广佛华严经》卷第七十八，《大正藏》第 10 册，第 429 页中。

② （唐）实叉难陀译：《大方广佛华严经》卷第七十八，《大正藏》第 10 册，第 430 页下。

③ （唐）实叉难陀译：《大方广佛华严经》卷第七十九，《大正藏》第 10 册，第 437 页中。

④ （唐）实叉难陀译：《大方广佛华严经》卷第七十九，《大正藏》第 10 册，第 438 页上。

这里讲的是诸法"空","三世法皆如梦故";同时他又告诉善财,他所入的解脱门名为"入三世一切境界不忘念智庄严藏":"弥勒告言:'善男子! 此解脱门,名入三世一切境界不忘念智庄严藏。善男子! 此解脱门中,有不可说不可说解脱门,一生菩萨之所能得。'"①

这个神秘的"入三世一切境界不忘念智庄严藏"的具体体现就是弥勒菩萨所住的"毗卢遮那庄严藏楼阁",其实也就是"真如法界"的形象比喻。

综上所述,《华严经》中普贤菩萨与毗卢遮那佛以及文殊菩萨、观音菩萨、弥勒菩萨等这些大菩萨都有紧密的联系,在《华严经》中,他们或者成为"普贤行"这一圆满法门的教主,或者成为"普贤行"的导师。因此可以说,他们都"普贤化"了,他们都在倡导"普贤行"、践行"普贤行"、弘扬"普贤行"。

第九节 《华严经》中普贤菩萨的特点与普贤法门的新气象

一、《华严经》中普贤菩萨的特点

关于普贤菩萨的特点,学者已经多有论述。魏道儒先生认为:
1. 普贤是菩萨修行的样板。

> 普贤类经典着力塑造的修行达到最高阶段的菩萨——普贤,比有资格"宣如来旨"的文殊似乎地位更高。因为在整个华严类经典中,有资格宣讲佛法的菩萨很多,但被奉为菩萨修

---

① (唐)实叉难陀译:《大方广佛华严经》卷第七十九,《大正藏》第 10 册,第 437 页下。

行样板的，唯有普贤。①

2. 普贤可以与法身相契合。

普贤的一个显著的特性，就是可以和法身相契合……佛告众菩萨：普贤"于三世等诸佛法身"，"等吾神足境界"。这样，普贤就是永恒的绝对精神存在，所谓普贤境界、佛的神通境界和法身，三者完全等同，没有区别。②

3. 注重禅定修行所带来的神通。

普贤能与法身契合的关键是神通行。于是，号召学习普贤，更主要的是鼓励修习禅定以获得神通，此即为修普贤行。③

这样，作为菩萨修行样板的普贤，并不是以学问精湛、能言善辩、智慧超群见长，而是以具有不可思议的神通变化，具有法身的善权方便著称。④

李富华先生认为，普贤菩萨有以下几个特点：

1. 依真而住，身同虚空，没有固定的国土，而普现于十方。

上述几段经文向我们展示的普贤菩萨的"影像"是什么呢？那就是：他是从佛法中出生，其"身相"如同虚空，又无所不在，能产生一切诸佛之神通智慧，能包容十方法界的一位变化无穷、法力无边的大菩萨。⑤

2. 既知现在，又知未来，慈悲而又精进。

什么是普贤菩萨？普贤菩萨就是这样一位既知现在，又

---

① 魏道儒：《中国华严宗通史》，第13页。
② 魏道儒：《中国华严宗通史》，第13页。
③ 魏道儒：《中国华严宗通史》，第14页。
④ 魏道儒：《中国华严宗通史》，第14页。
⑤ 李富华：《〈华严经〉与普贤菩萨思想》，《佛学研究》第8期，1999年，第197页。

知未来而无所不知的,有着普度一切众生慈悲之心的,精进而不知疲倦的菩萨的代表。①

3. 普贤菩萨是与三世诸佛等身的诸菩萨之首。

普贤菩萨所得三昧称"一切诸佛毗卢遮那如来藏身"。三昧,又称三摩地,意为正定,是禅定的一种境界;毗卢遮那即法身佛;如来藏,即众生恒常不变的成佛的本性,与法身佛同义。就是说,普贤得入此三昧就包藏了一切诸佛法身所有的神通法力和功德智慧。这是十方一切诸佛的神力所共同给予的,所以普贤菩萨具有"三世诸佛"的一切智慧,能成就一切佛的功德……从上述经文的引述中,我们可以清楚地看到,在《华严经》的描述中,普贤菩萨是一位高居于包括文殊菩萨在内的一切菩萨之上的,与"一切诸佛"等身的大菩萨。②

4. 普贤菩萨是佛法的化身,是代佛宣说大乘佛法,并引导众生成就佛果的大菩萨。

普贤菩萨就具有佛那样的"威神力",代表佛为众菩萨及诸众生完美无缺地"宣说"大乘佛法,"开示"一切菩萨修行法门,使他们最终成就佛果。③

杜继文先生对此也有论述:"《华严经》记普贤的主要职责有三:第一,确立卢舍那佛及其华藏世界的存在;第二,确立如来性起理论;第三,建立起以'入法界'为核心的普贤行。所谓普贤行愿或愿行,则是上述理论和实践的行动法则。"④

综合上述专家的论述以及前文的相关分析,笔者认为,普贤菩

---

① 李富华:《〈华严经〉与普贤菩萨思想》,《佛学研究》第 8 期,1999 年,第 198 页。
② 李富华:《〈华严经〉与普贤菩萨思想》,《佛学研究》第 8 期,1999 年,第 199 页。
③ 李富华:《〈华严经〉与普贤菩萨思想》,《佛学研究》第 8 期,1999 年,第 201 页。
④ 杜继文:《汉译佛教经典哲学》下卷,第 187 页。

萨有以下几个特征：

1. 普贤菩萨具有"分身"与"合身"的强大能力，这是他最重要的特征。

2. 普贤菩萨可以随意进出法界，是沟通世间众生与诸佛之桥梁和中介。

3. 普贤菩萨不离杂染世界，而又以"化染为净"为己任，教化无量，愿力无边，品格高尚。

4. 普贤菩萨重在"行"，他的代表法门名"普贤行"，这是一种圆满的法门，可以含摄其他一切法门。

5. 普贤菩萨能够以"方便力"救助诸痴顽众生，帮其脱离苦海。

6. 普贤菩萨智慧超群，并且普贤菩萨禅定神通不可思议。

正是因为普贤菩萨具有如此殊胜的能力与功德，《华严经》才将"普贤"一词作为"最圆满"的意思来使用。如相关经文所述，凡是以"普贤"命名的都是最殊胜的：

> 一切皆令如普贤，具足修行"最上行"。①
>
> 所谓以无着无缚解脱心，成就普贤身业；以无着无缚解脱心，清净普贤语业；以无着无缚解脱心，圆满普贤意业；以无着无缚解脱心，发起普贤广大精进；以无着无缚解脱心，具足普贤无碍音声陀罗尼门。②

这里提到了"普贤身业""普贤语业""普贤意业""普贤精进""普贤陀罗尼"等，单纯的"身业""语业""意业""精进""陀罗尼"，这些概念在早期大乘佛教已经有了，但是《华严经》里统统被加上了

---

① （唐）实叉难陀译：《大方广佛华严经》卷第三十三，《大正藏》第 10 册，第 177 页下。

② （唐）实叉难陀译：《大方广佛华严经》卷第三十一，《大正藏》第 10 册，第 165 页中。

"普贤"二字以示不同和殊胜。

二、《华严经》中普贤法门的新气象

《华严经》是古印度文化与古西域文化的结晶,两种文明的交往、融合使得印度佛教思想在传播中发生了不少变异,如在对佛与菩萨的关系上,在对"佛菩萨"与"魔"的认识上,在修行参学的对象上,在教化众生的方式上,都和以前的大乘经典有很大不同。

华严思想体系认为在佛与菩萨的关系上,菩萨比佛更重要:"佛子,诸佛世尊,与此菩萨如是等无量起智门,令其能起无量无边差别智业。佛子,若诸佛不与此菩萨(普贤行菩萨)起智门者,彼时即入究竟涅槃,弃舍一切利众生业。"[1]

经文中说,"诸佛"如果不给予"菩萨"差别智,即时就会般涅槃,从而舍弃一切"利众生业",显然,菩萨的重要性实际上已经超越了佛。《十地品》虽然最早出现于印度本土,龙树和世亲都有注疏,但他们的注疏中却没有这般文字,说明这些文字是在传入西域后被添加进去的。这种抬高菩萨的倾向,本文在叙述华严单品经《佛说如来兴显经》时已经有所论述:"普贤菩萨,适遇斯光,寻时如应,功德威颜,师子之座,倍加于前,超越佛身及师子座,又复绝逾诸菩萨体师子之座,普贤菩萨仪观美德,师子之座,高广殊妙,而现特为显丽。"[2]

《兴显经》里,不仅普贤菩萨的身体比佛身大,其宝座也比佛的宝座大。这大概反映了《华严经》形成初期的思想,之后大多数此类思想虽然被修正,但其精神并未改变。总的来说,《华严经》中的毗卢遮那佛就像个西方的"虚位君主"一样,只是位格最高,但在实

① (唐)实叉难陀译:《大方广佛华严经》卷第三十八,《大正藏》第10册,第199页中。
② (西晋)竺法护译:《佛说如来兴显经》卷第一,《大正藏》第10册,第593页下。

践中却被普贤菩萨架空了；而普贤菩萨虽然表面上位居佛之下，但实际上无论就发心的广大上还是在弘法利生方面，都远远超过了毗卢遮那佛。

《华严经》产生的时期，正是印度佛教文化与西域巫术文化相融合的时期。这一时期佛教的发展状况，杜继文先生曾有论述：

> 东汉永平八年（65年），楚王英供养优婆塞（男居士）、桑门（沙门），斋戒祭祀浮屠；十三年（70年），因结交方士，造作图谶，被控以密谋造反罪。在这里，佛教被视为方士一类，佛经被当成谶纬看待，不只是反映了当时内地对佛教的认识水平，也表现出了西域佛教的一个重要动态，即佛陀的神格化和佛教的巫术化。

> 巫术化是佛教走向民间的重要标志。……早期来华的知名僧侣，包括安世高、支娄迦谶，以至佛图澄、昙无谶等，都同时以巫术见长。现存有多种失译的杂咒佛经，大多出在公元2、3世纪，也反映了西域佛教的这一趋势。从总体上看，佛教的巫术化是佛教向大乘过渡的一个重要环节，大乘日益向多神主义发展，也是从此时这里开始的。①

关于此问题，笔者在此还想补充一个例子：

> 永平十七年，班超奉使赴于阗。当时巫教的势力犹未全衰，当地大巫坚持亲匈奴的立场，干预朝政。《后汉书·班超传》完整地记述了班超果断除巫，争取广德附汉的全过程："超既西，先至于阗，广德礼意甚疏。且其俗信巫。巫言：'神怒何故欲向汉？汉使有騧马，急求取以祠我。'广德乃遣使就超请马。超密知其状，报许之，而令巫自来取马。有顷，巫至，超即

---

① 杜继文：《佛教史》，第54页。

斩其首以送广德，因辞让之。广德素闻超在鄯善诛灭虏使，大惶恐，即攻杀匈奴使者而降超，超重赐其王以下，因镇抚焉。"①

笔者认为，西域地区的巫师信仰与大乘佛教的产生有极为密切的关系，因为这些巫师的身份最符合"大乘菩萨"的特征，他们接受了佛教的形式，但却不必出家，可以继续享受富贵，却仍然可以成佛得道。在当时的年代，有知识的人很少，这类巫师乃是社会中最有知识的群体，在佛教系统化、哲理化的理论传入以后，巫师们无法与之抗衡，就在佛教经论里吸取对自己有用的东西为自己论证，这是很有可能的。因此，笔者一直倾向于认为大乘佛教中的第一批"菩萨"应该就是这批巫师。当然，这需要严密的论证，现在找不出更多的证据来论证这个观点，但它不失为一种可能性。

不管怎么说，《华严经》与其倡导的"普贤法门"正是来自古印度的佛教文化与西域地区原有的巫术文化的结合的产物，这是没有问题的。彭树智先生在其《文明交往论》中说："文明交往是动态的，而动态的最大特征是互相依存性和互动性，文明交往的过程就是一个双向或多向互动的奔流不息的过程……至于不同文明之间，互动性则表现为互相冲突、互相融合、互相渗透等彼此交往的复杂形态。"②

普贤信仰传入西域后，与当地的"巫师文化"产生了互动、渗透和融合，产生了不少变化，从而使得佛教从面貌到内涵都与之前的佛教有了很大的区别，具体表现在如下的几个方面：

第一，"普贤法门"非常强调修行的"圆融性"，认为修行者不应该满足于某一法门，而应该广泛学习，包括学习生存的智慧和

①　薛宗正：《古代于阗与佛法初传》，《西北民族研究》2005 年第 2 期。
②　彭树智：《文明交往论》，第 30—31 页。

技能：

> 善男子,汝不应修一善、照一法、行一行、发一愿、得一记、住一忍,生究竟想,不应以限量心行于六度,住于十地,净佛国土,事善知识。何以故? 善男子,菩萨摩诃萨应种无量诸善根,应集无量菩提具,应修无量菩提因,应学无量巧回向,应化无量众生界,应知无量众生心。[①]

> 佛子,此诸菩萨,或时示现无量化身云,或现其身独一无侣,所谓或现沙门身,或现婆罗门身,或现苦行身,或现充盛身,或现医王身,或现商主身,或现净命身,或现妓乐身,或现奉事诸天身,或现工巧技术身。[②]

第二,"普贤法门"强调菩萨发心的广大。

> 佛子,譬如船师,常以大船于河流中,不依此岸,不着彼岸,不住中流,而度众生无有休息。菩萨摩诃萨亦复如是,以般若蜜船于生死流中,不依此岸,不着彼岸,不住中流,而度众生无有休息,虽无量劫修菩萨行,未曾分别劫数长短。[③]

> 佛子,譬如日月,独无等侣,周行虚空,利益众生,不作是念:我从何来,而至何所? 诸佛如来亦复如是,性本寂灭,无有分别,示现游行一切法界,为欲饶益诸众生故,作诸佛事,无有休息,不生如是戏论分别:我从彼来而向彼去。[④]

> 我时于胜莲花生,亲睹如来无量光,现前授我菩提记,蒙

[①] (唐)实叉难陀译:《大方广佛华严经》卷第七十七,《大正藏》第 10 册,第 420 页中。

[②] (唐)实叉难陀译:《大方广佛华严经》卷第六十一,《大正藏》第 10 册,第 330 页中。

[③] (唐)实叉难陀译:《大方广佛华严经》卷第七十三,《大正藏》第 10 册,第 398 页下。

[④] (唐)实叉难陀译:《大方广佛华严经》卷第五十二,《大正藏》第 10 册,第 274 页下。

彼如来授记已,化身无数百俱胝,智力广大遍十方,普利一切众生界,乃至虚空世界尽,众生及业烦恼尽,如是一切无尽时,我愿究竟恒无尽。①

第三,"普贤法门"不提倡涅槃成佛。

> 佛子,菩萨摩诃萨应云何知如来应正等觉般涅槃?佛子,菩萨摩诃萨欲知如来大涅槃者,当须了知根本自性。……何以故?涅槃无生无出故,若法无生无出,则无有灭。佛子,如来不为菩萨说诸如来究竟涅槃,亦不为彼示现其事。何以故?为欲令见一切如来常住其前,于一念中,见过去未来一切诸佛,色相圆满,皆如现在。②

> 佛子,诸佛如来为令众生生欣乐故,出现于世;欲令众生生恋慕故,示现涅槃,而实如来无有出世,亦无涅槃。何以故?如来常住清净法界,随众生心示现涅槃。③

> 佛子,如来应正等觉,住无碍行,无有住处,而能普为一切众生,示现所行,令其见已,出过一切诸障碍道。④

经文明确讲明,"如来不为菩萨说诸如来究竟涅槃",诸如来令"众生生欣乐",强调如来应该"普为一切众生",应众生的需要而示现,这完全不是印度式的对现世人生的彻底否定,而表现的是西域人热爱生活、肯定人生乐趣的积极态度。彭先生提倡在文明交往中要会"独立交往",一个民族既能够坚持"本位文明",又善于吸收

---

① (唐)般若译:《大方广佛华严经》卷第四十,《大正藏》第10册,第848页上。
② (唐)实叉难陀译:《大方广佛华严经》卷第五十二,《大正藏》第10册,第276页上。
③ (唐)实叉难陀译:《大方广佛华严经》卷第五十二,《大正藏》第10册,第276页中。
④ (唐)实叉难陀译:《大方广佛华严经》卷第五十二,《大正藏》第10册,第274页中。

外来文明。① 普贤信仰在西域的传播与演变正体现了当时的西域人"以我为主""独立交往"的成果。

第四，"普贤法门"非常强调所谓的"方便"：

> 佛子，此菩萨得如是三昧智力，以大方便，虽示现生死而恒住涅槃，虽眷属围绕而常乐远离，虽以愿力三界受生而不为世法所染，虽常寂灭，以方便力而还炽然，虽燃不烧，虽随顺佛智而示入声闻辟支佛地，虽得佛境界藏而示住魔境界，虽超魔道而现行魔法，虽示同外道而不舍佛法，虽示随顺一切世间而常行一切出世间法。②

> 是住一切魔宫，而不耽着欲境界者之所住处。③

> （弥勒）或作魔王，说一切法皆悉无常。④

"方便"一词，在佛教中是"权变"之意，指为了"慈悲护生""弘扬佛法"的目的而采取的突破常规与禁律的权变。由普贤菩萨倡导的"华严法门"，非常看重这一点："外道"本来是佛教极力排斥的，可在这里却可以"示同外道"；"魔"本来是佛教要驱逐的，但在"普贤法门"中，行者却可以"现行魔法"。这是因为普贤行者的目的是"不舍佛法"与"超魔道"，这就是"方便"。有了"方便"，不仅印度教的诸天是佛教菩萨的示现，就连住在魔宫里的"魔"也可能是菩萨的"示现"，这实际上是打通了"佛菩萨"与"魔"之间的界限，使得两者之间可以随意转换。菩萨所示现的"魔"，和真正的"魔"的区别就在于：前者虽表现为"欲求"，却"不耽着"于欲境界。

---

① 彭树智：《文明交往论》，第22页。

② （唐）实叉难陀译：《大方广佛华严经》卷第三十七，《大正藏》第10册，第197页下。

③ （唐）实叉难陀译：《大方广佛华严经》卷第七十七，《大正藏》第10册，第423页中。

④ （唐）实叉难陀译：《大方广佛华严经》卷第七十九，《大正藏》第10册，第435页中。

"普贤法门"也非常强调世俗的欲乐并不违反佛法戒律:

> 佛子,菩萨摩诃萨,不离欲界,入色界无色界禅定解脱及诸三昧,亦不因此而受彼生……虽有人天眷属围绕,百千才女歌舞侍从,未曾暂舍禅定解脱及诸三昧,是为第四庄严道;与一切众生受诸欲乐,共相欲乐,乃至未曾于一念间舍离菩萨平等三昧,是为第五庄严道;……安住正道正智正见,而能示入一切邪道;……常善护持如来净戒,身语意业无诸过失,为欲教化犯戒众生,示行一切凡愚之行;虽已具足清净福德住菩萨趣,而示生于一切地狱畜生恶鬼。①

普贤道强调"菩萨"可以不离开"欲界",可以与"一切众生受诸欲乐""共相欲乐",只要其"未曾于一念间舍离菩萨平等三昧"就可以了,并且这还是"第五庄严道"。因此,《华严经》中的佛,就和早期佛教中崇尚苦行和清修的释迦佛有了很大区别,这里的毗卢遮那佛简直就是世间贵族的写照:"(佛)或为忉利大天王,住善法堂欢喜园,首戴华冠说妙法,诸天瞻仰莫能测;或住夜摩兜率天,化乐自在魔王所,居处摩尼宝宫殿,说真实行令调伏;或至梵天众会中,说四无量诸禅道,普令欢喜便舍去……"②

《华严经》的这一理论说明非同小可,正是在这一点上,真正体现出了《华严经》的圆融性。有了这个理论说明,印度教的"诸天"就都可以视为是佛教菩萨的方便"示现",而佛教徒也就可以合情合理地大量引入印度教的修行方式、仪轨、甚至经典。如原来被佛教视为禁忌的"天祀"与"双修",到了密教阶段也兴盛了起来。可以说,正是《华严经》为密教的大发展扫清了理论障碍,解放了佛教

---

① (唐)实叉难陀译:《大方广佛华严经》卷第五十七,《大正藏》第 10 册,第 301 页中。

② (唐)实叉难陀译:《大方广佛华严经》卷第八十,《大正藏》第 10 册,第 444 页中。

徒的思想，同时也为佛教在印度的衰落埋下了伏笔。

《十地品》中对"方便"的热切提倡，既是对《入法界品》的理论总结，也是对《入法界品》的理论说明。《入法界品》中，声闻比丘、外道婆罗门、暴君和妓女，甚至是地狱里的恶鬼，都是华严"菩萨"假以"方便力"的"示现"，他们虽"随顺世间"，却能"常行一切出世间法"。也就是说，身份职业并不是区分正邪的标准，最主要的是看其是否具有"佛智"，是否进入了"佛境界"，是否"不舍佛法"。

第十节　《华严经》中普贤菩萨的功能及其形象

一、《华严经》中普贤菩萨的主要功能

1. 教化众生。

> 时普贤菩萨，知宝华灯王城中众生，自恃色貌及诸境界而生骄慢，陵蔑他人，化现妙身，端正殊特，往诣彼城，放大光明，普照一切，令彼圣王及诸妙宝、日月星宿、众生身等，一切光明，悉皆不现，譬如日出，众景夺曜，亦如聚墨对阎浮金。时诸众生咸作是言："此为是谁？"……尔时普贤菩萨，在彼轮王宝宫殿上虚空中住，而告之言："大王当知，今汝国中有佛兴世……"①

普贤菩萨知道"宝华灯王城"的众生骄慢，凌夷他人，就化现妙身，使他们认识到自己的错误，并预告该国会有佛兴起于世，这属于教化众生的表现。

---

① （唐）实叉难陀译：《大方广佛华严经》卷第七十，《大正藏》第10册，第380页下。

2. 劝发菩提心。普贤菩萨经常劝众生发菩提心。

> 此妙眼女,于彼如来遗法之中,普贤菩萨劝其修补莲花座上故坏佛像;即修补已,而复彩画;即彩画已,复宝庄严,发阿耨多罗三藐三菩提心。善男子,我念过去由普贤菩萨善知识故,种此善根,从是已来,不堕恶趣,常于一切天王人王种族中生,端正可喜,众相圆满,令人乐见,常见于佛,常得亲近普贤菩萨,乃至于今,开示开悟成熟于我,令生欢喜……我于彼时身为童女,普贤菩萨劝我修补莲花座像,以为无上菩提因缘,令我发阿耨多罗三藐三菩提心。①

3. 成为毗卢遮那佛的补处菩萨,在佛涅槃后兴隆佛法。

> (守护一切城夜神:)"佛涅槃后兴隆末法者,岂异人乎?今普贤菩萨是。"②

该段经文明确承认,佛涅槃后,普贤菩萨将承担兴隆佛法的重任。很多学者由此认为,普贤菩萨就是毗卢遮那佛的补处菩萨。

4. 增益善根,见一切佛,得一切智。

> 时善财童子见此十种光明相已,即作是念:"我今必见普贤菩萨,增益善根,见一切佛,于诸菩萨广大境界,生决定解,得一切智。"③

5. 除灭无间罪业。

> 或复有人以深信心,于此大愿受持读诵,乃至书写一句四句偈,速能除灭五无间业,所有世间身心等病,种种苦恼,乃至

---

① (唐)实叉难陀译:《大方广佛华严经》卷第七十,《大正藏》第 10 册,第 382 页上。
② (唐)实叉难陀译:《大方广佛华严经》卷第七十一,《大正藏》第 10 册,第 389 页中。
③ (唐)实叉难陀译:《大方广佛华严经》卷第八十,《大正藏》第 10 册,第 440 页上。

佛刹微尘数一切罪业,皆得消除。①

6. 驱逐魔军。

　　一切魔军,夜叉罗刹,若鸠盘茶,若毗舍阇,若部多等,饮血啖肉诸恶鬼神,皆悉远离。是故若人诵此愿者,行于世间无有障碍。②

7. 多项好处。

　　如空中月出于云翳,诸佛菩萨之所称赞,一切天人皆应礼敬,一切众生皆悉供养,此善男子,善得人身,圆满普贤所有功德,不久当如普贤菩萨,速得成就微妙色身。③

8. 往生极乐,见阿弥陀佛。

　　又复是人临命终时,最后刹那一切诸根悉皆散坏,一切亲属悉皆舍离,一切威势悉皆退失,辅相大臣,宫城内外象马车乘,珍宝伏藏,如是一切无复相随。唯此愿王不相舍离,于一切时引导其前。一刹那中即得往生极乐世界,到已即见阿弥陀佛、文殊师利菩萨、普贤菩萨、观自在菩萨、弥勒菩萨等⋯⋯其人自见生莲花中,蒙佛授记⋯⋯不久当坐菩提道场,降服魔军,成等正觉,转妙法轮。④

以上简单地归纳了普贤菩萨的主要功能,这些功能才是最吸引信众的东西,在恶劣的生活条件下,是支撑信众生活的精神支柱。因此这些功能才是普贤信仰得以确立的基本条件,它们既反映了普贤菩萨的特点,也反映了当地信众的心理需求。

---

① (唐)般若译:《大方广佛华严经》卷第四十,《大正藏》第10册,第846页中。
② (唐)般若译:《大方广佛华严经》卷第四十,《大正藏》第10册,第846页中。
③ (唐)般若译:《大方广佛华严经》卷第四十,《大正藏》第10册,第846页上。
④ (唐)般若译:《大方广佛华严经》卷第四十,《大正藏》第10册,第846页上。

二、《华严经》《法华经》中普贤形象之比较

普贤菩萨在《华严经》与《法华经》中形成了两种不同的形态，我们将对比一下普贤菩萨的两种不同的形象，从中观察普贤形象的演变。

我们先看《法华经》中普贤菩萨的形象：

> 尔时普贤菩萨，以自在神通力，威德名闻，与大菩萨无量无边不可称数，从东方来，所经诸国，普皆震动。
>
> 我尔时乘六牙白象王，与大菩萨众俱诣其所，而自现身，供养守护，安慰其心，亦为供养法华经故。是人若坐思惟此经，尔时我复乘白象王现其人前。
>
> 我当乘六牙白象，与无量菩萨而自围绕，以一切众生所喜见身，现其人前，而为说法示教利喜，亦复与其陀罗尼咒。得是陀罗尼故，无有非人能破坏者，亦不为女人之所惑乱，我身亦自常护是人。
>
> 世尊，我今以神通力故，守护是经，于如来灭后阎浮提内，广令流布，使不断绝。①

可见，在《法华经》中，普贤菩萨是一个"护法大士"的形象，他以"自在神通"而"威德名闻"，出入皆高坐于六牙白象上，这里的普贤菩萨喜欢与人亲近，如若有人思惟《法华经》，他便会以其"喜见身"出现在信众面前。

《华严经》中的普贤菩萨的形象则又是另外一番模样：

> 尔时普贤菩萨摩诃萨于如来前，坐莲花藏师子之座，承佛神力，入于三昧……如是尽法界、虚空界、十方三世微细无碍

---

① （后秦）鸠摩罗什译：《妙法莲华经》卷第七，《大正藏》第 9 册，第 61 页上。

广大光明,佛眼所见,佛力能到,佛身所现一切国土,及此国土所有微尘。一一尘中,有世界海微尘数佛刹;一一刹中,有世界海微尘数诸佛;一一佛前,有世界海微尘数普贤菩萨,皆亦入此一切诸佛毗卢遮那如来藏身三昧。尔时,一一普贤菩萨,皆有十方一切诸佛而现其前。①

　　尔时普眼菩萨白佛言:"世尊,普贤菩萨今何所在?"佛言普眼:"普贤菩萨,今现在此道场众会,亲近我住,初无动移。"是时普眼及诸菩萨,复更观察道场众会,周遍求觅,白佛言:"世尊,我等今者,犹未得见普贤菩萨其身及座。"②

可见《华严经》中的普贤菩萨,并未乘坐"六牙象王",而是乘坐"莲华藏师子之座",他代表着修行的最高阶位,和毗卢遮那佛"同体",平时和毗卢遮那佛一样无形无相,只有修"普贤行"将近圆满的行者才有机会见到他,而见到了他也就表示修行圆满。

两种普贤形象存在这如下几点差异:一、《法华经》中普贤菩萨一般以色身显现,而《华严经》中的普贤菩萨一般则是令人无法睹见的"虚空"身;二、《法华经》中的普贤菩萨一般乘坐于"六牙白象"之上,而《华严经》中的普贤菩萨则端坐于"莲华藏师子之座";三、《法华经》中的普贤菩萨以"自在神通"而"威德名闻",而《华严经》中的普贤菩萨则以"禅定甚深""位阶至上"为特点;四、《法华经》中的普贤菩萨极具亲和力,喜欢和信众交通感应,而《华严经》中的普贤菩萨则高高在上,神秘莫测;五、《法华经》中的"普贤行",实际上是"如(《法华经》)说修行",只要是按照《法华经》来修行就是普贤行,而《华严经》中的普贤行则普贤菩萨所代表的"性起法界"为修行的目标,以见到普贤菩萨为究竟。

---

① （唐）实叉难陀译:《大方广佛华严经》卷第七,《大正藏》第10册,第32页下。
② （唐）实叉难陀译:《大方广佛华严经》卷第四十,《大正藏》第10册,第211页下。

　　笔者认为,虽然《华严经》对普贤菩萨最为推崇,可是就形象塑造而言,还是《法华经》更为成功,这两种形象可能同时存在过一段时间,但后来成为普贤菩萨"标准像"的,还是《法华经》里的相关描述。这在普贤菩萨中国化的过程中表现得尤为明显。

第六章　密教中普贤菩萨的变异

第一节　密教与密教思想

一、密教的基本思想

吕建福教授认为，密教是秘密佛教的略称，与小乘佛教、大乘佛教相对应，是佛教一个教派的名字，是个佛教的概念。[①] 密教是佛教在印度发展的最后一个阶段，它仍是印度佛教发展的继续，是佛教在印度仍有生命力的表现。在了解密教中的普贤菩萨之前，笔者想先简单地介绍一下密教及其基本思想。

密教一开始就宣称较之于"二乘"和显教，自己的法门更为殊胜：

> 二乘之人虽证道果，不能于无边有情为作利益安乐；于显教修行者，久久经三大无数劫，然后证成无上菩提，于其中间十进九退，或至七地，以所集福德智慧，回向声闻缘觉道果，仍不能证无上菩提。[②]

就是说，"声闻"与"独觉"二乘教法只能使自己获得安乐与解

---

① 吕建福：《中国密教史》，北京：中国社会科学出版社，1995年，第3页。
② （唐）不空译：《金刚顶瑜伽金刚萨埵五秘密修行念诵仪轨》，《大正藏》第20册，第535页中。

脱,不能利益广大众生;显教修行者虽能自度度人,自觉觉他,而修行之路漫漫无期("三大无数劫")。密教判教为四,认为其自身是为适应"末法阶段"的众生而开的最有效的法门,叫做"金刚大乘":

> 佛言:"四种法者,所谓声闻乘、缘觉乘,此二乘者但能自利,不能利他;复有二乘,谓方广大乘及彼最上金刚大乘,是名为四。"尔时阿难又复问言:"是金刚大乘当云何性?"佛言:"阿难,若有菩萨发于最上大菩提心,是即名为金刚乘性,是菩提心能自利益复利于他,如是菩萨摩诃萨行解于方便,能于诸根各各境界所缘所作,当获无生法忍。"①

修"金刚大乘",不仅可获得"无生法忍",也可以"摄一切乘"。

> 金刚手菩萨又复告言:"此金刚大乘即是一切如来,一切如来即是大智。"②

> 时彼光明所照佛刹一切如来,悉皆称赞作如是言:"彼金刚大乘即摄一切乘,乃至过去、未来、现在,亦复如是,彼金刚大乘即摄一切乘。"③

可见,与《华严》一样,密教宣称自己的法门不只是某个化身如来的法门,而是"一切如来"的法门,是一种"总持法门"。

为了强调自己普救一切众生的殊胜行愿,密教还将佛教瑜伽行派认为不可救药的"一阐提人",即"不信因果""毁谤三宝""灭坏佛教"等人,也纳入了自己救度范围。同时在世俗化方面,密教还明确增加了"护国"的功能:

---

① (唐)不空译:《金刚顶瑜伽金刚萨埵五秘密修行念诵仪轨》,《大正藏》第20册,第543页上。

② (北宋)法天译:《最上大乘金刚大教宝王经》卷上,《大正藏》第20册,第545页上。

③ (北宋)法天译:《最上大乘金刚大教宝王经》卷上,《大正藏》第20册,第544页下。

尔时金刚手菩萨从坐而起……亦为未来有诸国王正法治国，生清净信尊敬三宝，为邻国小王侵扰国界不遵正法……是故说此无比大德圣迦抳忿怒金刚童子仪轨之法。①

密教认为，由于自己的救度对象包括很多"愚顽众生"，他们为魔所迷而不自知，故有必要采取传统佛教所没有的暴力手段使其皈依佛法：

金刚手言："一切众生意想不同，或顺或逆，是故如来现慈怒身，随作利益。"解云："诸佛大悲愍众生故，即于顺者以顺而劝；若于逆者以逆而制也，一佛住忿怒三昧，时十方诸佛同共入忿怒瞋三昧，岂毗卢遮那于无相中示现明王，时诸佛菩萨更不现忿怒身哉？是故四方如来，现教令身降伏众魔，虽然犹不亲随逐，所以本誓不同，或降三世菩萨，降伏天魔及三世贪瞋痴，或军荼利菩萨调伏常随魔，谓毗那夜迦，及人魔或焰魔特迦，降伏龙魔及诸怨敌，或金刚夜叉，调伏鬼魔及无智者，如是种种不可具说。"②

上述经文说得很清楚，对于随顺佛教的众生，则以慈寂身教化之；对于那些"逆者"，则以"忿怒身"而调伏之。这两种身也被称作"真实身"与"教令轮身"：

解曰："金刚手者，依三藏所持梵本《金刚顶瑜伽经》云，坚固利用具二义也。依彼经者，然五菩萨依二种轮现身有异：一者法轮，现真实身，所修行愿报得身故。二教令轮，示威怒

---

① （唐）不空译：《圣迦抳忿怒金刚童子菩萨成就仪轨经》卷上，《大正藏》第21册，第102页上。

② （唐）大兴善寺翻经院：《圣无动尊一字出生八大童子秘要法品》，《大正藏》第21册，第31页上。

身,由起大悲现威猛故。"①

为了实现上述神通,则需要一套复杂的程序,即建立坛场,结印、持咒、观想等。譬如密教认为每个佛菩萨都有自己的种子字,"暗"字被认为就是普贤菩萨的种子字:

> 复次说佛菩萨根本微妙字;所谓牟字是妙吉祥菩萨根本;昧字是慈氏菩萨根本;室哩字为如来根本,又为哩吠贤圣根本;暗字为普贤菩萨根本;恶字为虚空藏菩萨根本;阿字为一切如来根本;勃字为大轮明王根本;阿字又为观自在菩萨根本,又为金刚手菩萨根本;吽字为焰鬘得迦忿怒明王根本;唵字为毗卢遮那佛根本;左字为大轮明王根本;隶字为不动尊明王根本,又为马头明王根本;尊字为大尊那菩萨根本;祢字为金刚萨埵菩萨根本。②

密教也相当重视观想和手印:

> 为成就变化莲花故,当观嚩字门,流散赤焰而成火轮,其形三角,渐引量同水轮,忽然之间从金龟背,涌出八叶大莲花,金刚为茎,广大无量由旬,于花台中观阿字门,当思真实义,所谓一切法本不生。从阿字门法界等流,涌出苏弥卢山王,为成就妙高山故,当结成就宝山王印,十度内相交,为拳相合竖。③

密教尤其重视对富贵者的教化:

> 他化自在天宫者,名为欲界顶,他化自在天王宫殿菩萨,

---

① (唐)不空译:《仁王护国般若波罗蜜多经陀罗尼念诵仪轨》,《大正藏》第19册,514页上。
② (宋)法贤译:《佛说持明藏瑜伽大教尊那菩萨大明成就仪轨经卷》卷第二,《大正藏》第20册,683页上。
③ (唐)不空译:《圣贺野纥哩缚大威怒王立成大神验供养念诵仪轨法品》卷上,《大正藏》第20册,159页下。

证得第六地位，现前地菩萨，住般若波罗蜜观，多作此天众王，为天人说般若波罗蜜，其天界，五欲殊胜超越诸天，是故毗卢遮那佛，为金刚萨埵，说大乐大贪染，加持现证瑜伽理趣速疾，由是得闻不染世间杂染诸烦恼，超越摩罗之境，其官殿是大乐不空金刚萨埵大曼荼罗，皆从毗卢遮那佛福德资粮出生。①

甚至认为本法门就是毗卢遮那佛针对那些陷于染欲爱乐、"五欲殊胜超越诸天"、不易亲近佛法的富贵者所说的。

二、密教的基本特征

根据以上的介绍，可以大致总结出密教的基本特征，密教主要围绕如何"即身成佛"展开，引出关于持咒的方法、形式、作用的各种理论。密教的主要特征为：一、对"咒""仪轨"的地位、方法作用等大力渲染，强调上师对弟子的指导作用的重要性。二、密教法门强调其是含摄一切法门的"总持"法门，因而强调其密法的来源不是某一化身佛，而是"一切如来"或其代表法身佛"毗卢遮那如来"（即"大日如来"），并使其成为最高的崇拜对象。三、将遥远的成佛理想拉到了现实世界，强调"即身成佛"、终极真实与现实世界"不二"。四、突出了对"轮回"的具体过程，尤其是人死后往生方面的说明和论证。五、将崇拜的主要对象由"菩萨"信仰提高到了"金刚"信仰。六、突出强调了佛教的"护国"作用。

密教自身的演变经历了一个较长的过程，按照吕建福教授的观点，密教的发展大致有陀罗尼密教、持明密教、真言密教、瑜伽密

---

① （唐）不空译：《大乐金刚不空真实三昧耶经般若波罗蜜多理趣释》卷上，《大正藏》第 19 册，第 607 页下。

教、无上瑜伽密教等五大流派。① 本文不是专门的探讨密教的产生与发展的问题的,因此笔者不想将其分得这么细,为论述方便,将吕教授所讲的"陀罗尼密教和持明密教"合称为"早期密教",放在一节介绍;将真言密教的普贤菩萨作为一节介绍;将瑜伽密教作为一节介绍;将无法归之于"真言密法"和"瑜伽密法"的"轮王密法"归之于一类,单节介绍。至于"无上瑜伽密教"方面的相关内容,主要与藏传佛教有关,笔者才疏学浅,不敢妄语,以后若有机缘,当继续研究,暂时只好留之以待来者。总之,笔者希望能按照密教发展的历史进程,来考察普贤菩萨在其中的演变过程。

第二节　早期密教中的普贤菩萨

一、早期密教中普贤菩萨地位不及观音、弥勒

在追溯普贤菩萨的渊源时,前文曾述及《观自在菩萨说普贤陀罗尼经》,该经虽然提到了"普贤陀罗尼",但通篇不见普贤菩萨出现,"普贤陀罗尼"被明确称为观音自己的"真言":

> 此陀罗尼是我心真言,诵真言即成请召,行者从白月八日起首,乃至十五日。日三时时别诵一百八遍,三时澡浴三时换衣,其十五日作广大供养无限念诵。其日中夜观自在菩萨,来至道场现金色身,相好端严放百千光明。持诵者不应恐怖生勇健心,才见观自在菩萨,即得地位证得陀罗尼三摩地,即见东方阿閦如来、南方宝幢如来、西方无量寿如来、北方天鼓音王如来,见四如来、十方无量如来身广大威德,承于诸佛大悲

---

① 吕建福:《中国密教史》,第3—4页。

愿力,久住世间,从此命终当生净妙佛刹,于一切处,供养承事诸佛如来。①

此经中观音菩萨明确指出"此陀罗尼是我心真言",感应也只有"观自在菩萨"现身于修行者前,与普贤菩萨并无任何关系。

早期密教中真正与普贤菩萨有关的是《清净观世音普贤陀罗尼经》,虽然该经直到唐代才译为汉文,然而极有可能是早期的陀罗尼密典。② 对比经文后笔者发现,《清净观世音普贤陀罗尼经》与《观自在菩萨说普贤陀罗尼经》相比,前面内容基本一样,后面却变动很大。在《清净观世音普贤陀罗尼经》的后半部分中,出现普贤菩萨的名字:

> 若欲造像,当画释迦牟尼佛坐华座上,身黄金色着五彩衣,左厢画普贤菩萨坐须弥山,其山左边有七头龙绕山,于左边出七个头,向菩萨看,右边有五头龙绕山,于右边出五个头,向菩萨看,其菩萨结跏趺坐,两手执经夹读,着五色衣。其佛右手作印文,左手捉袈裟按膝说法。右厢画观世音坐华座,着白色衣胡跪合掌,面向佛看听佛说法,左厢三手,一手执华,一手捉澡罐,一手捉经甲;右厢三手,一手施无畏出宝,一手捉索,一手捉珠。③

在这里,普贤菩萨只是被作为菩萨供养,在信众画曼荼罗时位居释迦佛左侧。本经中他惟一的能动性表现在其能与释迦佛、观世音一起出现在虔诚的修行者面前:"若能恒常用心诵念不忘,常见释迦牟尼佛、普贤菩萨、观世音菩萨,及见天女请受佛法。"④可见,在《清净观世音普贤菩萨陀罗尼经》中,普贤菩萨只扮演了一个

① (唐)不空译:《观自在菩萨说普贤陀罗尼经》,《大正藏》第 20 册,第 21 页上。
② 吕建福:《普贤菩萨与金刚乘》,魏道儒主编:《普贤与中国文化》,第 287 页。
③ (唐)智通译:《清净观世音普贤陀罗尼经》,《大正藏》第 20 册,第 22 页下。
④ (唐)智通译:《清净观世音普贤陀罗尼经》,《大正藏》第 20 册,第 22 页下。

无声无息的角色。

持明密教时期流行的普贤类密典的主要代表作还有法华经中的《普贤菩萨劝发品》，该品经既有经文，又有咒语，符合早期持明密典的特征，该品在竺法护所翻的《正法华经》中也存在，也有密咒，说明此品中的密咒应该不是后来才添加上来的，而应该属于早期的陀罗尼密典。《普贤菩萨劝发品》最早可能也是单独流通，后来由《法华经》的编者按照"随类收经"的原则集合成了大本的《法华经》。该品经对陀罗尼十分重视：

> 唯愿世尊，听我说此陀罗尼咒。即于佛前，而说咒曰：阿檀地檀陀婆地……
>
> 世尊，若有菩萨，得闻是陀罗尼者，当知普贤神通之力。若法华经行阎浮提，有受持者，应作此念：皆是普贤威神之力。①

在《法华经》中普贤是个"护法力士"的形象，地位有所上升，他的功能主要是护持《法华经》。普贤在《法华经》中并不能像文殊菩萨那样应弥勒菩萨的请求为大家解疑释惑，而只是"其人若于法华经，有所忘失一句一偈。我当教之，与共读诵，还令通利"。当有人修学《法华经》时，有了遗忘，普贤菩萨就与之共读，教他记起，从而达到"供养守护，安慰其心"的目的。这样做的最终目的就是护持《法华经》，让其在"五浊恶世"内"广令流布，使不断绝"。② 普贤菩萨也保护信奉《法华经》的众生，从他的"神通之力"的效果来看，普贤的神通能"除其衰患，令得安隐，使无伺求，得其便者"，排除诸位恶鬼的滋扰。他拯救众生的主要方法是"守护"。怎么"守护"呢？如下经文：

---

① （后秦）鸠摩罗什译：《妙法莲华经》卷第七，《大正藏》第9册，第61页中。
② （后秦）鸠摩罗什译：《妙法莲华经》卷第七，《大正藏》第9册，第61页下。

我当乘六牙白象,与无量菩萨而自围绕,以一切众生所喜见身,现其人前,而为说法示教利喜,亦复与其陀罗尼咒。得是陀罗尼故,无有非人能破坏者,亦不为女人之所惑乱,我身亦自常护是人。①

从他拯救的范围来看,是针对那些行"普贤行"的众生,也就是那些"受持、读诵、正忆念、解其义趣、如说修行"《法华经》的众生,这与《普门品》中观音菩萨"寻声救苦",能拯救一切苦难的"救世主"形象相比,显然差了一大截。

《普贤菩萨劝发品》说,那些修"普贤行"的人,临终时能得到"千佛授手",但是往生的地方却和普贤菩萨无关,而是未来佛弥勒的"兜率天宫":

若有受持、读诵、正忆念、解其义趣、如说修行,当知是人行普贤行,于无量无边诸佛所深种善根,为诸如来手摩其头。若但书写,是人命终,当生忉利天上……若有人受持、读诵、解其义趣,是人命终为千佛授手,令不恐怖,不堕恶趣,即往兜率天,上弥勒菩萨所。②

这说明,在《法华经》产生的时代,普贤的影响力也不及弥勒。

二、早期密教的后期阶段普贤菩萨地位的上升

早期密教的后期阶段,普贤的地位有所上升。如《佛说普贤菩萨陀罗尼经》所述:"尔时,普贤菩萨摩诃萨说此陀罗尼已,佛即观彼菩萨之身,是过去先佛,为悲愍一切众生现变化身,满于三界诸世间中。"③

① (后秦)鸠摩罗什译:《妙法莲华经》卷第七,《大正藏》第 9 册,第 61 页中。
② (后秦)鸠摩罗什译:《妙法莲华经》卷第七,《大正藏》第 9 册,第 61 页下。
③ (宋)法天译:《佛说普贤菩萨陀罗尼经》,《大正藏》第 20 册,第 542 页上。

这里,普贤菩萨"是过去先佛"为悲悯众生而显化与三界中的,说明普贤菩萨已经到了佛位,这当然是一大提升。而此时普贤菩萨的功能也有了空前的增加:

> 若有人于此经典受持读诵、恭敬供养,彼等众生善解总持,能活慧命,住如来位,成就一切功德。若有人诵读此经,一遍、二遍乃至三遍,彼人得最上功德,能灭一切罪,能断一切烦恼,复得值遇诸佛如来,不受一切忧愁苦恼。若于寂静之处、独树之下,一心持诵,彼人获得一切成就之法,众所爱敬。若有人于大禅定,断一切烦恼,复得普贤菩萨结跏趺坐而现于前。若人随自力分,以香花供养,诵此陀罗尼,乃至困卧睡眠,于其梦中,见普贤菩萨舒其右手,放法光明灌照身心,作如是言:"善哉善哉!佛子!如来大曼拿罗转身,而得大菩萨位,身心安乐,具大福德智慧,常得见于普贤菩萨摩诃萨。"若有人以慈悲心,为一切众生读诵此经,彼人得十波罗密圆满,灭除一切烦恼罪垢。复得天人卫护,如来赞言:"佛子!汝若依行,不久当入普贤之地。"①

《佛说普贤菩萨陀罗尼经》是北宋法天所译,从内容上看,属于早期的陀罗尼经典。在这部经里,修行的手段有诵读、供养、独处持诵、禅定、以香花供养、为众生诵读等,而所得的果报有增长智慧、成就功德、灭一切罪、断一切烦恼、获一切成就、感得菩萨现身、得大菩萨位、得十般若波罗密、得天人卫护、入普贤之地等。这几乎将佛教所讲的所有的果报都占有了,赋予普贤菩萨如此高的地位,显然已经超过了观音、弥勒等大菩萨,似乎为后来密教中"一切诸佛礼普贤"做了准备。

---

① (宋)法天译:《佛说普贤菩萨陀罗尼经》,《大正藏》第 20 册,第 542 页中。

第三节　胎藏密教中的普贤菩萨及
普贤仪轨

胎藏密法是系统化、理论化的密教，代表了密教的较成熟的状态。其在印度的形成时间，大致在公元 7 世纪初期。玄奘大师在印度巡礼期间，曾见到过当时印度人崇拜"金刚手"的情况，这当是密教正在酝酿的阶段。真言密教的代表性经典为《大日经》，故我们先论述普贤菩萨在《大日经》中的情况。

一、普贤菩萨在《大日经》中与金刚手并列，为诸菩萨之代表

真言密法的根本经典即《大日经》，内容主要是讲述所谓的"胎藏密法"，在《大日经》里，普贤菩萨的地位很高，其作为"上首菩萨"，排在文殊、弥勒、除盖障菩萨之前，俨然是诸菩萨的代表，与金刚部的金刚手并列：

> 如是我闻，一时薄伽梵，住如来加持广大金刚法界宫，一切执金刚者皆悉集会……金刚手秘密主，如是上首，十佛刹微尘数等执金刚俱；及普贤菩萨、慈氏菩萨、妙吉祥菩萨、除一切盖障菩萨等大菩萨，前后围绕而演说法，所谓越三时如来之日加持故，身语意平等句法门，时彼菩萨普贤为上首，诸执金刚秘密主为上首。①

> 是故秘密主，若乐欲供养佛者，当供养此善男子善女人，

① （唐）善无畏、一行译：《大毗卢遮那成佛神变加持经》卷第一，《大正藏》第 18 册，第 1 页上。

若乐欲见佛,即当观彼,时金刚手等上首执金刚,及普贤等上首诸菩萨,同声说言:世尊,我等从此以后,应当恭敬供养是善男子善女人。何以故?世尊,同见佛世尊故。①

尔时诸执金刚,秘密主为上首;诸菩萨众,普贤为上首。稽首毗卢遮那佛……时普贤菩萨,即时住于佛境界庄严三昧,说无亥力真言曰:……尔时金刚手,住大金刚无胜三昧,说自心及眷属真言曰:……②

但是,在《大日经》中,突出的是金刚部类。经文中,虽然以普贤菩萨为首的菩萨部族和金刚手为代表的金刚部族共同构成了《大日经》中的神祇体系,但其重要性是远远不能和"金刚手"相比。

密教根据所要解决问题的不同,衍生出了很多不同的仪轨,在部分仪轨中,普贤菩萨的地位很重要。

二、胎藏密法仪轨中普贤菩萨的角色

密教仪轨按照所要达到的目的不同,从选址造坛到各种手印再到种种咒语,都有种种区别,严格说来不能打包一起论述。但限于篇幅和学力,笔者不展开论述,只能是在考察胎藏密法的各种经典中,选出与普贤菩萨有关的、有某种代表性的或具有普贤特色的仪轨来集中阐述。

在胎藏仪轨中,普贤菩萨虽然不是"本尊",但也扮演重要的角色,如真言密法的根本经典《大日经》所述的"大悲胎藏曼荼罗":

尔时世尊,复告执金刚秘密主言:"善男子谛听内心漫荼罗……方坛四门。西向通达,周旋界道,内现意生八叶大莲华

---

① （唐）善无畏、一行译:《大毗卢遮那成佛神变加持经》卷第二,《大正藏》第18册,第12页中。

② （唐）善无畏、一行译:《大毗卢遮那成佛神变加持经》卷第二,《大正藏》第18册,第14页上。

王,抽茎敷蕊彩绚端妙,其中如来,一切世间最尊特身,超越身语意地至于心地逮得殊胜悦意之果,于彼东方宝幢如来,南方开敷华王如来,北方鼓音如来,西方无量寿如来,东南方普贤菩萨,东北方观自在菩萨,西南方妙吉祥童子,西北方慈氏菩萨。"①

这里世尊所讲的"内心漫荼罗",即"胎藏曼荼罗",可见,在胎藏密法的根本经典《大日经》中,普贤菩萨的地位也非常重要,为守护东南方的护法菩萨,是后来所称的"四佛四菩萨""中台八叶"之一。这种仪轨被广泛应用于胎藏类密法中,如《释迦文尼佛金刚一乘修行仪轨法品》:

> 于时金刚手,心怀踊跃,乃现众前而说是法:"若欲报无上世尊恩德者,先作曼荼罗,其中央画释迦牟曩像,金色之身具四八相,被服袈裟应身说法相,智手吉祥印,理手向上置智前,于白莲花台结跏趺坐,普贤文殊观音弥勒住于四隅,如胎藏说。"②

该曼荼罗中,释迦文佛是本尊,位于坛场中央,普贤、文殊、观音、弥勒四大菩萨住于四隅,"如胎藏说"。

胎藏密法中,有的仪轨明显受到了《华严经》的影响,如《释迦文尼佛金刚一乘修行仪轨法品》:

> 次忏悔罪障事理二忏,次随喜圣凡德,次请佛住世,次回向发愿,然后广陈供养,而作念诵转大乘经随意作之,若住此法所须皆成,不转此身见佛色身,生生世世离诸恶趣,常得兴法利生之德,疾证无上正等菩提,随根得成,若求仙果,佛现瞿

---

① （唐）善无畏、一行译:《大毗卢遮那成佛神变加持经》卷第五,《大正藏》第18册,第36页下。
② 译者不详:《释迦文尼佛金刚一乘修行仪轨法品》,《大正藏》第19册,第87页上。

昙仙,而为说法,若求大乘,普贤现身,而为说法,渐渐诱彼令入佛道。①

可以看出,引文中所讲的"忏悔罪障""随喜圣凡德""请佛住世""广陈供养""转大乘经"等正是"普贤十大行愿"的内容。而普贤菩萨与"忏悔"的传统关系也被继承了下来,笔者注意到,在涉及"忏悔"的仪轨中,普贤菩萨常常现身,并充当重要角色。

密教仪轨中很重要的一项内容就是"火供":

> 第一扇底迦法应当北面,炉法圆作,其诸供具皆悉白色(大约普贤为主,然当部自有对法也),此谓息灾灭罪,衣服及画像等皆悉白色;第二补瑟微迦法应当东面,炉法方作,其诸供具皆悉黄色(大约观音为主),此谓成就满愿及诸胜事;第三阿毗遮鲁迦法应当南面,炉法三角,其诸供具皆悉赤色(大约金刚手为主);第四摈迦罗法应当西面,炉法八角如莲华叶,其诸供养皆紫檀色,此谓欲见大人求敬爱法。②

在火供仪轨的"炉法"中,普贤菩萨仍为上首菩萨,他"衣服及画像"都为白色,各种"供具"也都是白色,做法的方向是朝向北方,从而与观音、金刚手等区分开来。

胎藏密法中的普贤修法也具有明显的密教特征:"尔时普贤菩萨,即时住于佛境界庄严三昧,观阿字为体,即同普贤之行。复以定慧手合为一,以二风轮加火轮上余如前,是普贤如意珠印。彼真言曰……"③

可见,胎藏密法中有关普贤菩萨的仪轨也遵循密教的一般特点,坛场、观想种子字、手印、真言都很完备。

---

① 译者不详:《释迦文尼佛金刚一乘修行仪轨法品》,《大正藏》第19册,第87页中。
② 译者不详:《火䴵供养仪轨》,《大正藏》第18册,第935页中。
③ (唐)善无畏译:《大毗卢遮那经广大仪轨》卷上,《大正藏》第18册,98页中。

三、法华曼荼罗中的普贤菩萨

胎藏密法后来与法华类经典相结合,形成了对后世影响巨大的"法华曼荼罗"。"法华曼荼罗"算是广义的真言密教系统,与胎藏系密法有很密切的关系,故也在此一并介绍。讲述"法华曼荼罗"的经典有《法华曼荼罗威仪形色法经》和《成就妙法莲华经王瑜伽观智仪轨》等,普贤菩萨在其中扮演了重要角色,笔者以《成就妙法莲华经王瑜伽观智仪轨》为例,来介绍一下普贤菩萨在其行法中的基本仪轨:

第一步,做法前的准备工作。经文曰:

> 若修持妙法莲华经,若男若女,则须依修真言,行密行菩萨之道,应当先入大悲胎藏大曼荼罗,并见护摩道场,灭除身中业障,得阿阇梨与其灌顶,即从师受念诵仪轨,三昧耶护身结界迎请供养,乃至观于己身,等同普贤大菩萨身。若不具如是增上缘者,所有读诵修习如此经王,无由速疾证成三昧,一一印契仪轨真言,应当于灌顶阿阇梨处,躬亲禀受,若不从师禀受决择,而专擅作者,是则名为越三昧耶,受及授者,俱获重罪。①

经文强调,要修持《妙法莲花经》,无论男女,都需先入"大悲胎藏曼荼罗",在"护摩道场"中举行"火供",灭掉自己身上的业障,然后由阿阇梨给予相应的灌顶,上师随即给弟子念诵仪轨,有缘者即可获得"三昧耶"护身,这时,弟子观自身即同"普贤大菩萨身"。缘分不到者,应在上师的指导下继续修行,上师与行者都不能因急于求成而跨越修行次第,而在前一阶段没有成就的时候就进入下一

---

① (唐)不空译:《成就妙法莲华经王瑜伽观智仪轨》,《大正藏》第19册,第594页下。

阶段。否则,上师和弟子都会获得"重罪"。

第二步,选择坛场位置。经文曰:

> 既得具法,即应简择念诵修行处所,或于伽蓝,或山林树下江河洲渚,或自己舍宅,与法相应福德之地,掘深二肘广四肘量,或六肘八肘乃至十二肘量,称其处所作曼荼罗,穿其地中,若有瓦砾、灰骨、虫炭及诸秽物,即不堪用,更择胜处穿讫却填。土若有余是吉祥相,如其欠陷,取河两岸土填之,若其本净最为殊胜。或在楼阁或盘石上船上,佛殿中则不应简择。①

密法对坛场所在位置的选择极为讲究,或者在寺庙中,或者在山林下,或者在江河边,或者在自己家里,向下挖掘一定尺寸,即为坛场。如果挖土时挖出"瓦砾""灰骨""虫炭"以及其他"秽物",那么这个坛场就不堪用了,应当填充后再另选地点。

第三步,涂坛。经文曰:

> 坛既成已,于其中央穿一小坑,安置五种宝、五药、五香、五谷,如是五宝香药等,各取少许,以小瓶子盛,或小瓷合盛之一处,以地天真言加持一百八遍。②

在坛场中央挖一个小坑,取五宝、五药、五谷等各少许,用小瓶子或小瓷器盛之,再用真言加持。

第四步,拼坛。经文曰:

> 既涂坛已,如彼坛量,分其圣位各点为记,然后用五色线缝合为绳,于磨白坛香泥汁中,浸渍一宿,然后拼坛。其坛三

---

① (唐)不空译:《成就妙法莲华经王瑜伽观智仪轨》,《大正藏》第 19 册,第 595 页上。
② (唐)不空译:《成就妙法莲华经王瑜伽观智仪轨》,《大正藏》第 19 册,第 595 页上。

重,当中内院画八叶莲华,于华胎上置窣睹波塔。于其塔中,画释迦牟尼如来多宝如来同座而坐,塔门西开。于莲华八叶上,从东北隅为首,右旋布列安置八大菩萨,初弥勒菩萨,次文殊师利菩萨,药王菩萨,妙音菩萨,常精进菩萨,无尽意菩萨,观世音菩萨,普贤菩萨。于此院四隅角内,初东北隅,置摩诃迦叶,次东南须菩提,西南舍利弗,西北大目犍连。次于第二重院,于其东门置金刚锁菩萨,南门置金刚铃菩萨,当塔前门金刚钩菩萨,北门金刚索菩萨,于东门北置得大势菩萨,门南置宝手菩萨,次于南门东……①

按照所做坛场之大小,计算各位神祇的大小位置,并加以标记,然后就开始"拼坛"。将坛场分为三重,在最中央的内院画"八叶莲花",在花蕊中画多宝塔,塔门西开,于中端坐"释迦牟尼如来"和"多宝如来",这是《法华经》中《见宝塔品》中的经典场面的再现。在莲花的八个叶子上,以东北方为上首,按右旋布置八大菩萨,他们依次是:弥勒菩萨、文殊菩萨、药王菩萨、妙音菩萨、常精进菩萨、无尽意菩萨、观世音菩萨、普贤菩萨。在内院的四个角,安置四大声闻,从东北角起,按顺时针方向依次为摩诃迦叶、须菩提、舍利弗、目犍连。在第二重院的东门处,置金刚锁菩萨,东门北置得大势菩萨,东门南置宝手菩萨。二院南门置金刚铃菩萨,西门置金刚钩菩萨,北门置金刚锁菩萨等等,不一一细说。

第五步,进入坛场,开始作法。经文曰:

> 加持已讫,即入道场,瞻仰尊容如对真佛,虔恭稽首至心运想,想礼尽虚空遍法界一切诸佛及诸菩萨,既礼拜已右膝着地,合掌当心闭目专意,诵普贤行愿一遍,一心遍缘诸佛菩萨,

----

① （唐）不空译:《成就妙法莲华经王瑜伽观智仪轨》,《大正藏》第 19 册,第 595 页中。

应定心思惟普贤行愿——句义,发大欢喜难遭之想,即跏趺坐结定印,诵如来寿量品,或但思惟品中妙义,深信如来常住在世,与无量菩萨缘觉声闻以为眷属,处灵鹫山常说妙法,深信不疑。次当即诵无量寿命决定如来真言七遍,作是念言,愿一切有情皆获如来无量寿命。①

该阶段中,行者进入坛场,面对画像如对真佛,虔诚观想礼拜一切诸佛菩萨,之后闭目专心念诵《普贤行愿品》,定心思维每一句的含义。然后再诵《华严经·如来寿量品》,思维其中妙义。再次则诵"无量寿命决定如来真言"七遍。

第六步,观想。经文曰:

复观此金刚杵转成普贤大菩萨身,光明皎洁犹如月殿,戴五佛冠天衣璎珞,而自庄严,身背月轮,白莲华王以为其座,右手持菩提心五钴金刚杵,按于心上,左手持般若波罗蜜金刚铃,用按于胯,一切相好悉令具足,作是观已复自思惟,一切有情如来藏性,普贤菩萨身遍一切故,我与普贤及诸有情无二无别。②

观想自心平静如水无波,内现月轮,于中升起金刚杵。再观想此金刚杵转成普贤大菩萨,带五佛冠,穿璎珞天衣,右手持五钴,按之于心,左手持金刚铃,按之于胯。

第七步,印契、真言。经文曰:

"唵三满多跋捺嚧撼",诵真言已,则结普贤菩萨三昧耶印,二手外相叉合为拳,合竖二中指即成,以印印心诵一遍,次

① (唐)不空译:《成就妙法莲华经王瑜伽观智仪轨》,《大正藏》第19册,第596页中。
② (唐)不空译:《成就妙法莲华经王瑜伽观智仪轨》,《大正藏》第19册,第601页上。

安于额次及喉顶各诵一遍真言曰……修行者既成普贤菩萨大印身已,又结菩萨三摩地印,应修普贤行愿,入文殊师利菩萨般若波罗蜜三解脱门,所谓入空三摩地,运心遍周法界,豁然无有一法可得,于须臾顷澄心静虑,住此观门,由入此三摩地灭除一切见,为除空执则入无相三摩地,于须臾顷住此观门,由入此三摩地灭于空相,则入无愿三摩地。于真如智本无愿求,须臾之间住此观已,则于自身中当心臆间,观其圆明可一肘量,犹如秋月光明澄净,印在心中,则诵普贤菩萨陀罗尼真言曰:①

又一一字中皆有阿字义门,诠一切法本不生不灭,不有不无,不即不异,不增不减,非净非不净。②

再诵真言,结"普贤菩萨三昧耶印",修普贤行愿,入文殊般若解脱门,仔细体味"空"与"有"不二之玄义,然后可在心间出现光明。再诵"普贤菩萨陀罗尼",再观想种子字,于每一种子字中体会"阿"字本不生之微妙义理,然后就可以进入法身真如观,即进入法界观。

第八步,法身真如观。经文曰:

则入法身真如观,一缘一相平等犹如虚空,若能专注无间修习,现生则入初地,顿集一大阿僧祇劫福智资粮。由众多如来所加持故,乃至十地等觉妙觉具萨婆若,自他平等,与一切如来法身共同,常以无缘大悲,利乐无边有情,作大佛事。若念诵观智已毕,则结普贤菩萨三昧耶印,诵真言七遍或三遍,

---

① (唐)不空译:《成就妙法莲华经王瑜伽观智仪轨》,《大正藏》第 19 册,第 601 页上。

② (唐)不空译:《成就妙法莲华经王瑜伽观智仪轨》,《大正藏》第 19 册,第 601 页下。

则次结五种供养印,各诵真言三遍,供养诸佛圣众。①

进入法界观后,若能不间断地修习,现生可入初地,便可顿集一大阿僧祇劫福智资粮。由于能获得众多如来的加持,可以一直修到十地,也就是获得等觉之位,得一切智智,与一切如来法身共同。然后结"普贤菩萨三昧耶印",诵读真言。

最后,礼拜诸佛菩萨,普皆回向。经文曰:

> 则结三昧耶印,置于顶上诵真言一遍,奉送圣会,虽约真言门仪轨奉送,常恒思惟,一切圣众同一法界,无来无去愿力成就当在灵鹫山中,则起遍礼一切诸佛菩萨,右膝着地诵普贤行愿一遍,则起旋绕窣堵波。或经行,于四威仪心住阿字观门,入胜义实相般若波罗蜜门,念念遍缘一切有情,三界六趣四生,愿获得妙法莲华经王,于闻思惟修习速证无上正等菩提。②

行者礼拜诸佛菩萨,再次诵读《普贤行愿品》,然后绕塔经行,心观"阿"字门,住实相般若,同时回向一切有情、三界六趣四生。

综上所述,在《成就妙法莲华经王瑜伽观智仪轨》中,普贤菩萨显然扮演了重要角色。在第一步的准备阶段,普贤菩萨的地位就十分特殊,行者能否"观自身等同普贤大菩萨身"是此阶段完成与否的标志。在拼坛时,普贤菩萨为八大菩萨之一,为显赫的护法菩萨,位于最重要的内院里面,在之后的作法中要不断地念诵《普贤行愿品》。在观想阶段,普贤菩萨作为观想对象更是扮演了最关键的角色。之后的阶段中还要结"普贤菩萨三昧耶印",以及"普贤菩

---

① (唐)不空译:《成就妙法莲华经王瑜伽观智仪轨》,《大正藏》第19册,第602页上。
② (唐)不空译:《成就妙法莲华经王瑜伽观智仪轨》,《大正藏》第19册,第602页上。

萨三摩地印",要念诵"普贤菩萨陀罗尼",最后要按照《普贤行愿品》的要求"普皆回向"。

综上所述,该行法应该是密教基本仪轨、《华严经》及《妙法莲花经》三者的巧妙结合,这是笔者的基本看法。

第四节　金刚密法中的普贤菩萨及普贤仪轨

金刚密法与胎藏密法都是密教的成熟形态。但是,在许多方面也存在着很大的区别。本节即从金刚密法的根本经典《金刚顶经》入手来考察普贤菩萨在其中的情况。

一、《金刚顶经》中普贤菩萨与金刚手合一

较之于胎藏密法,金刚密法给予普贤菩萨的地位更高,因为金刚密法将密教中最为显赫的金刚手菩萨视为普贤菩萨的在密教中的变体。这种地位,显然是胎藏密法中的普贤菩萨难以达到的。《金刚顶经》这样介绍普贤菩萨与金刚手的关系:

> 时普贤大菩提萨埵身,从世尊心下,一切如来前,依月轮而住,复请教令。时婆伽梵,入一切如来智三昧耶,名金刚三摩地,受用一切如来戒定慧解脱知见,转正法轮,利益有情,大方便力,精进大智三昧耶,无尽无余拔济有情界。一切主宰,安乐悦意故,乃至得一切如来平等智,神境通,无上大乘现证,最胜悉地果故,一切如来成就金刚,授与彼普贤摩诃菩提萨埵。一切如来转轮王灌顶,以一切佛身宝冠缯彩,灌顶已,授与双手。则一切如来,以金刚名,号金刚手。金刚手灌顶时,金刚手菩萨摩诃萨,左慢右舞,弄跋折罗,则彼金刚安自心,持

增进势。①

也就是说,普贤菩萨与金刚手本来就是一体,普贤菩萨得到大日如来的灌顶,被授予"一切如来"所成就的金刚杵,赋予他"一切如来转轮王位",并为之取号"金刚手"。

笔者认为,普贤菩萨与金刚手合一与否,是瑜伽密法(金刚密法)和真言密法(胎藏密法)的重要区别之一。普贤菩萨与金刚手合一,也为普贤在密教中地位升到极致开辟了道路,从此普贤就以另一种身份"金刚手"不断增加新的功能,而各种新出现的密教经典也常常以金刚手作为传承祖师。

可是,从金刚手的来历看,他有独立的渊源,即源于"密迹力士"。关于这一点,新疆的霍旭初先生有过详细的考证:

> 金刚力士均渊源于印度古代神话的夜叉和那罗延天。特别是夜叉是佛教早期金刚力士的主要来源,他们被佛教吸收后经历了复杂的演变过程,逐步形成了金刚力士群体。随着佛教的发展,金刚力士的作用扩大,功能加强,地位不断提升,出现两大类型的金刚力士。一是密迹力士,一是金刚力士,佛经上一般统称金刚力士,或执金刚、金刚神、金刚夜叉等。②

密迹力士和金刚力士的来历并不相同。霍先生认为,密迹力士的来源有两种说法。一种说法认为是从夜叉演化而来的:"根据佛经记述,金刚一般是从印度古代神话里的夜叉衍化而来的。夜叉是印度神话里的小精灵,是财神俱比罗的随从,住在喜马拉雅山中,是那里宝藏的守护者。传说夜叉是从梵天的脚中出生的。"③随着密迹力士的地位不断升高,后来佛经中又给出了密迹力士身

---

① (唐)不空译:《金刚顶一切如来真实摄大乘现证大教王经》卷上,《大正藏》第18册,第208页下。
② 霍旭初:《西域佛教考论》,北京:宗教文化出版社,2009年,第299页。
③ 霍旭初:《西域佛教考论》,第301—302页。

世说明：

> 关于密迹力士的产生,在《大宝积经》卷九《密迹金刚力士会》另有故事叙述。该故事大意是:过去曾有勇郡转轮圣王,有一千个太子及法意和法念二王子。法意曾发誓言,若千位太子能成佛,就去充当金刚力士,并亲近佛,闻佛秘要密迹之事。

> 《大宝积经》所述的法意王子的故事,是密迹金刚力士又一个重要的来源。以后紧随佛身的密迹力士,就是由法意王子变化而来的。[①]

而金刚力士则来源于那罗延天：

> 按佛教经典所载,力士来源于那罗延天。那罗延天梵语Nârâyana,意译为坚固力士、金刚力士,钩锁力士、人中力士等。原为印度神话中的毗纽天大力神。

> 由那罗延天演化的金刚力士与夜叉和法意王子衍化的密迹力士共同组成了佛的近侍护卫者。在佛经里,两位金刚力士常混在一起,难以分清。总的来说,金刚力士的来源、形成、发展、衍化就是上述的两条大体脉络。[②]

霍先生的考证还有不少石窟的造像作为旁证,其论证很让人信服,也和学界的主流观点一致,笔者不再赘述。笔者关心的问题是,为什么恰恰是普贤菩萨和金刚手合为一体了呢? 关于这一点,吕建福教授曾经有过精辟的论述。他认为原因有二:

其一,是因为显教菩萨和密教金刚之间产生了地位冲突。因为按照密教神祇的配置,阿閦佛和普贤菩萨相配,位居东方;宝生

---

① 霍旭初:《西域佛教考论》,第 302 页。
② 霍旭初:《西域佛教考论》,第 302 页。

佛与虚空藏菩萨相配而居南方;阿弥陀佛和观世音菩萨相配而居西方;不空成就佛与毗首羯磨菩萨相配而居北方;四方圣众分别代表金刚部、宝部、莲花部、不空成就部。但是代表金刚部的菩萨却是普贤,是个显教的菩萨,这就与密教的传统说法不相一致了,为了解决这个冲突,《金刚顶经》里就采用了显教菩萨受灌顶而为密教金刚的理论,将普贤与金刚手合为了一体。

其二,之所以恰恰是普贤菩萨与金刚手合为了一体,最根本之处在于两者具有最大的一致性:菩提心。密教中以金刚手表征菩提心,而普贤菩萨也可表菩提心,显密两教菩萨统一于菩提心。①

关于第二点,笔者在这里稍作补充,密教中确实有关于普贤即代表菩提心的说法:"愿彼诸天人,菩提心敷荣,获普贤常乐。"②"念此真言时,心住于平等,不见有自他,唯此一性相,即是普贤性,大菩提之心。"③

并且《大日经》一开始就大谈菩提心:

> 佛言菩提心为因,悲为根本,方便为究竟。秘密主,云何菩提? 谓如实知自心。秘密主,是阿耨多罗三藐三菩提,乃至彼法,少分无有可得,何以故? 虚空相是菩提,无知解者,亦无开晓。何以故? 菩提无相故。秘密主,诸法无相,谓虚空相。……佛言:秘密主,自心寻求菩提及一切智。何以故? 本性清净故。心不在内不在外,及两中间,心不可得。……秘密主,心不住眼界,不住耳、鼻、舌、身、意界。非见、非显现。何以故? 虚空相心,离诸分别无分别。所以者何? 性同虚空,即同于心。性同于心,即同菩提。如是,秘密主。心、虚空界、

---

① 吕建福:《普贤菩萨与金刚乘》,魏道儒主编:《普贤与中国文化》,第 293 页。
② (唐)金刚智译:《药师如来观行仪轨法》,《大正藏》第 19 册,第 27 页上。
③ (唐)不空译:《金刚顶瑜伽他化自在天理趣会普贤修行念诵仪轨》,《大正藏》第 20 册,第 524 页下。

菩提三种无二。①

　　菩提心"遍及一切"而又"无相无分别",这正是它能遍及一切事物的原因和特点。经文中说众生要想成佛,就必须"如是知自心",这其实也就明确菩提心其实就是每人心里都本有的如来藏清净心,而普贤菩萨所表征的"理法界"也恰恰就位于如来藏清净心里,黄夏年先生在其《印度佛教的普贤信仰初探——兼谈普贤菩萨与如来藏的关系》一文中有详细的论述,②本文不再赘述。

　　笔者完全同意吕教授的看法,但认为还存在一个原因,那就是密教所宣称的"金刚界",实际上就是《华严经》中的"普贤地",而稍有改造。"普贤地"这一概念是在《华严经》的十地理论的基础上建立起来的,指的是十地以上、有资格成佛,但由于具有"普贤心",发下"度尽众生"才成佛的宏愿,所以仍然留在三界的菩萨阶段。"普贤地"是沟通"佛地"与"世俗界"的桥梁,强调"佛地"作为"一"与"三界"作为"多"的"不二","普贤地"是佛地真如的显现。处于此地的菩萨,在位格上虽不及法身佛,但在品格上却更崇高伟大,这一点我们在华严部分已有介绍。密教继承了《华严经》的这个思路,但又加以改造,将"普贤地"变为了"金刚界",故进入"金刚界"所成就的"执金刚身",也就等同于"普贤身""普贤大菩萨身",这在密教经论中比比皆是。关于这些,笔者将在之后的《密教里的普贤哲学》一节中详述。

　　正因为"金刚界"理论是整个密教的基石,将密教的教主金刚手与普贤菩萨等同,就不仅仅是密教仪轨方面的需要了,而是构建整个密教理论的需要了,也是密教进一步发展的需要。所以说,密

---

　　①　(唐)善无畏、一行译:《大毗卢遮那成佛神变加持经》卷第一,《大正藏》第 18 册,第 1 页上。

　　②　黄夏年:《印度佛教的普贤信仰初探——兼谈普贤菩萨与如来藏的关系》,魏道儒主编:《普贤与中国文化》,第 102 页。

教将普贤菩萨与密教教主等同,不是出于偶然,而是密教进一步发展的必然。

二、金刚密法中的普贤仪轨

金刚密法中的普贤仪轨根据所求目的不同分为很多种类,无法一一介绍,只能找出比较典型的、具有代表性的经典给予介绍和总结。笔者就以《金刚顶胜初瑜伽普贤菩萨念诵法》和《普贤金刚萨埵略瑜伽念诵仪轨》为例来阐述普贤菩萨在金刚密法中的表现。

我们先看普贤菩萨在《金刚顶胜初瑜伽普贤菩萨念诵法》中的情况。该经一开始就先强调了修行该法门的前提条件:"归命礼普贤,法界真如体,我今依大教,金刚顶胜初,略述修行仪。"[1]本经明确认为普贤菩萨表征的就是"法界真如体",即宇宙现象之本源。必须以归命宇宙本源之诚心来礼赞作为其表征的普贤菩萨,才能有资格修此法门。因此,行者必须圆满"普贤行",才能修此密法:"应满普贤行,求成最正觉,身心不动摇,定中礼诸佛。"[2]这是内在前提条件,可见该法修行的起点是很高的。除此之外,还有另外一个条件:"若欲求解脱,彼于阿阇梨,求受于灌顶,若得许可已,方依本教修。"[3]那就是必须取得传法阿阇梨的灌顶,得到其许可,才能修此密法。

其仪轨的第一步是造坛、观想、持咒环节:

拣择得胜处,建立于轮坛,即当想自身,同彼普贤体,色白

---

① (唐)不空译:《金刚顶胜初瑜伽普贤菩萨念诵法》,《大正藏》第 20 册,第 528 页上。

② (唐)不空译:《金刚顶胜初瑜伽普贤菩萨念诵法》,《大正藏》第 20 册,第 528 页中。

③ (唐)不空译:《金刚顶胜初瑜伽普贤菩萨念诵法》,《大正藏》第 20 册,第 528 页上。

如珂雪,端坐入三昧,舌上想五股,净妙金刚杵,密诵此真言……①

由于真言的作用,行者会开净眼,而观到虚空中诸佛遍满,犹如胡麻:

由诵此真言,身器皆清净,即观虚空佛,遍满如胡麻,则诵遍照明,历然见诸佛。②

仪轨的第二步是用种种复杂的手印(身密)和不同的真言密语(语密)以及不同的观想形象(意密)来礼请五方诸佛以及诸护法金刚。五方诸佛依次是大毗卢遮那佛、阿閦佛、宝生佛、无量寿佛、不空成就佛。五方佛在坛场中各就其位,并各有手印及密语:

以五佛色身,安住相应印。遍照薄伽梵,契住如来拳;次陈阿閦鞞,定羽持衣角,成拳按心上,慧触地如仪;施愿宝生尊,智掌仰当乳;无量光胜印,定拳慢执莲,慧拳似敷华,又如无动佛,智羽三幡相,如拔济有情,扬掌于乳傍;不空成就印,又作金刚缚,开掌禅智合,檀慧直如峰,忍愿入于掌,相合如箭状,印心额及喉。③

金刚密法的特征十分明显。除了五方佛之外,还要礼请多位金刚菩萨,如金刚眼、金刚嬉戏、金刚歌、金刚舞、金刚笑等,不一一列举。其中,普贤菩萨居于本尊,行者要观想普贤菩萨显现出慢契相:

① (唐)不空译:《金刚顶胜初瑜伽普贤菩萨念诵法》,《大正藏》第20册,第528页上。

② (唐)不空译:《金刚顶胜初瑜伽普贤菩萨念诵法》,《大正藏》第20册,第528页上。

③ (唐)不空译:《金刚顶胜初瑜伽普贤菩萨念诵法》,《大正藏》第20册,第529页上。

大圣处于间，契住金刚慢，复陈四尊位，眼箭在其前，色赤衣服然，冠鬘以严饰，二羽弯弓矢……二拳各居跨，以头向左倾，慢契相遂成。①

菩萨头向左倾，显得对行者不屑一顾，这当然是大菩萨应有的威仪。行者要想与普贤菩萨契合，就必须礼请诸金刚菩萨的帮助：

金刚眼献灯，色赤严饰尔，末为涂香位，金刚大吉祥。②

东南名嬉戏，二拳以当心；笑处于西南，二羽口傍散；歌居于西北，弹执其箜篌；东北舞为名，如仪旋转势。形服皆金色……③

在金刚嬉戏、金刚眼、金刚歌、金刚舞等的帮助下，普贤菩萨就由"慢契相"转为了"爱契相"：

大圣所严饰，华座及衣服，并余见前尊，其色随身相，殊形具众德，首戴五佛冠将建曼荼罗，诸位先存想，月轮圆明现……戒方舒成针，檀慧合而直，禅智自相并，各押进力傍，爱契相已成。④

这显示了普贤大菩萨与行者的距离拉近了。十六金刚菩萨的工作都完成后，金刚萨埵也就成就了。普贤菩萨也由原来以雪白色身呈现的显教普贤菩萨形象变为了头戴五佛冠、身披甲胄的金刚萨埵相了。这就意味着行者的修行取得了关键性的成就，具备了进入悉地的条件：

① （唐）不空译：《金刚顶胜初瑜伽普贤菩萨念诵法》，《大正藏》第20册，第529页上。
② （唐）不空译：《金刚顶胜初瑜伽普贤菩萨念诵法》，《大正藏》第20册，第529页中。
③ （唐）不空译：《金刚顶胜初瑜伽普贤菩萨念诵法》，《大正藏》第20册，第529页下。
④ （唐）不空译：《金刚顶胜初瑜伽普贤菩萨念诵法》，《大正藏》第20册，第530页上。

> 金刚萨埵位,及行者所居,皆有十六尊,围绕端严住,又诵次所陈,最胜真实赞,能才称念故,速令悉地圆。①

接着就进入了仪轨的第三步,行者通过念诵、发愿、供养等手段与本尊法身相契合。

> 加持被甲已,齐掌而三拍,令圣众欢喜,以此真言印,解缚得欢喜,而诵真言曰……奉送圣众已,自作加持竟,便出于道场,任意自经行,转读大乘典,调息自身心,心常想本尊,仁者应遵奉。②

行者通过种种手段使得圣众欢喜,加持自己,从而与金刚萨埵合一,成就法身。然后就是奉送各位圣众。至此做法完毕。

另外一部具有代表性的金刚密法普贤仪轨经典为《普贤金刚萨埵略瑜伽念诵仪轨》,经文详细描绘了具体的做法:

> 修行者住胜解行地,曾入金刚界大曼茶罗,受菩提心戒;于诸有情,有大悲愍拔济安乐心,不惜身命;刹那刹那常怀得普贤菩萨身,于身业勤常习,遍观一切诸佛菩萨,如对目前。③

经文首先讲述了修行此普贤仪轨的前提条件:第一是要修行者住"胜解行地",也就是要求行者要对经典比较熟悉,理解经典所讲的内容;第二是"曾入金刚界大曼茶罗,受菩提心戒";第三是"有大悲愍拔济安乐心,不惜身命";第四是"刹那刹那常怀得普贤菩萨身,于身业勤常习",要求按照普贤行愿来指导自己的行动;第五是"遍观一切诸佛菩萨,如对目前",讲也要观想一切佛菩萨,得到他

---

① (唐)不空译:《金刚顶胜初瑜伽普贤菩萨念诵法》,《大正藏》第 20 册,第 530 页中。

② (唐)不空译:《金刚顶胜初瑜伽普贤菩萨念诵法》,《大正藏》第 20 册,第 531 页上。

③ (唐)不空译:《普贤金刚萨埵略瑜伽念诵仪轨》,《大正藏》第 20 册,第 531 页中。

们的加持。然后经文就依次讲述修行的次第：

首先是修行地点的选择："所居山间阿兰若，或于精室，或于伽蓝，或于宅舍建立道场，面向东方或西随取稳便，端身结跏趺坐或全跏或普贤跏或随意坐。"①

其次是密语："心遍缘一切有情界。令有情三业身口意净密语曰：唵（引）娑嚩（二合）婆嚩（二合）戍（入声）度憾。"②

第三步是观想。"应观如来相好完备。"③

第四步是"发露说罪""发愿""结印"。由阿阇梨引导，发动"自性金刚智"："此印及诵密语当入曼荼罗阿阇梨所引入，金刚萨埵三业金刚令入弟子心，自性金刚智令，得发动显现。"④

第五步是"住普贤菩萨三摩地"，坐于月轮，令身色相光明圆备："作是思惟，我身既成普贤菩萨，发此心时成就无边解脱观一切有情，自他无别。"⑤

第六步是"住胜三世忿怒金刚三摩地"：

> 左脚踏摩醯首罗，右脚踏乌摩，即以二手金刚拳，二小指反相钩，竖二头指，以印左旋辟除人天诸魔及作障者，右旋即成结方隅界，诸佛菩萨尚不违越，何况三界中作障者……由结此印诵密语三密相应，阿赖耶识中所有杂染种子，以此金刚智火，焚烧悉尽，一切外障不能为障难。⑥

> 由结此印诵密语，灭一切障，获得安乐悦意，超魔境，即同诸佛得一切世天供养。⑦

---

① （唐）不空译：《普贤金刚萨埵略瑜伽念诵仪轨》，《大正藏》第20册，第531页上。
② （唐）不空译：《普贤金刚萨埵略瑜伽念诵仪轨》，《大正藏》第20册，第531页中。
③ （唐）不空译：《普贤金刚萨埵略瑜伽念诵仪轨》，《大正藏》第20册，第531页中。
④ （唐）不空译：《普贤金刚萨埵略瑜伽念诵仪轨》，《大正藏》第20册，第531页下。
⑤ （唐）不空译：《普贤金刚萨埵略瑜伽念诵仪轨》，《大正藏》第20册，第532页上。
⑥ （唐）不空译：《普贤金刚萨埵略瑜伽念诵仪轨》，《大正藏》第20册，第532页上。
⑦ （唐）不空译：《普贤金刚萨埵略瑜伽念诵仪轨》，《大正藏》第20册，第532页中。

　　第七步,行者观想自身与普贤菩萨身合一。但这还不是真正的合一,只是修行的必要步骤:"次观遍满虚空中佛,悉来入金刚杵中合为一体,由作如是观智并诵密语,修行者三业成如金刚,修行者当观自身如普贤菩萨,戴其五佛冠身如水精月色,右手持五钴金刚杵,左手持金刚铃,身处在满月轮,了了分明。"①

　　第八步,还需要其他菩萨及其众眷属的加持:"次结四门菩萨印仪,初东门金刚钩菩萨,居曼茶罗中青色;南门中金刚索菩萨,黄色持索为印;西门中金刚锁菩萨,赤色持锁为印;北门中金刚铃菩萨,绿色持铃为印。此四菩萨各具五佛冠鬘种种严丽,以为庄严。"②

　　然后就可以看到普贤菩萨及其眷属降临道场:

　　　　由结印诵密语,能警觉普贤菩萨并诸圣众眷属,欢悦不越本誓来降道场。③

　　　　次于曼茶罗中位想圆满月,于月轮中有普贤菩萨,住金刚慢印。④

　　　　次当诵普贤菩萨赞曰:萨嚩(引)怒啰(引)誐……⑤

　　第九步,行者自身等同普贤菩萨身,也就是成毗卢遮那佛身:

　　　　住大印,等同普贤菩萨,若欲成就本尊应一月念诵,每日四时无限数念诵,若疲倦解印,全身金刚合掌作礼,以此为憩息,令其心不疲厌。其满月夜结大印,一夜念诵至于晨朝,普贤菩萨来,身光如月轮抱其行者自身,入遍支分,其行者身等同普贤,五佛头冠身着天妙璎珞华鬘,身口意如金刚萨埵。所

---

① (唐)不空译:《普贤金刚萨埵略瑜伽念诵仪轨》,《大正藏》第20册,第532页中。
② (唐)不空译:《普贤金刚萨埵略瑜伽念诵仪轨》,《大正藏》第20册,第533页上。
③ (唐)不空译:《普贤金刚萨埵略瑜伽念诵仪轨》,《大正藏》第20册,第533页中。
④ (唐)不空译:《普贤金刚萨埵略瑜伽念诵仪轨》,《大正藏》第20册,第534页中。
⑤ (唐)不空译:《普贤金刚萨埵略瑜伽念诵仪轨》,《大正藏》第20册,第535页上。

有亲族见彼人成如是威德,皆生惊愕恭敬礼拜。彼人常在自家作大神通,亦作佛身现大神通,亦现三世胜金刚身。调伏难调者悉皆调伏,随意腾空,自在往于无量世界,供养诸佛,受天妙五欲乐,寿命尽虚,利乐无边有情,成大利益,成毗卢遮那佛身。①

从以上陈述可以看出,在《普贤金刚萨埵仪轨》中,普贤菩萨既是修行的目标,也是修行的核心。从"相"的角度看,也就是从其表现的形态而言,是金刚萨埵相,他右手持五钴金刚杵,左手持金刚铃,并可显化教令轮身,成降三世明王相,左脚踏摩醯首罗天,右脚踏乌摩妃;从"体"的角度看,也就是从实质的角度看,他就是毗卢遮那佛,这在仪轨中都是很明显的。

三、普贤延命仪轨

密教中的普贤菩萨有个非常突出的职能,那就是"延命",该法门从仪轨上看,属于瑜伽密法,故也放在此处一并介绍。此法除了"延命"这一主要功能之外,还可同时达到多项好处,从升官、发财到送子送女,从提高辩才到护国保民,几乎包罗万象,在古代印度曾经非常兴盛,在现在的藏密、日本密教中也非常受重视。

唐代不空翻译的《佛说一切诸如来心光明加持普贤菩萨延命金刚最胜陀罗尼经》中,明确将"金刚寿命陀罗尼"归为普贤菩萨宣说:

> 如是我闻,一时佛在殑伽河侧,与诸大比丘僧菩萨摩诃萨天人众俱。尔时会中有普贤菩萨,住如来秘密三摩地,从三昧起,现大神通力,诸佛加持金刚寿命陀罗尼,令诸众生增寿命故无夭横死,亦令获得金刚寿命坚固不坏,成就菩提到不退

---

① (唐)不空译:《普贤金刚萨埵略瑜伽念诵仪轨》,《大正藏》第 20 册,第 535 页上。

地。尔时世尊于心转光明召集十方世界恒河沙诸佛,满虚空中,各放光明如因陀罗网,以光明照触普贤菩萨令宣说金刚寿命经。……尔时普贤菩萨得诸佛心印,即住金刚寿命三昧耶,于身毛孔中放无量微尘等数光遍十方界,以自在神通力即说陀罗尼曰……①

"金刚寿命陀罗尼"产生的因缘是什么? 有两种不同的说法。不空所译的《佛说一切如来金刚寿命陀罗尼经》中认为,能够"延命"的"金刚寿命陀罗尼",它本是"一切如来"的心咒:

> 如是我闻,一时佛在殑伽河侧,与诸比丘及大菩萨无量天人大众俱,尔时世尊告毗沙门等四天王言:"有四种法甚可怖畏,若男若女童男童女,一切有情无能免者,所谓生老病死,于中一法最为遍恼,难可对治。所谓死怖,我愍是故说对治法。"尔时四天王白佛言:"世尊我于今日为获大利,唯愿世尊为众生故宣说是法。"尔时世尊面向东方,弹指召集一切如来,作是誓言:"所有十方一切如来应正等觉,为众生故,证菩提者咸皆助我,令我以一切如来威神力故,悉令一切众生转非命业,使增寿命。我昔未为众生转此法轮,于今方转,能令众生寿命色力皆得成就无夭死怖,如是南西北方四维上下,召集惊告亦复如是。"尔时十方尽佛眼所到,若干世界一切如来皆悉赴集,遍满虚空数如微尘,尔时一切诸佛为加持故,异口同音,即说一切如来金刚寿命陀罗尼曰……②

显然,该经认为此延命法的由来是佛为了帮助众生克服"死怖",即对死亡的恐惧所说。这是第一种说法。

---

① (唐)不空译:《佛说一切诸如来心光明加持普贤菩萨延命金刚最胜陀罗尼经》,《大正藏》第 20 册,第 579 页上。

② (唐)不空译:《佛说一切如来金刚寿命陀罗尼经》,《大正藏》第 20 册,第 578 页上。

但同是不空所译的《金刚寿命陀罗尼念诵法》对此却另有一种说法：

> 毗卢遮那佛受诸如来请已，欲转法轮时，即入三摩地，观见摩醯首罗天等刚强难化，执着邪见，非我寂静大悲之身，堪任调伏。于时世尊入忿怒三摩地，从胸臆五峰金刚菩提心，流出四面八臂威德炽盛赫奕难睹降三世金刚菩萨身，遍礼毗卢遮那及一切诸佛。唯愿世尊示教于我，何所为作佛告降三世菩萨，汝今调伏难调诸天，令归依诸佛法僧发菩提心，诸天尽皆归依。唯大自在天恃大威德，来相拒敌，降三世种种苦治，乃至于死。毗卢遮那佛入悲愍大悲三昧耶，说金刚寿命陀罗尼，便入金刚寿命三摩地，乃结印契加持摩醯首罗天，复还得苏，更增寿命，归依诸佛灌顶，授记证得八地。金刚寿命真言曰……①

该经认为，"金刚寿命陀罗尼"是毗卢遮那佛为了调伏大自在天，现教令轮身，呈降三世明王相，将大自在天杀死，然后佛大悲心起，入"悲愍大悲三昧耶"而说出的"金刚寿命陀罗尼"，从而救活了大自在天的性命，使之皈依佛教。

第二种说法与不空所译的《金刚寿命陀罗尼经法》与《金刚寿命陀罗尼经》一致。这两种对"金刚寿命陀罗尼"来历的说法可能都是最初的"金刚寿命陀罗尼"的来源。那么，就有一个问题：佛身边的大菩萨很多，为何单单让普贤菩萨来说此陀罗尼呢？"金刚寿命陀罗尼"究竟与普贤菩萨有什么内在的联系？我们看经文：

> 佛告执金刚菩萨……结加趺坐端身闭目，二手重叠安于脐下，于虚空中遍想诸佛，了了分明。即于自身中当心观如满

---

① （唐）不空译：《金刚寿命陀罗尼念诵法》，《大正藏》第20册，第575页中。

月，光明莹彻，上有五股金刚杵，形渐大如等身，变为降三世菩萨，顶有毗卢遮那佛，从佛遍身遍毛孔中，出甘露灌顶，注自身入于心中。复想金刚萨埵菩萨，即结金刚寿命菩萨陀罗尼印，二手金刚拳，以头指右押左相钩，安于顶上，诵金刚寿命陀罗尼七遍，安于额上，分手系项后，直舒二指，遍身旋转如擐甲胄势。①

经文中提到，"复想金刚萨埵菩萨，即结金刚寿命菩萨陀罗尼印"，可见，"金刚寿命菩萨"实际上就是"一切如来"之共同之本"金刚萨埵"，而金刚萨埵在金刚密法中就是指普贤菩萨，这样，普贤菩萨和"金刚寿命菩萨"就找到了共同点，可以合一了。再者，"一切如来"指的是的"报身"或"化身"如来，代表的是现象界，"毗卢遮那佛"，指的是法身如来，代表的是本体真如界，前者是"多"，后者是"一"，而普贤菩萨是"多"与"一"的桥梁，与毗卢遮那佛同体，是毗卢遮那佛在现象界、轮回中的显现。故本来由毗卢遮那佛所说的"金刚寿命陀罗尼"转为普贤菩萨所说，既合理也合"法"。因此，笔者认为，在《金刚寿命陀罗尼念诵法》中所提及的"金刚寿命菩萨"指的就是普贤菩萨，"金刚寿命陀罗尼"实际上也就是一切如来加持下由毗卢遮那佛或普贤菩萨所说的用来救活性命、延长性命的陀罗尼。该密法开篇就宣称自己的修法依止的是《金刚顶瑜伽经》：

> 我今依《金刚顶瑜伽经》，毗卢遮那报身佛，于色界顶第四禅，成等正觉，即下须弥顶金宝峰楼阁，尽虚空遍法界一切如来。②

故本文将之列为金刚密法之一类。

----

① （唐）不空译：《金刚寿命陀罗尼念诵法》，《大正藏》第 20 册，第 575 页中。
② （唐）不空译：《金刚寿命陀罗尼念诵法》，《大正藏》第 20 册，第 575 页上。

《金刚寿命陀罗尼经法》里详细地描述了"金刚寿命经法"的修行过程：

第一步为"入定"，即所谓的"三摩地门"：

> 次说三摩地门，结跏趺坐闭目端身，二手重叠或结定印，安于脐下，于虚空中遍想诸佛了了分明，即自身中当其心上，观净满月光明莹彻，上有五股金刚杵形，舒炽渐大如等己身，变为降三世金刚菩萨，顶有毗卢遮那如来，从佛身上遍体毛孔中，出白甘露灌注自身。①

可见所谓的"三摩地门"，主要内容为"打坐""结印"和"观想"，观想的主要内容为：先想虚空中"一切如来"了了分明，自心上如满月，光明莹彻，上有金刚杵，金刚杵渐次变为降三世金刚菩萨，菩萨头顶有毗卢遮那佛，佛身遍体毛孔中出白色甘露，灌注己身。

经文中在谈了"降三世明王"后，忽然出现了"金刚萨埵"："次心中复观，金刚萨埵菩萨，相好殊胜，威德自在。"②

《金刚寿命陀罗尼经法》中所讲的修行法比《金刚寿命陀罗尼念诵法》中的修行法多了"观想金刚萨埵"这一环节，笔者认为这不是偶然，而是反映了印度佛典发展的一种倾向，即抬高金刚萨埵，因为金刚萨埵才是"金刚寿命菩萨"。

第二步为"结印"，即所谓的"金刚寿命加持甲胄密印"：

> 次结金刚寿命加持甲胄密印，各以二手作金刚拳，以进力右押左，相钩安于顶上，即诵寿命真言七遍，安于额前分手系项。系项后已，直舒进力旋转如环，下至心上相缠如系甲势。次至背后复系，来至脐两膝腰后，当心二肩顶前顶后，复至额前重系项后，金刚拳系渐垂两手，徐徐而下如垂带势。当诵真

---

① （唐）不空译：《金刚寿命陀罗尼经法》，《大正藏》第20册，第576页中。
② （唐）不空译：《金刚寿命陀罗尼经法》，《大正藏》第20册，第576页中。

言成被甲胄护身被甲真言曰：……由结密印加持威力，身如金刚坚固难坏，离诸灾横见者欢喜，一切人民生大恭敬。①

第三步为"护摩"：

次说护摩秘密之法。所谓除灾延寿增益……苏摲两头炉中烧，炭火炽盛，诵延命真言加持火木，每诵一遍一掷火中。火既炽已，于光焰中观作八叶莲华，于胎中当观阿字，光明晃曜，遍照成大金刚寿命菩萨。次以四字明引请菩萨，降入坛中受诸供养。四字密言曰：弱(jah)吽(hūm)鑁(vam)斛(hoh)。②

"护摩"就是俗称的"火供"，是佛教从印度教中借鉴而来的作法。该法以火代表智慧，以火代表众神之口，认为信众以供品投入火中，即代表投入众神口中，众神吃下信众所供的供品，由信众所念的真言相引，便会降临坛场，满足信众的愿望。③ 至于进行护摩仪式的具体方法，经文介绍有四种坛法：方形、圆形、三角形、莲花形，根据所求目的之不同而选择。

建立坛场时，找一净室，往下挖一肘深，除去灰骨瓦石等不净之物，再以净土填之。坛场直径三肘，用"瞿摩"涂饰，使之平如镜面，用白粉在上面作直径一肘半的"金刚甲胄"，在中央作直径一肘宽的火炉，深度不定，常为半肘深，也可以取一个火炉放在坛心。然后安置"降三世明王"的像，作为本尊，所供之物如花、果、饮食、布坛场四周，护摩所用药物放在行者前，取四个瓶子放在坛场四角。

然后依法念诵，取事先置办好的"乳木"，即刚长出即取下的枝条二十一根，这些"乳木"长"十指量"（一指量及大拇指和二拇指叉

---

① （唐）不空译：《金刚寿命陀罗尼经法》，《大正藏》第20册，第576页中。
② （唐）不空译：《金刚寿命陀罗尼经法》，《大正藏》第20册，第576页下。
③ 张了开、杨欣：《普贤延命菩萨考》，《宗教学研究》2007年第4期。

开之间的距离),粗细犹如大拇指,截开这些"乳木"的两头不断地投入火炉中焚烧,一边念诵"延命真言",即"金刚延命陀罗尼"。念一遍真言,就投掷一块"乳木"入火中,在火势达到鼎盛时,在火焰中观想八叶莲花,在胎中观想"阿"字,光明晃耀遍照,成大金刚寿命菩萨,即金刚萨埵,用四字明咒将之引入坛场,受诸供养。

> 即以右手作半金刚印,以水洒火令净,次取一器盛满融苏,取骨蒌草一千八茎乃至一百八茎,以揾其苏。诵寿命真言,随其草数,一诵一掷于其火中,既掷尽已。次复烧掷诸香奶酪,如前念诵课数毕已,满杓倾苏于火中,初后如是。若能于三长斋月或自生月乃至生日作是供养,能除灾难增益寿命,具大福智胜愿圆满。①

然后用右手作"半金刚印",在火中洒一点水,象征"洗净"之意。用器皿盛满融苏,取"骨蒌草"若干,数量按需要而定,一般是"一千八茎乃至一百八茎"之间取一数字。念诵金刚寿命真言,念一遍即投一支入火炉中,然后将器皿中的奶酪等倒入火中。这样坚持"三长斋月"或"自生月乃至生日",就可以增益寿命,获得大福智。

第四步为"延命法门"的余下步骤:

> 若作息灾延寿法,面向北坐当作圆坛,观诸圣众悉皆白色,身着白衣供养白食,诸供养具一切皆白烧沉香;……若作增益富饶法者,面向东坐,身及圣尊及身衣服,并及供养食果器物,一切黄色烧白檀香;……若作调伏法者,面向南坐,身及本尊衣服供具,一切尽皆深青黑色,烧安息香;……若作敬爱法者,面向西坐,身及本尊衣服供具,一切尽皆赤色,烧苏合等

---

① (唐)不空译:《金刚寿命陀罗尼经法》,《大正藏》第 20 册,第 577 页上。

香**卍**字,是普贤延命种子也。①

经文特别举出了"延寿""增富""调伏""敬爱"等四法,各有方位,及相关要求。

总之,普贤菩萨在瑜伽密法中的地位显著上升了,这种上升与其受到"一切如来"的灌顶,由大毗卢遮那佛授记成为"金刚手秘密主"而得以确立。不过,普贤菩萨等同于金刚手,也只是金刚密法一系的观点,也只是在瑜伽密法的仪轨中才成立。很显然,不管是在此之前的真言密法还是在后面的"无上瑜伽"中,金刚手和普贤菩萨都不是一个,而是两个各司其职的神祇,这是需要说明的。

第五节　轮王密法中的普贤菩萨与 普贤仪轨

密教从唐朝开始系统传入中国,一直到北宋时还在系统地传入新的经典,说明其本身也是一直在发展的。这一时期的印度大陆,传统的印度教在吸收了佛教和其他教派的一些理论后,加强了自身的力量,重新复兴,而佛教面临的生存危机却日渐加深,从而开始大规模地引入印度教的理论和做法,其表现就是在密教中"轮王"类的出现和发展。这类经典属于广义的瑜伽密教典籍,但在瑜伽密教中比较独特。我们要考察密教中的普贤,不能回避此类密法,故也单列一节给予介绍。

一、轮王密法简介

轮王类也称佛顶类,称为"佛顶"。"顶"者,最高之意,就是说

---

① （唐）不空译:《金刚寿命陀罗尼经法》,《大正藏》第 20 册,第 577 页上。

其是佛的诸多显化身中最高者;"轮"者,古印度神话中的一种神器,有摧毁一切的力量,王者持有该轮,即可称为轮王,取得天下。密典中尤其对所谓的"一字顶轮王"非常重视。所谓的"一字顶轮王",实际上乃是佛的一种最高的变体:"毗卢遮那佛,一字顶轮王,殊胜秘密法,瑜伽念诵仪,修此三昧者,现证佛菩提。"①

"一字顶轮王"中的"一字",象征意义是"本体"的代表,它像太阳、月亮那样照耀一切,且能"变身毛孔中""流出无量佛":

> 我今已略说,广法如大经,应观自心月,月形具光明,则于此月中,一字如金色,难睹如日轮,光明普舒遍,瑜岐想光明,则其字为轮,其轮为转轮,持妙色形七宝围绕,遍身毛孔中,流出无量佛。②

轮王类和普贤菩萨也有密切关系:

> 稽首礼普贤,诸佛转轮王,现证大菩提,受名金刚界,为转教敕轮,从自顶流出,大金轮明王,威光逾众日,七宝具围绕,为一切佛顶,轮王之轮王,才现奇特身,诸圣众皆没,显胜绝不共,唯佛一体故。③

因为《华严经》中的"普贤地"在密教中被改造为了"金刚界",而轮王类也是"金刚界"的轮王,故其和普贤菩萨应该也是"同体"的("唯佛一体故")。

密教经典中对轮王的威力做了种种渲染,如在《一字佛顶轮王经》中,开篇就介绍了世尊显现为顶轮王时出现的种种不可思议的境界:

---

① (唐)不空译:《金刚顶经一字顶轮王瑜伽一切时处念诵成佛仪轨》,《大正藏》第19册,第320页下。
② (唐)不空译:《一字顶轮王瑜伽观行仪轨》,《大正藏》第19册,第315页下。
③ (唐)不空译:《金刚顶经一字顶轮王瑜伽一切时处念诵成佛仪轨》,《大正藏》第19册,第320页中。

尔时世尊处于此座,于一切法成最正觉,知见三世悉皆平等,其身赫奕放无量俱胝殑伽沙数日轮光王,照明十方无边无际一切刹海诸佛道场,各于道场光明中,演一字顶轮王一切法教,导化调伏一切有情,光遍十方无处不至,过现未来一切诸佛所有神变,于光明中靡不咸睹,一切佛土不思议事,所有庄严悉亦显现。①

看到大家对佛的这种三昧很惊奇,秘密主金刚手就向佛请教,世尊于是给大家演示神变,并口诵"一字顶轮王咒",该神咒的威力皆未曾有:

尔时如来说是咒时,殑伽沙等三千大千世界,一时六返震动,如赡部洲旋岚猛风,吹诸丛林草木动等,是中一切苏弥山王亦皆大动,一切河海尽皆涌沸,以佛神力一切魔宫大火遍起。是中诸魔为火所逼,悉皆惶怖称佛归依,一切地狱苦皆消息。会中有情各及眷属,无有一能窥瞻仰者,是会一切诸大菩萨,如弥勒等亦无有能窥瞻观者,其观世音菩萨、金刚密迹主菩萨,以佛威神欻然之间闷乱躄地。是时彼诸大威德天,所谓大自在天那罗延天帝释天俱癹罗天婆鲁拏天焰摩法王,乃至一切诸天天神一切神鬼大威德者,所执轮戟杵索棒杈,及诸侍从各手器仗悉皆坠落。是诸菩萨佛加持力,忆念一切如来一字佛顶轮王菩提神通大三摩地,是时一切诸天、龙神、药叉、罗刹、乾闼婆、阿素洛、迦楼罗、紧那罗、摩呼罗伽天神鬼等,一时战怖身毛悚竖,无敢观瞻大法轮王姿好威光时惟等心归佛世尊。②

该神咒显然超越了其他神咒,因为它不仅使得诸天部、夜叉部

---

① （唐）菩提流志译:《一字佛顶轮王经》卷第一,《大正藏》第19册,第224页中。
② （唐）菩提流志译:《一字佛顶轮王经》卷第一,《大正藏》第19册,第226页下。

等的兵器"悉皆坠落",而且连十地菩萨如观音、金刚手等也"闷乱躄地",这是之前的佛经中从来没有过的。

不空所译的《菩提场所说一字顶轮王经》,就此神咒的威力说得更加简洁生动:

> 尔时世尊作如是神力加持,为令显现轮王佛顶故,自身作转轮王形,功德相庄严,七宝成就,一切光明炽盛,晃曜照曜,以无量法,庄严间错严饰大轮王师子座而坐,炽盛照曜一切圆光,如轮周匝形成一聚光,无有一有情有情众,当彼之际而敢不瞬目瞻睹,彼所有慈氏等大菩萨,彼皆刹那顷,亦不能不瞬目而瞻视。尔时观自在菩萨、金刚手秘密主菩萨,以佛威力闷绝躄地。①

《五佛顶三昧陀罗尼经》和《一字奇特佛顶经》,也同样渲染佛顶类的强大,内容与上面引述的经文类似,当世尊显现轮王身时,三千大千世界六番震动,魔宫大火遍起,诸魔惶恐归服,观音、金刚手等显密教的大菩萨都"闷乱躄地",而天龙八部等鬼神则兵器坠落。

至于为何佛顶类有如此巨大的威力,《一字奇特佛顶经》解释说,这是因为该神咒不是佛一人所说,而是"一切如来"所说,集合了"一切如来"的能量:

> 尔时释迦牟尼如来,从彼三摩地起,告金刚手秘密主言:金刚手汝今受此大忿怒王一切如来所说,为成就顶轮王真言者,令作加护。如是一切世界中一切如来,皆从彼三摩地起,各各于世界中,为彼菩萨说。②

---

① (唐)不空译:《菩提场所说一字顶轮王经》卷第一,《大正藏》第19册,第195页上。

② (唐)不空译:《一字奇特佛顶经》卷下,《大正藏》第19册,第305页下。

佛教推崇的佛顶种类很多,但最为有名的还是形貌很奇特的"白伞盖佛顶王":

> 尔时世尊显佛顶威德故,欲现佛伞盖威德故,一切佛伞盖加持故,是时住白伞盖佛顶王,身如伞盖形,盖此三千大千世界,无一有情而作质碍,白伞盖形悉皆覆于佛顶,其伞盖顶,当于如来顶中。……仁者,此名白伞盖佛顶王。无量如来所共宣说……一切如来之伞盖,成佛顶王伞盖,作一切有情速疾成就,是一切诸佛伞盖,名为白伞盖,大威德菩萨,不得其边际,于千俱胝劫度量,亦不得其边际,亦不能见边际。①

修持佛顶法门,还可有不可思议的好处。除了震慑魔界,护佑众生外,对行者自身也有很大的好处:可以获得轮王的护佑,即使劫难到来,世界崩坏,行者也可以"劫坏时移余世界":"如是此大印无能胜大忿怒王,于佛顶教修行者,一切大障处应用,成办一切事业……得闻持陀罗尼,劫坏时移余世界。"②

轮王密法的这个职能不可小觑,死亡为一切有情所怖畏,而轮王密法可以让信众"劫坏时移余世界",对信众而言应该具有很大的吸引力。

二、普贤菩萨在轮王密法中的地位

下面以《五佛顶三昧陀罗尼经》为例,来观察普贤菩萨在轮王类的仪轨中地位:

> 次白伞盖顶王后画超胜顶王,亦如菩萨形身服状相具大威德,观顶轮王,手执弭惹布啰迦果,坐白莲花。次顶轮王右,

---

① (唐)不空译:《菩提场所说一字顶轮王经》卷第一,《大正藏》第19册,第195页下。
② (唐)不空译:《一字奇特佛顶经》卷下,《大正藏》第19册,第304页下。

画光聚顶王,身金色相身有圆光作种种色,执如意珠坐莲花座。次顶轮王左边,画主兵神,右手覆右膝上施之无畏,左手扬掌坐白莲花。次于光聚顶王后,画胜顶王,身金色相结加趺坐,观顶轮王,左手执宝如意珠,右手仰右膝上施之无畏,身有圆光坐莲花座。次佛右侧画普贤菩萨,结加趺坐手执白拂,次佛左侧画弥勒菩萨,结加趺坐手执白拂。次佛座下当前右边,画观世音菩萨,左边画金刚密迹首菩萨,各曲躬仰视,结加趺坐坐宝莲华。次普贤菩萨后,画曼殊室利童子菩萨。次画无垢慧菩萨,次画寂静慧菩萨,次画无尽意慧菩萨,次画虚空藏菩萨,次画虚空无垢藏菩萨,次画大慧菩萨。①

该仪轨中,释迦牟尼佛居中而坐,佛的右侧为"一字顶轮王",于"一字顶轮王后"旁边画"光聚轮王","光聚轮王"后为"胜顶轮王";佛的左侧为"白伞盖轮王","白伞盖轮王"旁边为"高顶轮王"。轮王之后为菩萨类,普贤菩萨居佛之右侧,与弥勒菩萨同为诸菩萨之首,之后依次为金刚类、明王类、部母类、天部等种族。他们共同构成此"一字佛顶轮王大变像法"。普贤菩萨在其中是菩萨种族的两大代表之一,地位是很高的。

其他还如《金轮佛顶像法》:

> 欲画其像,取净白叠若净绢布,阔狭任意,不得截割,于其迭上画世尊像,身真金色着赤袈裟,戴七宝冠作通身光,手作母陀罗,结跏趺坐七宝庄严莲华座上,其华座下竖着金轮,其金轮下画作宝池,绕池四边作郁金华,及四天王各随方立。其下左边,画作文殊师利菩萨,身皆白色顶背有光,七宝璎珞宝冠天衣,种种庄严乘于师子;右边画作普贤菩萨,庄严如前,乘

---

① (唐)菩提流志译:《五佛顶三昧陀罗尼经》卷第一,《大正藏》第 19 册,第 267 页中。

于白象。于其师子,白象中间画大般若。菩萨之像,面有三目,庄严如前,手把经匣端身而坐,于佛顶上空中,画作五色云盖,其盖左右有净居天,雨七宝华。①

可见在佛顶轮王密法中,普贤菩萨常居于佛之右侧,不过这里说的只是常态,也有例外。如《佛顶尊胜陀罗尼念诵仪轨法》中,普贤菩萨就居于佛之后,虚空藏菩萨之左:

> 中央安毗卢遮那佛位,右边安观自在菩萨位。观自在后,安慈氏菩萨位。毗卢遮那佛位后,安虚空藏菩萨位。此菩萨左边,安普贤菩萨位。毗卢遮那佛位左边,安金刚手菩萨位。金刚手菩萨位下,安文殊师利菩萨位。毗卢遮那佛前,安除盖障菩萨位。除盖障菩萨位右边,安地藏菩萨位。是名九位。②

除此之外,还有关于方位的规定:

> 东方于内院中,作一小坛,二肘为之,坛中作智惠菩萨、观自在菩萨、文殊师利菩萨、除盖障菩萨、虚空藏菩萨、地藏菩萨,又作一莲华安一宝钵,如月形,南方亦作二肘小坛,坛上作诸大菩萨,普贤菩萨、慈氏菩萨、金刚藏菩萨、无尽意菩萨、海藏菩萨、金刚契菩萨。③

> 左右两面画山,于山上作七宝楼阁,作举皆七宝庄严,作十二个舍利塔,一一塔中有十二佛,名菩提族塔门,门皆开,释迦牟尼佛于其莲华师子座上,如前请说法,皆有四众,画七宝云盖天雨种种七宝及花天衣等。于中心佛左边,作如来座师子莲花座,右边观世音,右边文殊师利、虚空藏、普贤、地藏、左

---

① (唐)阿地瞿多译:《陀罗尼集经》卷第一,《大正藏》第18册,第790页上。
② (唐)不空译:《佛顶尊胜陀罗尼念诵仪轨法》,《大正藏》第19册,第364页下。
③ 译者不详:《大佛顶广聚陀罗尼经》卷第五,《大正藏》第19册,第172页下。

右着之,帝释、梵王、自在、大自在、四天大王等。①

可见,在《大佛顶广聚陀罗尼经卷》的坛法中,普贤菩萨成为释迦牟尼佛的护法眷属,所处的位置是在南方内院中,这与一般密法中普贤菩萨位于东方或东南方有些差异。

总之,在佛顶类的密法中,普贤菩萨常随佛一起出现。他虽然不是主尊,但也能在众神汇聚的曼荼罗中有一席之地;他常居佛的右侧,与文殊、弥勒等在一起。与胎藏密法不同的是,普贤菩萨在佛顶密法中常居南方而不是东南方。

第六节 普贤与金刚萨埵

"金刚萨埵"在密教中地位极高,从密教发展的过程来看,"金刚萨埵"最初指的并不是某一个具体神祇,而是整个金刚部族的总称,有"勇猛"之意:"金刚胜萨埵者,金刚义菩提心是也。胜谓最胜,萨埵名勇猛。"②金刚萨埵与普贤菩萨的关系在密教中变化很大,我们先看《大日经》中的说法。

一、《大日经》中"金刚萨埵"为"金刚勇猛"之意

《大日经》中有多处提到了金刚萨埵,在这里金刚手和金刚萨埵并不能画等号:"秘密主,非为一众生故,如来成正等觉,亦非二非多。……秘密主,无大乘宿习,未曾思惟真言乘行,彼不能少分,

---

① 译者不详:《大佛顶广聚陀罗尼经》卷第五,《大正藏》第 19 册,第 176 页上。
② (唐)不空译:《大乐金刚不空真实三昧耶经般若波罗蜜多理趣释》卷上,《大正藏》第 19 册,第 609 页中。

见闻欢喜信受。又金刚萨埵，若彼有情⋯⋯应当取彼无量众生。"①

在这一段里，显然世尊是把金刚萨埵和秘密主当做同一个人来叫的。但是，金刚萨埵的字面意思是"金刚勇猛"，秘密主作为执金刚之首，本身就很勇猛，当然也可以叫他"金刚萨埵"。再看下面经文："尔时毗卢遮那世尊，复决定说大悲藏生漫茶罗王⋯⋯次作金刚萨埵，以执金刚加持自身，入于内心，置漫茶罗⋯⋯真言者应以洁白为先。"②在这一段里很明显的提出"次作金刚萨埵，以执金刚加持自身"。这就表明只要"执金刚"加持自身，行者就可以成就"金刚萨埵"。关于这一点，还可从以下经文中得到印证：

> 如来座真言曰：⋯⋯最胜金刚焰，焚烧一切障，令尽无有余，智者当转作，金刚萨埵身，真言印相应，遍布诸支分。③

> 尔时真言行者，随其所应，如法持诵已，复当如前事业，而自加持，作金刚萨埵身。④

> 复用法界本性，加持自体，思惟净菩提心，而住金刚萨埵身。⑤

由以上材料可知，《大日经》里没有明确指明金刚萨埵就是金刚手秘密主，只是反复强调要有"执金刚"者加持自身才能成就"金刚萨埵"，"执金刚"并不能和金刚手秘密主画等号。就《大日经》而

---

① （唐）善无畏、一行译：《大毗卢遮那成佛神变加持经》卷第一，《大正藏》第18册，第5页下。
② （唐）善无畏、一行译：《大毗卢遮那成佛神变加持经》卷第三，《大正藏》第18册，第22页下。
③ （唐）善无畏、一行译：《大毗卢遮那成佛神变加持经》卷第七，《大正藏》第18册，第49页中。
④ （唐）善无畏、一行译：《大毗卢遮那成佛神变加持经》卷第七，《大正藏》第18册，第53页上。
⑤ （唐）善无畏、一行译：《大毗卢遮那成佛神变加持经》卷第七，《大正藏》第18册，第53页中。

言,一开头就提到了十八位著名的大金刚:虚空无垢执金刚、虚空游步执金刚、虚空生执金刚、被杂色衣执金刚、善行步执金刚、住一切法平等执金刚、哀愍无量众生界执金刚、那罗延力执金刚、大那罗延力执金刚、妙执金刚、胜迅执金刚、无垢执金刚、刃迅执金刚、如来甲执金刚、如来句生执金刚、住无戏论执金刚、如来十力生执金刚、无垢眼执金刚,以及"十佛刹微尘数等持金刚众俱"。所以不能肯定加持自身的"执金刚"就一定是金刚手。

我们再看经文:

> 时薄伽梵,复说法界生真言曰:"南么三曼多勃驮喃达摩驮睹萨婆句痕。"
>
> 金刚萨埵加持真言曰:"南么三曼多伐折啰赦伐折啰咀么句痕。"①
>
> 时文殊师利童子,住佛加持神力三昧,说自心真言曰:"南么三曼多勃驮喃系系俱摩啰迦微目吃底钵他悉体多萨么啰萨么啰钵啰底莎诃。"
>
> 尔时金刚手,住大金刚无胜三昧,说自心及眷属真言曰:"南么三曼多伐折啰赦战拏么诃瑟赦。"②

从这段引文可以看出,作法时所念的金刚萨埵咒,并非金刚手所说,而是大日如来所说,金刚手有自己的真言供修行者使用。

咒语虽有引起感应的功能,但是一般而言,除了佛以外,某个神祇的咒语的召唤功能是有范围的,一般是用来召唤说出真言的神祇自己。所以,《大日经》认为,修行者在大悲曼荼罗内,只要手结印契,口念真言,身口意相应就可以"智者当转作金刚萨埵身"。

---

① (唐)善无畏、一行译:《大毗卢遮那成佛神变加持经》卷第二,《大正藏》第18册,第12页下。
② (唐)善无畏、一行译:《大毗卢遮那成佛神变加持经》卷第二,《大正藏》第18册,第14页上。

这里的"金刚萨埵",不应将之狭义地理解为"金刚手秘密主"。

二、金刚萨埵在金刚密法中与金刚手合一

《金刚顶经》是怎样看待金刚手和金刚萨埵的关系呢？在谈金刚手和金刚萨埵的关系之前,我们先要了解一下金刚手与其他金刚神的关系。笔者以"不空王大菩萨"被改造成密教的"金刚勾召"为例,来看金刚手与其他金刚神祇的关系：

> 尔时世尊,复入不空王大菩萨三昧耶,所生萨埵加持,名金刚三摩地,名一切如来钩召三昧耶一切如来心。从自心出,嚩日啰逻惹。从一切如来心才出已,则彼婆伽梵金刚手,为一切如来大钩,出已,入世尊毗卢遮那心,聚为一体,生金刚大钩形,住佛掌中。从金刚大钩形,出现一切世界微尘等如来身,召请一切如来等,作一切佛神通游戏。妙不空王故,金刚萨埵三摩地极坚牢故,聚为一体,生不空王大菩萨身,住毗卢遮那佛心。说此嗢陀南："奇哉不空王,金刚所生钩,由遍一切佛,为成就钩召。"
>
> 时不空王大菩萨身,从佛心下,依一切如来右月轮而住,复请教令。时婆伽梵,入一切如来钩召三昧耶,名金刚三摩地,受一切如来钩召三昧耶,尽无余有情界,一切钩召,一切安乐,悦意故,乃至一切如来集会加持,最胜悉地故。则彼金刚钩,授与不空王大菩萨双手。一切如来以金刚名,号金刚钩召。金刚钩召灌顶时,金刚钩召菩萨摩诃萨,以金刚钩,钩召一切如来。说此嗢陀南："此是一切佛,无上金刚智,成诸佛利益,最上能钩召。"①

---

① （唐）不空译：《金刚顶一切如来真实摄大乘现证大教王经》卷上,《大正藏》第 18 册,第 208 页下。

可以看到,显教菩萨被改造为密教金刚的过程可以分为三步:

首先,这里有一个很重要的过程不能够忽视,这些显教菩萨原本只是存在于"一切如来心",即散居于无数如来的心中。由大日如来进入"金刚三摩地",将他们唤出,这时候他们属于"多",还没有成为"一",即大菩萨的法身,这是第一步。

其次,他们被唤出来后,由金刚手在"金刚三摩地"中,从自身清净的菩提心中化生无数的"金刚勾",这些无数"勾"再进入佛心中而"聚为一体"。这是最关键的一步,因为这些合为一体的"金刚勾"能够"召请""一切微尘数如来"的"身""智慧"等,没有这一步,诸位菩萨也就无法获得"一切微尘数如来"的加持而得到金刚不坏之身。

这时,被大日如来从无数如来心中唤出的"不空王菩萨"等神祇,由于得到了金刚手菩提心化生的金刚钩,"召请"到了"一切微尘数如来"的"身""智慧"等,在无数如来的相关智慧或威力的加持下,无数分散的"不空王菩萨"等神祇之"身"才在坚固的"金刚萨埵三摩地"中"聚为一体",成就金刚大菩萨身。这时的不空王菩萨和显教里的菩萨已经有了质的区别,因为他们已经获得了"一切微尘数如来"的相关威力和智慧。

最后,这些已经具备金刚身的大菩萨,再"从世尊心中下",在月轮中向大日如来请教,大日如来则在演示了金刚宝物的种种威力后,将之授予诸金刚神灵,而后一切如来赠予他们金刚名号。

上述引文只是列举了不空王菩萨受灌顶而变成金刚菩萨的过程,其他一切金刚都是如上过程而形成的。《金刚顶经》中的这一理论大大提高了金刚部类神祇对菩萨类神祇的优势,不仅所有的神祇都受灌顶而变成了金刚神,而且金刚手在这个转变过程中起了决定性的作用。正是由于金刚手在一切金刚神的形成过程中居于关键地位,所以就有了他是密教中一切如来的"祖师"的说法:

"金刚萨埵者是普贤菩萨,即一切如来长子,是一切如来菩提心,是一切如来祖师,是故一切如来礼敬金刚萨埵。"①

"金刚萨埵"本来的意思是"金刚勇猛",只是一个泛称,但到了《金刚顶经》里,就干脆变成了金刚手的专称,金刚手就是"金刚萨埵","金刚萨埵"也可以全称为"一切如来金刚萨埵":

> 由此真言,设作无间罪,谤一切如来,及方广大乘正法,一切恶作,尚得成就。一切如来印者,由金刚萨埵坚固体故,现生速疾,随乐得一切最胜成就,乃至获得如来最胜悉地,婆伽梵一切如来金刚萨埵,作如是说。②

前文讲过,普贤菩萨和毗卢遮那如来是同体的,而金刚手在金刚密法中被认为是普贤菩萨在金刚界中的变体,故普贤菩萨、金刚手、金刚萨埵在金刚密法中都是"同体"的。理清了这点,下述经文就好理解了:

> 金刚萨埵者,是自性身,不生不灭,量同虚空,则是遍法界身。……金刚萨埵者,是毗卢遮那佛身。③
>
> 尔时金刚手菩萨大秘密主,复入一切如来妙月曼拏罗,而复以自身相,现大毗卢遮那佛相,安住法界大曼拏罗中,如是安住已,还复自相。④

总之,《金刚顶经》把普贤菩萨与金刚萨埵联系了起来。但是,这种将金刚手与金刚萨埵合一的说法,也仅仅代表了金刚密法的

---

① (唐)不空译:《金刚顶瑜伽金刚萨埵五秘密修行念诵仪轨》,《大正藏》第20册,第538页上。
② (唐)不空译:《金刚顶一切如来真实摄大乘现证大教王经》卷第三,《大正藏》第18册,第223页上。
③ (唐)不空译:《金刚顶瑜伽金刚萨埵五秘密修行念诵仪轨》,《大正藏》第20册,第538页中。
④ (宋)施护译:《佛说无二平等最上瑜伽大教王经》卷第二,《大正藏》第18册,第518页上。

态度。从密教的整体看,将两者分开是主流。金刚手只是金刚部的代表,而金刚萨埵则被视为毗卢遮那如来的报身,也是毗卢遮那如来的变体。

三、金刚萨埵的起源

上文已述及,在《大日经》中"金刚萨埵"泛指"金刚勇猛",而在《金刚顶经》中,"金刚萨埵"则特指的"金刚手菩萨"。那到底"金刚萨埵"是什么来历呢?

笔者认为,"金刚萨埵"的出现与"一切如来"有紧密关系:

> 一切如来心从普贤心生,齐等坚固如善所行,以一切如来自普贤心,出生坚固成所作因,应于自心净月轮中思惟金刚相。

> 时彼菩萨白诸如来言:"世尊如来我已得见净月轮中妙金刚相。"诸如来言:"汝坚固此一切如来大普贤心真实金刚。"

> 是时遍一切虚空界,互相涉入一切如来身语心大金刚界,以一切如来加持力,混入萨埵金刚中。①

引文第一段中说,因为"一切如来"都来自"普贤心",所以"一切如来心"也从"普贤心"中生;又因为"金刚界"实际上也就是从"普贤地"转化而来,故菩萨可以在"自心"的"净月轮"中思惟到"金刚相"。第二段中指出,在自心中思维到的"金刚相"也就是"一切如来大普贤心真实金刚"。第三段引文表明,"一切如来身语心大金刚界"相互涉入,"相互涉入"之意,也就是一切如来心中的"金刚相"由普贤的神力合而为一,也就是由"多"合成"一",这个"一",叫做"萨埵金刚"。笔者认为,这种由一切如来之"金刚心"合一的"萨

---

① (宋)施护译:《佛说一切如来真实摄大乘现证三昧大教王经》卷第一,《大正藏》第18册,第342页上。

埵金刚",其实也就是"一切如来"之体,这当是"金刚萨埵"的最初含义。

这个看法可以和下面一段话相互印证:

> 才出一切如来心,即彼婆伽梵普贤,为众多月轮,普净一切有情大菩提心,于诸佛所,周围而住,从彼众多月轮,出一切如来智金刚,即入婆伽梵毗卢遮那如来心。由普贤坚牢故,从金刚萨埵三摩地,由一切如来加持,合为一体。

> 金刚萨埵三摩地,妙坚牢故,聚为一体,生普贤摩诃菩提萨埵身,住世尊毗卢遮那佛心,而说嗢陀南:奇哉我普贤,坚萨埵自然,从坚固无身,获得萨埵身。①

前面已经介绍了,月轮即代表着心性法界,普贤菩萨由于表征心性本体法界,故可以"为众多月轮",所以能够"普净一切有情大菩提心",从众多的自性月轮中出"一切如来智金刚",然后再进入毗卢遮那佛心,再由一切如来加持,由普贤神力而合为一体。如此,就完成了由普贤菩萨到金刚萨埵的转化。

从以上表述可以看出,显教的菩萨转化为密教的金刚,其基本的要求就是要从自性入手,清净自己的大菩提心,如此便可显现出自身具有的纯然的、与一切如来相同的"佛性",即文中所称的"一切如来智金刚",即由自身的"一"打通了和一切如来相同的"多",这是第一步;第二步则是进入"金刚萨埵三摩地",在"一切如来"的加持下,由"多"再聚合为"一",这实际上是指行者体验到了一切如来所共同的"一",即本体法界。第一步的"一"指的是自身内的"一",而第二步所指的"一"则是作为宇宙本体的"一"。当然,这两个"一"其实是同一的,也就是哲学上所讲的"不二"。

---

① （唐）不空译:《金刚顶一切如来真实摄大乘现证大教王经》卷第一,《大正藏》第18册,第208页中。

"萨埵金刚"既然是"一",它都有哪些性质呢?《佛说一切如来真实摄大乘现证三昧大教王经》讲:

> 尔时金刚界大菩萨白诸如来言:"世尊如来我见一切如来身即是己身。"诸如来言:"大士萨埵金刚诸相具足,如理应观诸佛影像,当以如是自性成就大明。"……时诸如来即从一切如来萨埵金刚中出,持虚空藏大摩尼宝,为作灌顶,从观自在法智,发生一切如来种种事业,善安立已,咸诣须弥山顶金刚摩尼宝峰楼阁中。
>
> 是时金刚界如来,得一切如来所加持已,于一切如来师子座中,随诸方面如理安住。①

文中说"诸如来"从"一切如来萨埵金刚中出",也就是说,"萨埵金刚"实际上就是诸佛之"法身"本源,其实也就是"金刚界如来"。我们再看经文:

> 所有遍满一切虚空界,一切如来身口心金刚界,以一切如来加持,悉入于"萨埵金刚",则一切如来,于一切义成就菩萨摩诃萨,以金刚名,号金刚界,金刚界灌顶,时金刚界菩萨摩诃萨,白彼一切如来言:"世尊如来,我见一切如来为自身。"一切如来复告言:"是故摩诃萨,一切萨埵金刚,具一切形成就,观自身佛形。"②

这里提到了两个名词:"一切义成就"和"一切形成就"。经文已经说得很清楚了:"一切萨埵金刚,具一切形成就,观自身佛形。"可见上文中的"一切形成就",指的就是金刚萨埵。那么谁是"一切

---

① (宋)施护译:《佛说一切如来真实摄大乘现证三昧大教王经》卷第一,《大正藏》第18册,第342页中。
② (唐)不空译:《金刚顶一切如来真实摄大乘现证大教王经》卷第一,《大正藏》第18册,第208页上。

义成就"？我们看经文："一切义成就者，普贤菩萨异名也。金刚手菩萨摩诃萨者，此菩萨本是普贤，从毗卢遮那佛二手掌，亲受五智金刚杵，即与灌顶，名之为金刚手。"①

为什么称普贤菩萨为"一切义成就"？我们看偈文："秘密清净大乘法，智中胜智功德藏，普遍大智无我门，归命称赞秘密智，秘密真实清净义，无上行法如大海，从普贤身而出生。"②可见，因为"秘密真实清净义，无上行法如大海"都是"从普贤身而出生"，所以"普贤菩萨"就成为"一切义成就"菩萨了。这是因为普贤菩萨能够代表本体法界的缘故。故经文才讲"修金刚萨埵瑜伽三摩地"，其结果是获"普贤菩萨位"：

> 经云所谓妙适清净句是菩萨位者，妙适者，即梵音苏啰多也。苏啰多者，如世间那罗那哩娱乐，金刚萨埵亦是苏啰多，以无缘大悲，遍缘无尽众生界，愿得安乐利益，心曾无休息自他平等无二故，名苏啰多耳，由修金刚萨埵瑜伽三摩地，得妙适清净句，是故获得普贤菩萨位。③

普贤菩萨受"一切如来"灌顶后就成为"金刚界菩萨"："时诸如来乃为具德一切义成大菩萨。立秘密名号金刚界。即以金刚大灌顶法而为灌顶。"④

由此就可以比较出普贤菩萨与金刚萨埵的关系：普贤菩萨是"一切义成就"，偏重于"义"，即"理法界"；而金刚萨埵则是"一切形

---

① （唐）不空译：《大乐金刚不空真实三昧耶经般若波罗蜜多理趣释》卷上，《大正藏》第 19 册，第 609 页中。
② （宋）施护译：《佛说无二平等最上瑜伽大教王经》卷第六，《大正藏》第 18 册，第 536 页上。
③ （唐）不空译：《大乐金刚不空真实三昧耶经般若波罗蜜多理趣释》卷上，《大正藏》第 19 册，第 608 页中。
④ （宋）施护译：《佛说一切如来真实摄大乘现证三昧大教王经》，《大正藏》第 18 册，第 342 页上。

成就",偏重于"形",即"事法界"。除此之外,金刚萨埵和普贤菩萨还有其他差别:

> 尔时世尊毗卢遮那如来,不久现说等觉一切如来普贤心,获得一切如来虚空发生大摩尼宝灌顶,得一切如来观自在法智彼岸,一切如来毗首羯磨不空无碍教,圆满事业,圆满意乐,一切如来性,于自身加持,即入一切如来普贤摩诃菩提萨埵三昧耶,出生萨埵加持金刚三摩地,一切如来大乘现证三昧耶,名一切如来心,从自心出。①

"一切如来普贤心",代表东方不动如来;"一切如来虚空发生大摩尼宝灌顶",代表南方宝生佛;"一切如来观自在法智彼岸",代表西方阿弥陀佛;"一切如来毗首羯磨不空无碍教",代表不空成就佛。从这段表述可知,"普贤心"虽然与"萨埵金刚"同体,但并不能完全等同于"萨埵金刚"。"萨埵金刚"起码包括"普贤心""灌顶""法智""事业"等四个方面,四个方面同时具备,才能成就金刚。这四个方面之前都冠以"一切如来",说明这四个方面是一切如来的共同之处,是成就如来的必备条件。

作为"一"的"萨埵金刚"以"相"表示出来就是"金刚萨埵",他实际上代表的是"一切如来"所共同的"金刚心",合在一起以"相"表示就叫"金刚萨埵"。"金刚萨埵"也同样遍在于受过灌顶的行者心中:"由结此印,警觉瑜伽者身中金刚萨埵,以威神力加持行者,速得成就普贤菩萨身。"②

可见,"金刚萨埵"不仅可以是"一",也可以是"多",像普贤菩萨一样,他既可分为无限的"多",又可合而为一。正是因为"萨埵

---

① (唐)不空译:《金刚顶一切如来真实摄大乘现证大教王经》卷第一,《大正藏》第18册,第208页中。
② (唐)不空译:《圣贺野纥哩缚大威怒王立成大神验供养念诵仪轨法品》卷上,《大正藏》第20册,158页上。

金刚"和"普贤菩萨"所表征的"普贤心""普贤地"有如此紧密的关系,所以相关经文颂曰:

> 大哉清净我普贤,坚固萨埵自然生,由彼坚固本无身,金刚萨埵身出现。①

> 我依瑜伽最胜法,开示如实真言门,即入普贤三昧耶,体同萨埵金刚故,定慧和合金刚缚,忍愿二度建如幢,身处月轮同萨埵。②

> 此是一切佛体性,金刚萨埵手中住,汝今应当常受持,金刚萨埵坚固禁。③

"此是一切佛体性"中的"此",指的正是由"一切如来金刚心"所成就之"金刚杵",乃是"一切佛体性",所表征的正是"萨埵金刚"。此"萨埵金刚"指的乃是"体",当他以"金刚萨埵"的形式表现出来的时候,既可以作为"一",也可以作为"多";作为"一"其可以指金刚萨埵一个,作为"多"就代表了整个金刚界的菩萨,所以后来他被尊为"祖师",不是没有原因的:"金刚萨埵者是普贤菩萨,即一切如来长子,是一切如来菩提心,是一切如来祖师,是故一切如来礼敬金刚萨埵。"④

从以上表述我们可以知道,金刚萨埵所表的"金刚心",或称作"萨埵金刚",是建立在普贤菩萨所表的"普贤心"的基础上的,乃是行者在"普贤心"的基础之上接受"灌顶"而形成的:"此五种三摩地,秘密中最秘密,今说修行曼荼罗像,同一莲华座,同一圆光,中

---

① (宋)施护译:《佛说一切如来真实摄大乘现证三昧大教王经》,《大正藏》第18册,第343页上。

② (唐)金刚智译:《念诵结护法普通诸部》,《大正藏》第18册,907页下。

③ (宋)施护译:《佛说一切如来真实摄大乘现证三昧大教王经》卷第六,《大正藏》第18册,第359页上。

④ (唐)不空译:《金刚顶瑜伽金刚萨埵五秘密修行念诵仪轨》,《大正藏》第20册,第538页上。

央画金刚萨埵菩萨,右边画二种明妃各本形,左边亦画二种,具如金泥曼荼罗像东南隅是也,修行者得阿阇梨灌顶,方可修此五秘密,所获福利文广不可具说……"①此经文中特别强调了"修行者得阿阇梨灌顶,方可修此五秘密",也就是强调了"普贤心"和"金刚心"的不同在于是否经过了阿阇梨灌顶,这也是"普贤菩萨"和"金刚萨埵"的不同。可见,普贤菩萨和金刚萨埵是相互联系,又有明显区别的。

由于"金刚萨埵"也具有"本源""本体"之意,故其也被赋予了另外一个身份,那就是他被认为是毗卢遮那佛的四大现身之一:"则此四字是毗卢遮那佛自觉圣智四种智解脱,外现四大转轮王菩萨,所谓第一金刚萨埵,第二金刚宝菩萨,第三金刚法菩萨,第四金刚羯磨菩萨是也。"②经文明确讲,金刚萨埵、金刚宝、金刚法、金刚摩羯菩萨是毗卢遮那佛外现的四大转轮王菩萨。他们在相应的曼荼罗中地位十分显赫:

> 修行者应建立曼荼罗,中央毗卢遮那佛,背日轮头冠璎珞,身着白毅缯衣,结智拳印坐师子座,身如月殿,毗卢遮那佛前,金刚萨埵菩萨,背月轮戴五佛冠,右手持金刚杵,左手持铃,半跏而坐。……毗卢遮那佛成等正觉,由四种瑜伽三摩地,所谓金刚萨埵、金刚宝、金刚法、金刚羯摩等瑜伽三摩地,从金刚萨埵至羯磨,次第流出嬉戏鬘歌舞等菩萨。③

《佛说一切如来真实摄大乘现证三昧大教王经》还将金刚萨埵称为"金刚总持":

---

① (唐)不空译:《大乐金刚不空真实三昧耶经般若波罗蜜多理趣释》卷下,《大正藏》第19册,第616页中。

② (唐)不空译:《大乐金刚不空真实三昧耶经般若波罗蜜多理趣释》卷上,《大正藏》第19册,第610页下。

③ (唐)不空译:《大乐金刚不空真实三昧耶经般若波罗蜜多理趣释》卷上,《大正藏》第19册,第610页下。

> 尔时金刚手菩萨摩诃萨，即说一切如来大总持三昧印四大明曰：唵(引)嚩日啰(二合)萨埵玉呬野(二合)三摩曳(引)吽(引一句)，此明即是普贤；唵(引)玉呬野(二合)嚩日囕(二合引)酤尸吽(引一句)，此明即是如来钩；唵(引)玉呬野(二合)嚩日啰(二合)啰(引)诣(引)啰(引)譏野吽(引一句)，此明即是欲乐；唵(引)玉呬野(二合)嚩日啰(二合)驮(引)堆(引)说哩吽(引一句)，此明即是大善哉。是等名为金刚总持门。[①]

“金刚总持”在后期密教中成为“化身之法身佛”，[②]这当然是对“金刚萨埵”的进一步提升。在《佛说一切如来真实摄大乘现证三昧大教王经》里，普贤菩萨、金刚钩、金刚欲乐、金刚善哉等显密菩萨，均是从一切如来所共有之“萨埵金刚”中出来的，不同的心咒唤出不同的菩萨。

我们再看经文：

> 如是我闻，一时世尊，在他化自在天宫，与九十九须弥山量微尘数菩萨摩诃萨众俱，此诸菩萨一一皆是金刚萨埵金刚眷属，其名曰金刚手菩萨摩诃萨，普贤菩萨摩诃萨，观自在菩萨摩诃萨，虚空藏菩萨摩诃萨，金刚拳菩萨摩诃萨，起平等心转法轮菩萨摩诃萨，虚空出生菩萨摩诃萨，破诸魔菩萨摩诃萨，如是等大菩萨摩诃萨而为上首。[③]

在《佛说无二平等最上瑜伽大教王经》里，金刚手菩萨、普贤菩萨、观音菩萨、虚空藏菩萨等这些原本是诸佛胁侍菩萨的大菩萨们都变成了金刚萨埵的“金刚眷属”，可见后期密教已经将“金刚萨

---

① （宋）施护译：《佛说一切如来真实摄大乘现证三昧大教王经》卷第六，《大正藏》第18册，第359页下。

② 尕藏加：《宁玛派与普贤法身之说》，魏道儒主编：《普贤与中国文化》，第272页。

③ （宋）施护译：《佛说无二平等最上瑜伽大教王经》卷第一，《大正藏》第18册，第514页中。

埵"提升到了一切显密菩萨之"教祖"的地位了。

第七节　普贤菩萨与密教神祇的复杂关系

由于密教神祇种类众多,变化身多样,从而也使得他们之间的关系扑朔迷离,至今尚有诸多关系仍未理清,笔者不揣浅陋,想就普贤菩萨与其他密教神祇的关系谈谈自己的意见。

一、密教中普贤菩萨与毗卢遮那如来的关系

关于毗卢遮那如来,本文在华严部分已经有所介绍,他是《华严经》中极力宣称的"法身佛"。然而,到了密教中,关于他的身份却有两种不同的说法,第一种和《华严经》中说法一致,为"法身佛说":

> 毗卢遮那世尊告执金刚秘密主言:我一切本初,号名世所依,说法无等比。①
>
> 梵云毗卢遮那,此翻"最高显广眼藏如来"。毗者最高显也,卢遮那者广眼也。先有翻为遍照王如来也,又有翻为大日如来此,并略而名义阙也。又此如来亦名佛菩萨眼如来,亦名诸佛菩萨母,亦名诸佛菩萨最上广博清净藏也。所谓诸佛菩萨依之明见故,诸佛菩萨于中出生故,一切贤圣于中住故。②

"一切本初""诸佛菩萨于中出生",说明大日如来是宇宙本源;"号名世所依存""一切贤圣于中住故",表明他是宇宙的本体。

---

① （唐）善无畏、一行译:《大毗卢遮那成佛神变加持经》卷第三,《大正藏》第 18 册,第 22 页下。

② （唐）不空译:《金刚顶经大瑜伽秘密心地法门义诀》卷上,《大正藏》第 39 册,第 815 页上。

又云：

> 身语意业金刚大毗卢遮那如来也常恒者，表如来清净法界智，无始时来本有，处烦恼而不减；与净法相应，证清净而不增也；三世者，为过去、未来、现在是也；一切时者，在于异生时，后证圣果时，三业清净犹如虚空，身语意业不被虚妄分别所生烦恼所染故也；金刚者，证得佛地一切法自在，得证身口意三密金刚，于藏识中，修道烦恼习气，坚若金刚难摧，用以大空金刚智三摩地，证得法身光明遍照毗卢遮那如来也。①

毗卢遮那如来是"常恒者"，"无始时来本有，处烦恼而不减；与净法相应，证清净而不增也。"这些都是法身本体的特征。

《守护国界主陀罗尼经》讲：

> 尔时世尊，常住三世平等法性而入三昧，名普随顺众生心行，以三昧力于时会中，所应调伏一切大众，各各见佛种种不同，所谓或有众生见于如来相好之身，或有众生见声闻身，或有众生见菩萨身，或有众生见梵天身，或有众生见大自在天身，或有众生见那罗延天身，如是乃至天龙八部人非人等种种差别，其无信者都无所见，犹如生盲不见日月，其得见者随其种类，而见其身种种威仪，随其类音闻种种声，随其所乐闻种种法，随其力能生种种解，虽随众生如是知见，而如来身一味无二。②

毗卢遮那佛本是"一"，一切时都无任何变化，众生由于各自所处的阶段不同，眼中的毗卢遮那佛也就呈现不同的样子，这并非毗

---

① （唐）不空译：《大乐金刚不空真实三昧耶经般若波罗蜜多理趣释》卷第一，《大正藏》第19册，第607页中。

② （唐）般若共牟尼室利译：《守护国界主陀罗尼经》卷第一，《大正藏》第19册，第526页中。

卢遮那佛本身有何变化,而是众生的"眼"不同而已,于是,有人看到的是"菩萨身",有人看到的是"梵天身",有人看到的是"那罗延天身"等等。

> 又此大日如来常住,满虚空法界量微尘等诸佛身相,一一身相皆无中边,又无增减,故毗卢遮那大经说,为无尽庄严藏三昧也,经云持一切如来身以为其体。①

大日如来也就是毗卢遮那如来,他以"一切如来身以为其体",说明其作为"一切如来"的法身,实际上并非单独存在,而是通过"一切如来"表现出来,这里的"一切如来"当然指的是处于现象界的报身如来和化身如来。那么为什么大日如来可以以"一切如来身以为其体"呢?《金刚顶经大瑜伽秘密心地法门义诀》这样解释:

> 第二显体也,释曰:"无缘智明遍满虚空,一切佛身即一佛身也,经即入一切如来至三摩地等。"第三明行也,释曰:"此中云三昧耶者正翻为等持三摩地,地者正翻为等念谓遍一切处等持自智,即入一切如来智也,即入一切普贤智,持此智行犹如金刚,入有情界平等摄受而护念之故。"②

> 如来智相遍洽微尘身心,微尘身心一身心故,此一复入一切,一切皆入此一。③

正是因为"普贤智"的作用,"持此智行犹如金刚",可令"一切佛身即一佛身也",即从"一切如来"的"多"聚合为"毗卢遮那如来"之"一"。

---

① (唐)不空译:《金刚顶经大瑜伽秘密心地法门义诀》卷上,《大正藏》第 39 册,第 815 页上。
② (唐)不空译:《金刚顶经大瑜伽秘密心地法门义诀》卷上,《大正藏》第 39 册,第 815 页上。
③ (唐)不空译:《金刚顶经大瑜伽秘密心地法门义诀》卷上,《大正藏》第 39 册,第 818 页中。

经文表明,作为"一"的毗卢遮那如来,还可以分身无数,和现象界不二,分处每个有情心中:

> 一者行人观自身心中有毗卢遮那如来,想一阿字犹如满月,放白色光,如来于中坐白莲花,身作赤金色,便结本三摩耶契。①

> 于中观想自影像,即成毗卢遮那佛。②

> 是谓从诸佛一切普贤金刚智中出此秘明,故云无上,以此秘明加持有情令最坚牢故,秘明义者,一切有情皆是金刚也,故称拔折罗萨埵,谓修行者起大悲心以一切智愿入普贤海住有情界。③

引文中说,"一切有情皆是金刚也",一切有情皆是金刚,但这只是从可能性来讲的,前提是必须获得"诸佛一切普贤金刚智"才能成就金刚身。那什么是"普贤金刚智"呢?

> 所谓诸法智性空寂清净,一切如来以此智道纲纪有情,而诸圣贤未达源际以为差别。纵其入者太过,即空见之甚也;其未入者不及,即愚凡之极也。而此二辈行虽殊异太过不及。④

> 谓入初普贤金刚三昧耶遍能观察一切如来,遍能了知诸佛境界得不空智,尔时如来便以智印而用加持,得加持已便能集会一切如来及诸如来无尽智藏,严自智界作大佛事,便能承事一切如来。而诸如来护念不舍,是以染智据次而说,如是次

---

① (唐)金刚智述:《念诵结护法普通诸部》,《大正藏》第18册,第906页中。

② (宋)施护译:《佛说无二平等最上瑜伽大教王经》,《大正藏》第18册,第519页上。

③ (唐)不空译:《金刚顶经大瑜伽秘密心地法门义诀》卷上,《大正藏》第39册,第815页中。

④ (唐)不空译:《金刚顶经大瑜伽秘密心地法门义诀》卷上,《大正藏》第39册,第820页中。

第皆是如来普贤金刚三昧智用,一合实相甚深境界。①

    谓从普贤菩萨菩提金刚三昧入佛境界,加持众生相续便入不空王相。②

可见,毗卢遮那佛的金刚智慧包括两个方面:一个是"空寂清净"的"空智";另一个是"加持众生"的"不空智"。引文中解释道,虽然一切如来以"空智"来纲纪有情,但并不能滞于"空智","纵其入者太过,即空见之甚也",若能"加持众生",则能"相续便入不空王相",这是强调行者应该深入现象界。总之,"空智"是就本体而说的,"不空智"则是就"现象界"而说的,由空而不空,这就是毗卢遮那如来的"中道观"。

除了上述"法身佛"的说法以外,密教中还有关于毗卢遮那佛是"报身佛"的说法:"时婆伽梵毗卢遮那如来,婆伽梵者如前所释,毗卢遮那如来,名遍照,报身佛。"③前后说法的不太一致,说明注释者的理解不一,并不能说哪个对、哪个错。"佛身无边无生灭,无住无说无文字,寂灭离相如虚空,有相是佛方便说,所说教相福含生,引导令登菩萨位,菩萨获居佛刹中,皆因秘密三摩地。"④就是说,佛身本无形象,"有相是佛方便说","报身佛"只是方便之说,要求信众不要执着于此。

毗卢遮那如来也常被称作"大毗卢遮那金刚如来""大秘密主""大执金刚王":

    是时毗卢遮那金刚如来金刚三业大秘密主,闻诸如来说

---

① (唐)不空译:《金刚顶经大瑜伽秘密心地法门义诀》卷上,《大正藏》第39册,第819页下。

② (唐)不空译:《金刚顶经大瑜伽秘密心地法门义诀》卷上,《大正藏》第39册,第820页上。

③ (唐)不空译:《大乐金刚不空真实三昧耶经般若波罗蜜多理趣释》卷上,《大正藏》第19册,第610页中。

④ (宋)法贤译:《佛说瑜伽大教王经》卷第一,《大正藏》第18册,第576页下。

是伽陀已,默然而住。①

　　尔时世尊大毗卢遮那金刚如来,金刚三业大自在主大执金刚王,一切处最胜自在,善说诸法一切行义及诸行相,于大众中作如是言。②

毗卢遮那佛为何又被称为"金刚如来"呢? 经文有解释:

　　是时世尊大毗卢遮那如来,以一切如来互相涉入故,平等安住一切虚空身语心金刚,以一切如来无边故,为一切金刚界觉悟智大士,开发一切尽虚空界极微尘量金刚加持出生智藏,施设大金刚智大灌顶宝,尽一切虚空舒遍真如智,现成正等觉。

　　以一切如来身自性清净故,即一切法自性清净,以一切如来不空事业胜所作故,遍一切虚空悉现诸色,普尽无余诸有情界,起善调伏一切胜行,广作一切无等无上种种事业,从是出生一切贤圣,所谓……③

毗卢遮那如来为"一","一切如来"为"多",作为"多"的"一切如来",虽然分散于诸现象中,与具体的现象不二,但诸如来之间却是"相互涉入"的,正是这"无边"的诸如来之间的相互涉入,构成了所谓的"金刚界",合而为一就是毗卢遮那佛。"一切如来"分散于每个世界国土、现象,与现象界不二,故经文说"一切如来身自性清净",即"一切法自性清净",以"一切如来不空事业胜所作故",这句话所说正是一切如来因为"不空",所以需要现象界来表现,故"遍

　　①　(宋)施护译:《佛说一切如来金刚三业最上秘密大教王经》卷第一,《大正藏》第18册,第472页上。
　　②　(宋)施护译:《佛说一切如来金刚三业最上秘密大教王经》卷第一,《大正藏》第18册,第473页下。
　　③　(宋)施护译:《佛说一切如来真实摄大乘现证三昧大教王经》,《大正藏》第18册,第341页中。

一切虚空界悉现诸色",而产生了现象界。

那么,普贤菩萨和毗卢遮那佛是什么关系呢?

《金刚顶经》中,普贤菩萨受到一切如来的加持,观察到一切如来为自身,看到自身为"佛形",被一切如来授予金刚界灌顶,现证自身如来。也就是说,他已经成佛了,变成了"金刚界如来"。金刚界如来得到"不动如来、宝生如来、观自在王如来、不空成就如来一切如来、以一切如来"的加持后,就坐中央尊位,成为"大日如来"。

> 才说真言已,一切诸如来,住于十方界,各舒右手臂,摩顶称善哉,佛子汝今已,超升大日尊。何以故佛子? 毗卢遮那佛,应正等觉者,本坐菩提座,观十二句法,降服于四魔,于此法界生,三处流出句,破坏天魔军,逮得无边智,自在而说法,汝今亦如是,同于正遍知。①

这段话表明了毗卢遮那佛和普贤菩萨的关系:毗卢遮那如来普贤(遍在)于一切,才成就了"种种相用",产生了大千世界。所以说,普贤实际上就是处于现象界中的大日如来,是大日如来的代表,只要众生如法修行,就可以将自己内在的普贤性开发出来,就可以"超升大日尊"。这一点还可以在下面的经文中印证得以印证:"是时普贤菩萨摩诃萨即现自影像光明,其光名为一切如来坚固用智部破暗因,于是光中隐自身相,现毗卢遮那佛相。"②普贤菩萨之所以能够"现毗卢遮那佛相",原因是普贤具有合无量身为一身的"神力":

> 又普贤神力合无量身为一体相,一切众生不出不没,住佛心时亦复如是,故云为普贤故及萨埵身等。经云住毗卢遮那

---

① (唐)输婆迦罗译:《摄大毗卢遮那成佛神变加持经大悲胎藏转字轮成三藐三佛陀入八秘密六月成就仪轨》卷第三,《大正藏》第18册,第84页上。
② (宋)施护译:《佛说无二平等最上瑜伽大教王经》,《大正藏》第18册,第516页上。

佛心至偈末等,此第二还源也,释曰:此普贤菩萨现住佛心者
有二意,一表知普贤即是毗卢遮那,二令诸有情觉知自身不离
佛心,如是觉已当作此念:云何我等于佛心中造种种恶业?
是故一切众生皆是一切如来普贤神力而持摄之,乃至如经说
偈现萨埵身等。①

引文中说"一表知普贤即是毗卢遮那,二令诸有情觉知自身不
离佛心",为何普贤菩萨既是毗卢遮那佛,又可令诸有情觉知自身
不离佛心呢? 这是因为普贤既具有"分身为无量身,遍至一切"的
神通,又具有"合无量身为一体相"的"神力",所以普贤与毗卢遮那
佛同体,遍在于众生身中:"是故一切众生皆是一切如来普贤神力
而持摄之。"

《金刚顶经大瑜伽秘密心地法门义诀》讲:"住月轮中,月轮者
菩提心相也,表以菩提心即为法界故,即一切有情普贤菩提心之所
摄持,为诸有情请佛教示也。"②

毗卢遮那佛是本体,但本体不能脱离现象而单独存在,当作为
本体的毗卢遮那佛通过现象来表现自己时,就是普贤菩萨。也就
是说,毗卢遮那佛位于本体界,而普贤菩萨则能够沟通本体界与现
象界。一切众生身中都有普贤菩萨,行者可以通过修行见到普贤
菩萨,成就普贤菩萨身。"一切有情普贤菩提心",其实就是说这里
的"菩提心"是已经遍在于"一切有情",并能够"合而为一"的带有
本体性质的心了:"谓大日如来身心三摩地轮遍空尘界,其中有情
即与如来智光明相和合一味,故梵网云:一切众生皆有佛性,一切
诸意识色心,是情是心皆入佛性戒中,如是有情亦名为佛亦不名

① (唐)不空译:《金刚顶经大瑜伽秘密心地法门义诀》,《大正藏》第39册,第817
页上。
② (唐)不空译:《金刚顶经大瑜伽秘密心地法门义诀》,《大正藏》第39册,第817
页中。

佛,功德智慧未明显故;亦名普贤亦非普贤,随分行愿未淳醲故;名为有情亦非有情,如来藏性生缺减故。"①

一切众生既然皆有佛性,为何"亦名普贤"又"亦非普贤"?"普贤"和"佛性""如来藏"一样,是遍在于一切众生之中的。从众生都有成佛的根据和可能性而言,他们"亦名普贤";但毕竟这只是一种可能性,如果不去开发,则永远不能成为"普贤",所以说"亦非普贤"。这也就是不空解释的"随分行愿未淳醲故"。

尽管普贤菩萨可以超升"大日尊",但两者的区别还是很明显的:

> 瑜伽者作是思惟:我应发金刚萨埵大勇猛心,一切有情具如来藏性,普贤菩萨遍一切有情故,我令一切众生证得金刚萨埵位;又作是思惟:一切有情金刚藏性,未来必获金刚灌顶故,我令一切有情速得大菩萨灌顶地,证得虚空藏菩萨位;又作是思惟:一切有情妙法藏性,能转一切语言故,我令一切众生得闻一切大乘修多罗藏,证得观自在菩萨位;又作是思惟:一切有情羯磨藏性,善能成办一切事业故。我令一切众生于诸如来所,作广大供养,证得毗首羯磨菩萨位;又作是思惟:一切有情既具四种藏性,获得四大菩萨之身,以我功德力如来加持力及以法界力,愿一切有情速证清净毗卢遮那身。②

可以看到,毗卢遮那佛乃是"如来藏""金刚藏""妙法藏""羯摩藏"的合一,而普贤菩萨仅仅代表的是"如来藏",虽然这四种"藏"本是"一体",但毕竟所表的意义有所区别。

---

① (唐)不空译:《金刚顶经大瑜伽秘密心地法门义诀》,《大正藏》第39册,第817页上。
② (唐)不空译:《金刚顶瑜伽金刚萨埵五秘密修行念诵仪轨》,《大正藏》第20册,第536页上。

二、密教中普贤菩萨与文殊菩萨的关系

作为在密教中非常重要的神祇之一，普贤菩萨与其他密教神祇也有紧密的关系，笔者择其要者给予介绍，希望能够对此能有个大概的了解。

《华严经》中普贤菩萨与文殊菩萨的关系就很密切，在密教中，他们的关系仍然非常密切：

> 彼无量寿智决定王如来，住彼佛刹名无量寿，于彼刹中住无量劫转妙法轮，而彼如来以此真言，付最上第一佛子大力大精进大勤勇菩萨，彼菩萨复付普贤，彼普贤付佛子妙吉祥，今我如来复为汝说此真言第一仪轨王。①

该段经文讲《文殊师利根本仪轨经》最初是由阿弥陀佛付之于大勤勇菩萨，再由大勤勇菩萨付之于普贤菩萨，再由普贤菩萨付之于文殊菩萨，可见，普贤菩萨是该文殊经典的传法祖师之一，并且位在文殊之前。再看经文：

> 先于中画释迦牟尼佛，坐七宝莲华座如说法势，于佛右边画文殊师利，如童子相貌顶戴宝冠，项着璎珞种种庄严，身如郁金色面貌熙怡瞻仰如来；次右边画观自在菩萨，次画普贤菩萨、虚空藏菩萨、无尽意菩萨；次于释迦牟尼如来左边，画弥勒菩萨，次画无垢称菩萨，次画除一切障菩萨，次画月光童子，次画金刚藏菩萨，已上菩萨等，各于七宝莲华座上。②

该仪轨中，释迦牟尼佛居中而为本尊，文殊、观音、普贤菩萨依

---

① （宋）天息灾译：《大方广菩萨藏文殊师利根本仪轨经》卷第十六，《大正藏》第20册，第892页中。

② （唐）菩提流志译：《佛说文殊师利法宝藏陀罗尼经》，《大正藏》第20册，第794页中。

次居于佛之右侧;弥勒、无垢称、除一切障菩萨居于佛之左侧。这里,普贤和文殊同为释迦佛的胁侍菩萨:"复有七种仪则,第一画像仪则最上法,如先所说求新帛清净无杂,画圣妙吉祥菩萨,如童子相身肉红色,坐莲华座种种庄严,右边画圣观自在菩萨,左边画普贤菩萨,身量小如妙吉祥菩萨。"①

该仪轨中,文殊菩萨居中,观音菩萨居文殊菩萨之右侧,普贤菩萨居文殊菩萨之左侧,文殊菩萨为本尊菩萨。

> 妙吉祥,我今说此六字心成就法……用上好彩色画此圣像,于幡内先画妙吉祥菩萨,作童子相坐莲华座说法之相,偏袒右肩以种种微妙而为严饰;左边画圣观自在菩萨,左手持莲华,右手执白拂,右边画圣普贤菩萨;上面画云,云中画天人,持曼雨花而作供养,于前下面画持诵行人。②

该仪轨中,文殊菩萨居中,为本尊菩萨,这一点和上则仪轨相同,但观音菩萨居文殊菩萨之左侧,普贤菩萨居文殊菩萨之右侧,两者的位置刚好相反:"尔时世尊释迦牟尼佛……画我世尊释迦牟尼佛,坐莲华座作说法,目观妙吉祥童子相。于右边次第,画妙财菩萨真实菩萨,圣无尽意菩萨妙吉祥童子,顶礼世尊相;左边次第,画普贤菩萨、圣观自在菩萨、贤护菩萨等,所有如来相好一一具足。"③

该仪轨中,普贤菩萨与观音菩萨、贤护菩萨居佛之左侧,文殊、妙财、无尽意菩萨居佛之右侧:"(灯供养、镜供养)观自在菩萨(琵琶供养、歌音供养)金刚手菩萨 (烧香供养)虚空藏菩萨 (饮

① (宋)天息灾译:《大方广菩萨藏文殊师利根本仪轨经》卷第十七,《大正藏》第20册,第895页中。
② (宋)天息灾译:《大方广菩萨藏文殊师利根本仪轨经》卷第十八,《大正藏》第20册,第897页中。
③ (宋)天息灾译:《大方广菩萨藏文殊师利根本仪轨经》卷第十七,《大正藏》第20册,第894页上。

食供养、甘露供养)大悲菩萨　(衣供养、舞供养)地藏菩萨　(散华供养)普贤菩萨　(贯华供养)妙吉祥菩萨　(涂香供养)弥勒菩萨。"①该仪轨中,普贤与文殊等八大菩萨一起出现。

综上所述,密教中,普贤和文殊的关系比较复杂,有时他们分别为佛的胁侍菩萨;有时则文殊为主尊,普贤和观音为胁侍,普贤菩萨有时居于文殊之右侧,有时居文殊之左侧;有时普贤和文殊等其他大菩萨同时出现。总的来说,密教中普贤与文殊的关系和华严中的相比有很大不同。在《华严经》中文殊菩萨表"信门",普贤菩萨表"行门",两者相辅相成,互相配合,分工不同,但普贤菩萨地位更高。而在密教中,两者的相互配合则主要体现在仪轨中,在某些文殊类仪轨中,文殊菩萨的地位高于普贤菩萨。

三、密教中普贤菩萨与其他神祇的关系

除文殊外,普贤菩萨也常参与其他神祇的仪轨:"启请虚空刹土微尘世界中一切诸佛,过去七佛毗婆尸佛如来,五十三佛普光如来,三十五佛释迦如来,二十五佛宝集如来,十二部尊经修多罗藏海尊法般若诸大菩萨摩诃萨,普贤文殊观音势至,大慈菩萨五部明王……"②

该仪轨中,普贤菩萨与文殊、势至、观音等同为药师如来的护法:"说此偈已,尔时十方世界诸大菩萨,所谓金刚手菩萨、妙吉祥菩萨、虚空藏菩萨、慈氏尊菩萨、观自在菩萨、地藏菩萨、除盖障菩萨、普贤菩萨,一时咸集至虚空法界宝峰楼阁世尊轮王前。"③普贤与观音、文殊等八大菩萨参与到了"军荼利明王"的仪轨之中:"次

---

①　(宋)慈贤译:《妙吉祥平等秘密最上观门大教王经》卷第二,《大正藏》第20册,第912页中。

②　(唐)金刚智译:《药师如来观行仪轨法》,《大正藏》第19册,第28页下。

③　(唐)达摩栖那译:《大妙金刚大甘露军拏利焰鬘炽盛佛顶经》,《大正藏》第19册,第340页下。

作外院东行,从北头,先安曼殊室利菩萨,次弥勒菩萨,次安栴檀德佛,次阿閦佛,次相德佛,次普贤菩萨,次月天,次虚空藏菩萨。"①该仪轨中,普贤菩萨与阿閦佛、文殊、弥勒等佛菩萨一起参与了观音仪轨。

> 复于世尊左边画圣观自在,面如秋天满月,诸相庄严具如前说,复加手执白拂拂世尊身相;次画慈氏菩萨、普贤菩萨、金刚手菩萨、大意菩萨、善意菩萨、虚空藏菩萨、除盖障菩萨,皆如观自在菩萨一一庄严。又彼菩萨上画八佛世尊,所谓开华王如来宝顶。②

该仪轨中,普贤菩萨和观音、弥勒、金刚手、善意、虚空藏、除盖障等均居于佛之左侧,同为佛陀之护法:"复有八菩萨,慈氏、普贤、地藏、虚空藏、除盖障、灭罪、金刚手、妙财。"③该仪轨中,普贤与弥勒、地藏、虚空藏等八大菩萨一起出现在"护摩"仪轨中。

综上所述,普贤与密教中多位神祇都发生联系,他不仅可以充当释迦牟尼佛的护法,也参与其他如来、菩萨、明王的护法。

第八节　密教里的普贤哲学

密教中的普贤哲学比较复杂,既继承了中观、华严、唯识的哲学思想,也吸收了印度教的一些思想,在佛教理论体系内有其自己的特色。由于相关的概念范畴是了解普贤哲学的基础,笔者还是

---

① （唐）阿地瞿多译:《佛说陀罗尼集经》卷第四,《大正藏》第 18 册,第 815 页上。
② （宋）天息灾译:《大方广菩萨藏文殊师利根本仪轨经》卷第七,《大正藏》第 20 册,第 862 页中。
③ （宋）天息灾译:《大方广菩萨藏文殊师利根本仪轨经》卷第七,《大正藏》第 20 册,第 871 页下。

先从密教中有关普贤菩萨的哲学概念入手去分析"普贤哲学"的内在含义。

一、密教中关于普贤的若干哲学概念

1. 普贤

普贤在密教中和神秘的"一"字有密切的联系：

> 谓一于初句言普贤者是理也，即是为一字摄在下诸佛故；或分为二佛，谓普贤与诸佛转轮王是也；或分为三佛，先二加现证大菩提是也；或分作四智，谓普贤者是大圆镜智，即阿閦佛，次一句妙观察即阿弥陀佛也，次一句平等性智即宝生佛也，为转教敕轮一句成所作智即不空成就佛是；或分作五智，先四加法界体性智，所谓受名金刚界一句是也，自此下句配四方并中胎毗卢舍那佛也。①

引文中说，"一"字为"理普贤"，可摄诸佛；如果将其摄下分为"二佛"，就是"普贤"和"诸佛转轮王"；如果分为三佛，即"普贤"和"诸佛转轮王"再加上"现证大菩提"；如果分为四佛，按照"四智"的标准，那么"普贤者是大圆镜智，即阿閦佛"，其他分别是阿弥陀佛、宝生佛、不空成就；如果分为五佛，那就是再加上"法界体性智"，"自顶"流出毗卢遮那佛。

阿閦佛、宝生佛、阿弥陀佛、不空成就四佛四部摄"一切如来"，就是"一切如来"的代表，是一切如来"相互涉入"之共同性的四个方面，分别代表如来藏、金刚藏、正法藏、妙业藏。四藏合一即即"理普贤"，为"本"；而"一切如来"为"相"。"一切如来"的共性主要体现在"如来藏、金刚藏、正法藏、妙业藏"四个方面，进而归之于"理普贤"，也就是上段引文所说的"一"字，代表"理普贤"。密教中

---

① （唐）不空译：《金刚顶经一字顶轮王仪轨音义》，《大正藏》第19册，第327页上。

执金刚们的标志性武器"金刚杵",就是这个"一"字的表现:"次观遍满虚空中佛,悉来入金刚杵中合为一体,由作如是观智并诵密语,修行者三业成如金刚。"①所以持有"一切如来"合一之金刚杵,就被视为进入了"金刚地",获得了"金刚身"。

可见,"普贤"一词在佛教义理中有两种含义:一种指的是遍在于万物中的本体;另一种强调的是万物之间的普遍联系,这是由于这种普遍的内在联系使得作为本体的"一"成为作为现象的"多",也使得作为现象界的"多"通过"一"而相互联系。因而,"普贤行"者,要做的就不是离开现象界,去"无余依涅槃",而是不离开现象,去教化众生,践行"众生尽、我愿尽"的大愿。故"普贤行"说到底是一种"菩萨行",其目的不是为了成佛,而是为了帮助众生解脱。可以看到,《华严经》中"普贤"的这一含义在密教中也得到了继承。

普贤菩萨作为连接"一"与"多"的纽带作用主要体现在普贤菩萨的遍在性上:"经云能令众生发菩提心者,普贤菩提遍摄受故,能令众生成就普贤无量行愿者,普贤行海遍成就故。"②因为"普贤菩提"遍摄受一切有情,故可令众生发菩提心。因为"普贤行"是圆满的行法,所以可以成就"普贤无量行愿"。

密教中,"普贤"一词同样有强调真如本体的"不空"之意:

> 普贤妙不空,摩罗极喜主,空藏大妙光,宝幢大微笑。③
> 归命礼普贤,法界真如体,我今依大教,金刚顶胜初。④

---

① (唐)不空译:《普贤金刚萨埵略瑜伽念诵仪轨》,《大正藏》第20册,第532页中。

② (唐)不空译:《金刚经大瑜伽秘密心地法门义诀》卷上,《大正藏》第39册,第816页中。

③ (唐)不空译:《金刚顶一切如来真实摄大乘现证大教王经》卷上,《大正藏》第18册,第207页中。

④ (唐)不空译:《金刚顶胜初瑜伽普贤菩萨念诵法》,《大正藏》第20册,第528页上。

密教所宣称的"成就","即身成佛",也就是成就这个"真如"之体,也就是成就普贤菩萨:"次结素啰多大誓真实印,以缚印二大指二小指各以指头相拄,如独胉杵,二中指入掌竖合,令拄心上即成,作是思惟:我身既成普贤菩萨,发此心时成就无边解脱观一切有情,自他无别,同体大悲即诵大誓真实密语曰……"①

因此,密教所有的修行,都离不开普贤菩萨,从这个意义上说,普贤菩萨为密教一切行法的重要环节。

2. 普贤心

"普贤心"一词,在密教经典中也经常出现,是密教经典里最常见的关键用语之一,不澄清"普贤心"的含义,密教的很多表述将无法理解,故笔者将之略作介绍:"经云说秘明时从一切如来普贤之心,此第一依因也。释曰:一切诸佛现神变时非无因,故谓从如来智入普贤心,若不尔者碍而不遍,无智故有碍,无行故不遍。"②

这里讲一切诸佛所现神变都是有原因的,什么原因呢?乃是通过"如来智"而进入"普贤心"。引文讲,没有普贤心,行者的身心就"碍而不遍"。引文强调"无智故有碍",这里说的是"如来智";而"无行故不遍"就显然对应的是"普贤心"。可见,"普贤心"是和"行"联系在一起的,这里的"行"为何意? 结合上下文的意思,当为"现行"之意,即本体现行,通过现象界来表现自己。可见,密教中也强调"普贤心"的"入世性"。

"普贤心"与"金刚心"有密切的联系:"此印及诵密语当入曼荼罗阿阇梨所引入,金刚萨埵三业金刚令入弟子心,自性金刚智令,得发动显现。"③可见,人人都有的"普贤心"是"金刚心"的前提,只

---

① (唐)不空译:《普贤金刚萨埵略瑜伽念诵仪轨》,《大正藏》第20册,第532页上。
② (唐)不空译:《金刚顶经大瑜伽秘密心地法门义诀》卷上,《大正藏》第39册,第815页中。
③ (唐)不空译:《普贤金刚萨埵略瑜伽念诵仪轨》,《大正藏》第20册,第531页下。

有发了"普贤心",上师才能将"金刚种子"打入弟子心中,才能使本有的"金刚心",发动显现,引导其与本尊合一,成就金刚菩萨身。

另外一个与"普贤心"有关的重要概念是"菩提心",密教对其非常重视:

> 净菩提心胜愿宝,我今起发济群生,生苦等集所缠身,及与无知所害身,救摄归依令解脱,常当利益诸含识。①
>
> 净菩提心如意宝,能满诸愿灭尘劳。②

那么,密教中讲的"菩提心"与"普贤心"又有什么关系呢? 我们看经文:"尔时有菩萨摩诃萨,名曰慈氏……即于众中作如是言:……普贤一切义,从菩提心转,及彼一切行,菩提行所生……我归命称赞。"③

这段话中,弥勒菩萨告诉大家,"普贤一切义,从菩提心转"。就是说,"普贤心"也好,"普贤性"也好,"普贤愿"也好,"普贤行"也好,都是以发"菩提心"来引导的。

经文里进一步讲:"经云能令众生发菩提心者,普贤菩提遍摄受故,能令众生成就普贤无量行愿者,普贤行海遍成就故,能令众生奉事,一切如来眷属者,于善知识悉遍求故,能令众生趣向大菩提道场者,于诸佛会念念入故。"④

引文中说,众生之所以能够"发菩提心",那是因为"普贤菩提遍摄受故","普贤菩提"就是"普贤心"。也就是说,一方面,"普贤

---

① (唐)法全撰:《大毗卢遮那成佛神变加持经莲华胎藏悲生曼荼罗广大成就仪轨供养方便会》卷第一,《大正藏》第 18 册,第 109 页上。
② (唐)法全集:《大毗卢遮那成佛神变加持经莲花胎藏菩提幢标帜普通真言藏广大成就瑜伽卷》卷上,《大正藏》第 18 册,第 144 页上。
③ (宋)施护译:《佛说一切如来金刚三业最上秘密大教王经》卷第一,《大正藏》第 18 册,第 472 页中。
④ (唐)不空译:《金刚顶经大瑜伽秘密心地法门义诀》卷上,《大正藏》第 39 册,第 816 页中。

心"是菩提心存在的大前提;另一方面,从"普贤心"也能起"菩提行":"谓由如来普贤行遍一切处坚牢加持故,而能成就种种相用也,故云以其普贤故,金刚萨埵三摩地极坚牢故也……若有入者,从普贤心起菩提行。"①可见"菩提心"与"普贤心"是相辅相成的关系。

综上所述,笔者认为,"菩提心""金刚心""本心",其实和"普贤心"都是同一个"体",所指无二。但由于只是所处的修行阶段不同,他们又具有不同的含义:"菩提心"偏重于讲上求无上智慧,下化无量众生,强调的是本体法界的超越性和利他性;"普贤心"偏重于讲本体"一"和现象"多"之间相互摄入的关系,强调的是本体法界的遍在性和清净;"金刚心"则偏重于讲守住本心不为外所动,从而显现本心,破除魔军,强调的是本体法界的坚固性和神力性。

3. 普贤海

"普贤海"是密教中独有的概念,其含义在密教经文中没有明确定义,所以必须从相关论述中分析:"此灌顶智者从佛普贤金刚心所出生……阿閦佛眷属都号为一切如来大三昧耶萨埵,谓此四菩萨住东方金刚界不动如来所前后左右……东者最初之意,此金刚菩提三昧亦复如是,欲入佛法海者皆从此入,便以智入如来境界。"②

东方为日出之地,有"最初"之意,东方的妙喜世界为阿閦佛所教化的世界,普贤菩萨为阿閦如来的眷属菩萨,与阿閦如来当然也是"同体"的。"欲入佛法海者皆从此入",是行者修行的第一个阶段,在这一阶段,修行的法门主要是"金刚菩提三昧",也叫做"金刚

---

① （唐）不空译:《金刚顶经大瑜伽秘密心地法门义诀》卷上,《大正藏》第 39 册,第 815 页下。

② （唐）不空译:《金刚顶经大瑜伽秘密心地法门义诀》卷上,《大正藏》第 39 册,第 820 页下。

普贤三昧":

> 第一金刚普贤三昧者……其秘密义者想于东方虚空界纯
> 以金刚而为庄严,名曰金刚庄严藏世界,于中如来满世界中,
> 如一切世界微尘数,一一如来皆入金刚三昧结加趺坐……一
> 一如来皆有执金刚等诸大菩萨而共围绕……愿一切如来金刚
> 萨埵守护于我,以此金刚三昧加持我身,若能如是入者速得金
> 刚普贤三昧也。①

这是讲修金刚普贤三昧所须的观想种种,主要是观想"东方金
刚庄严藏世界"的诸佛以及诸执金刚菩萨。除了观想之外,还要由
禅定生"智",然后是讲究次第而"用":"入初普贤金刚三昧耶,遍能
观察一切如来,遍能了知诸佛境界不空智,得加持已,便能集会一
切如来及诸如来无尽智藏,严自智界,作大佛事,便能承事一切如
来,而诸如来护念不舍,是以染智据次而说,如是次第皆是如来普
贤金刚三昧智用。"②

由于普贤神力的作用,行者可以"集会一切如来及诸如来无尽
智藏",进入本体法界,这是进入"普贤海"的最关键的一步。行者
还要"严自智界,作大佛事",之后还需诸报化身如来"护念不舍,是
以染智据次而说",最后才能"从普贤菩萨菩提金刚三昧入佛
境界"。③

> 复以明心三业秘密加持令诸有情住坚牢身,能如是入者,
> 尔时行者身不至彼,亦不住此,心不住此亦不着彼,满法界量

---

① (唐)不空译:《金刚顶经大瑜伽秘密心地法门义诀》卷上,《大正藏》第 39 册,第
810 页中。
② (唐)不空译:《金刚顶经大瑜伽秘密心地法门义诀》卷上,《大正藏》第 39 册,第
819 页下。
③ (唐)不空译:《金刚顶经大瑜伽秘密心地法门义诀》卷上,《大正藏》第 39 册,第
820 页上。

无前无后,以明智观察令无障碍,入出相用分明不滞,如是入者是名得入普贤金刚最初行海,若展转能入神变境界不滞不碍,是名入于一切如来普贤功德无尽藏海也。①

这段话,应该就是对"普贤海"的集中阐述,进入了普贤海后,行者就可以进入"佛境界",身心不受时空方位的限制,一念之间到达无数佛刹,这是"普贤金刚最初行海"。进一步修行则可以进入"神变境界",这叫做"一切如来普贤功德无尽藏海"。

4. 光明

"光明"一词,在密教经论中多以智慧的表征出现:

谓如来一心一法界智遍一切处,常光照用应世分位,现五峰光明。光明者,智也,即五智门也,显法次第入有由故,五智门者初金刚三昧智,次宝印灌顶智。三清净法轮智,四羯磨妙业智,五如来法界智,此五智光即一切如来普贤藏相也。若有入者从普贤心起菩提行,入如来处住五智相,念念遍法界光明,于四威仪念持不间,是人名为常住如来法界金刚三昧也。②

文中明确讲"光明者,智也",即光明代表的是智慧,"此五智光即一切如来普贤藏相也"。大日如来的"五智",实际上就是"一切如来"的"普贤藏"(本体)相,即"普贤藏"的显现。所以,行者修五智,就可以见到普贤,"常住如来法界金刚三昧",这其实就把唯识学讲的"转识成智"建立在了普贤本体的基础之上了。

"光明"在密教中有特殊意义,是"一切如来金刚身语意"的体现,表征为金刚武器:

---

① （唐）不空译:《金刚顶经大瑜伽秘密心地法门义诀》卷上,《大正藏》第39册,第815页中。

② （唐）不空译:《金刚顶经大瑜伽秘密心地法门义诀》卷上,《大正藏》第39册,第816页上。

> 还源者谓此钩本依佛心,出还入佛心,欲显此钩是如来心故……从心中出满虚空界成金刚光明时,彼光明化为一切如来金刚身语意所成金刚钩,住佛掌中……①
>
> 成就如来普贤菩提金刚智藏钩弓神变妙庄严相。②

"金刚弓"也好,"金刚钩"也好,这些执金刚们手中所拿的兵刃,其实都是佛心中的菩提智慧光明,先由普贤神力合为一体,再由大日如来授予诸执金刚神。文中说"金刚钩"是"如来心",其实是说此金刚钩是佛的"普贤金刚智藏"所现。

可见,密教中的"光明"被称作"金刚光明",它与"菩提心""普贤心""金刚心"都有紧密的联系,是它们的作用和表现。

5. 大普贤地

密教经典中还有一个很关键的术语,那就是所谓的"大普贤地":

> 从前诸地所修行愿,能出生此大普贤地,即十地后等觉地也。然瑜珈中,从凡至圣总为四地,一胜解行地,通目地前;二普贤行愿地,通目十地;三大普贤地,即等觉地;四普照曜地,即成正觉地。依彼释者,摩字为种子。摩字者,诠一切法我法空故,谓瑜珈者断微细障,证我法空,即超出此大普贤地,证普照曜,成等正觉,福智庄严,受用法身俱圆满故。③

文中强调了"此大普贤地,即十地后等觉地也",其含义应这样理解,普贤地菩萨,其"慧"与"行"已经与佛相等,可以成佛。然而

---

① (唐)不空译:《金刚顶经大瑜伽秘密心地法门义诀》卷上,《大正藏》第39册,第818页下。
② (唐)不空译:《金刚顶经大瑜伽秘密心地法门义诀》卷上,《大正藏》第39册,第820页中。
③ (唐)不空译:《仁王护国般若波罗蜜多经陀罗尼念诵仪轨》,《大正藏》第19册,第518页下。

由于普贤发心广大，度尽众生才成佛，故不入佛地，而是带领、引导众生进入佛道，应该说，"普贤地"是连接"世俗界"和"真如法界"的桥梁。

笔者认为，"大普贤地"在密教中经过"灌顶"，产生"金刚种子"以后，就是所谓的"金刚地""金刚界"，正是因为如此，行者修成"执金刚"体的标志就是"见到普贤大菩萨身"，进入"大普贤地"。

以上笔者对密教中对有关普贤的诸概念进行了分析，可以看出，密教在原有的概念的基础上进行了引申和阐发，也引入了一些新的术语，使得普贤哲学出现了新内容，而密教普贤哲学的大厦也在新的基础上建立了起来。

二、密教中的普贤哲学的主要内容

密教的普贤哲学，主要内容实际上就是普贤菩萨在密教体系建立中的地位和作用的问题。虽然说法不尽统一，但总的来说，密教将佛教神祇分为金刚部、莲华部、宝部、羯磨部四部的说法是各派都承认的。关于"四部"建立的理论依据，吕建福教授认为源自《大般若经》的"般若理趣分"：

> 尔时，世尊复依一切住持藏法如来之相，为诸菩萨宣说般若波罗蜜多一切有情住持遍满甚深理趣胜藏法门，谓：一切有情皆如来藏，普贤菩萨自体遍故；一切有情皆金刚藏，以金刚藏所灌洒故；一切有情皆正法藏，一切皆随正语转故；一切有情皆妙业藏，一切事业加行依故。①

吕建福教授认为：

> 因为这里的四藏四因中说，一切有情具有如来藏，是由于

① （唐）玄奘译：《大般若波罗蜜多经》卷五百七十八，《大正藏》第7册，第990页中。

普贤菩萨体性普遍,所以后来的《金刚顶经》就将四藏四因依次演绎为表征四智之四方四佛四菩萨,并与四部圣众相匹配。以如来藏为阿閦佛,以体性遍在的普贤菩萨配东方金刚部;以金刚藏为宝生佛,以灌顶圆满性为虚空藏菩萨,配南方宝部;以正法藏为阿弥陀佛,以能转正法轮为观自在菩萨,配西方莲花部;以妙业藏配不空成就佛,以能做一切事业相应为毗首羯磨菩萨,配北方羯磨部。①

《大乐金刚不空真实三昧耶经般若波罗蜜多理趣释》中对此又作了进一步的阐发:

> 时婆伽梵毗卢遮那如来,婆伽梵者如前所释,毗卢遮那如来,名遍照。报身佛,于色界顶第四禅色究竟天成等正觉,为诸菩萨,说四种自证自觉圣智,说四智菩提:

> 所谓金刚平等现正等觉以大菩提金刚坚固故者,由如来净阿赖耶于大圆镜智相应,证得坚固无漏之三摩地,能净无始无明地微细烦恼;

> 义平等现等正觉以大菩提一义利故者,第七无漏末那,与第八净阿赖耶识中无漏种子,能缘所缘平等平等,离能取所取故,证得平等性智,流出随其众生爱乐身,由如众色摩尼,能作无边有情义利;

> 法平等现等觉以大菩提自性清净故者,犹如来清净意识,与妙观察智相应,证得一切法本性清净,于净妙佛国土,为诸菩萨能转无上法轮;

> 一切业平等现等觉以大菩提一切分别无分别性故者,由如来无漏五识,与成所作智相应,现三业化,于净妙国土及杂

---

① 吕建福:《普贤菩萨与金刚乘》,魏道儒主编:《普贤与中国文化》,第291页。

染世界,任运无功用无分别,作佛事有情事。①

　　文中将毗卢遮那佛的四智对应为金刚平等现正等觉、义平等现等正觉、法平等现等正觉与业平等现等正觉,并与唯识学讲的"识"联系了起来。以金刚平等现正等觉的大圆镜智对应"净阿赖耶识",也就是普贤菩萨所代表的"如来藏",从而成立东方金刚部;以义平等现等正觉的平等性智对应第七末那识,成立南方宝部;以法平等现等正觉的妙观察智对应第六意识,成立西方莲花部;以业平等现等正觉的成所作智对应前五识,成立北方羯磨部。

　　普贤菩萨在密教理论建构中地位十分重要,他代表金刚部,与莲花、宝、羯磨等共同组成了完整的理论体系。普贤所代表的"如来藏",给予了信众成佛的可能性,然而,要想将这种潜在的可能性开发出来,走迅速成佛的捷径,就必须进入曼荼(茶)罗,将"金刚萨埵"引入自身:

　　　　若依毗卢遮那佛自受用身所说内证自觉圣智法,及大普贤金刚萨埵他受用身智,则于现生遇逢曼荼罗阿阇梨。得入曼荼罗,为具足羯磨,以三摩地,引入金刚萨埵入其身中,由加持威神力故,于须臾顷,当证无量三昧耶无量陀罗尼门。②

　　　　此印及诵密语当入曼荼罗阿阇梨所引入,金刚萨埵三业金刚令入弟子心,自性金刚智令,得发动显现。③

　　总之,密教走的是靠外力的加持来迅速成佛的路子,这和《华严经》中逐步修学的路子是不同的。《华严经》中的普贤菩萨以教主代言人的身份指导行者修"普贤行",将大乘初期的行法进行了

---

　　① (唐)不空译:《大乐金刚不空真实三昧耶经般若波罗蜜多理趣释》卷上,《大正藏》第19册,第610页中。

　　② (唐)不空译:《金刚顶瑜伽金刚萨埵五秘密修行念诵仪轨》,《大正藏》第20册,第535页中。

　　③ (唐)不空译:《普贤金刚萨埵略瑜伽念诵仪轨》,《大正藏》第20册,第531页下。

发展和拓宽,强调了发心的广大和誓愿的甚深,但在具体的实践层面,和大乘初期的行法还是具有类似性的。密教中的普贤则主要作为众生成佛的根据,密教引入坛场、手印、咒语等手段,也就是为了开发众生本有的"普贤性",让行者"见到大普贤菩萨身",进入"大普贤地",成为"执金刚"菩萨。某种程度上讲,密教中的普贤是对《华严经》中普贤菩萨的继承与进一步的发展,使有关普贤的解脱理论更加具备操作性与可行性。

笔者就密教中普贤哲学的基本思路归纳如下:

首先,密教普贤哲学是对华严普贤哲学的继承。华严普贤哲学的诸多术语和思路被认为是密教修行方法的前提和关键。如"普贤行愿"就是密教法门的前提和关键,在作法前以及作法中都需要思维"普贤行愿",甚至某些密法干脆就是对"普贤十大行愿"的展开,这一点在有关胎藏、金刚密法的仪轨中本文已经多次论述,不再赘述。

其次,密教中的普贤哲学是对华严普贤哲学的发展。华严普贤哲学中对普贤菩萨所处的"普贤地""普贤界"进行了种种说明,指明了"普贤地""普贤界"是沟通"佛地"与"世俗界"的桥梁,并将之提升为最殊胜的法门,认为其涵盖了"一切如来"的所有法门,是所谓的"圆融道"。密教完全继承了这种思路,也宣称自己的法门是"一切如来"的本身"大毗卢遮那如来"所说的最殊胜的法门,凌驾于其他法门之上,那么这两种理论显然是重合的。由于华严哲学出现在先,故密教理论既不能否认前者,又需要前者的理论思路,故在金刚密法中,普贤菩萨被认为就是密教教主金刚手的本体,是东方之金刚世界的不动如来的显化身,就可以理解了。根据这个说法,成就"执金刚身"也就是成就"普贤身""普贤大菩萨身",这在密教经论中是普遍承认和运用的。

第三,密教是所有佛教宗派中"佛身理论"最丰富的宗教,而普贤哲学也体现出了这一点。密教运用佛教常用的"同体理论"和"神变原则"，创生了很多神祇，引入了很多神祇，也发展了很多神祇，使得佛教的神谱空前膨胀。在密教中，金刚系密法承认普贤菩萨和毗卢遮那佛是同体，区别是毗卢遮那佛处于真如界，而普贤菩萨还在现象界。用密教的理论讲，普贤菩萨乃是毗卢遮那佛的显化，成为他的"转法轮身"之一（另外一个为"般若菩萨"）。

第九节　密教中普贤菩萨形象之变异

密教中的普贤菩萨，不仅变化身众多，而且形象也复杂多变，这也是密教的普贤菩萨与显教的普贤菩萨的重大区别，我有必要专门用一节来介绍。

一、按照身色分类的普贤形象

第一类，身呈白色。

1. 普贤身呈白莲花色：

> 正于坛中画圣观自在菩萨形像……偏袒右肩面向圣观自在菩萨前合掌恭敬。复于右边画作普贤菩萨形像，其形如彼白莲华色，顶作螺髻绀发垂下，面貌端严熙怡微笑，偏袒右肩面向尊者合掌恭敬。于普贤菩萨像下，应画摩么鸡天女、金刚使天女。[1]

> 左边应作普贤菩萨，身相端严如莲华色，戴宝天冠绀发垂下，一切严具庄严其身，而有两臂欢喜颜状，偏袒右肩合掌，对

---

[1] （唐）宝思惟译：《不空羂索陀罗尼自在王咒经》卷下，《大正藏》第20册，第427页下。

观自在菩萨当前而住。于其普贤菩萨底下,作摩尼鸡神及金刚神。①

以上两则观音仪轨中,普贤菩萨身白莲花色,头上梳有螺髻,"绀发垂下",面貌庄严而神色怡然,面带微笑,偏袒右肩,向观自在菩萨合掌致敬,只是两者对普贤菩萨的所处位置的安排相反。

2. 身白月色:"若念普贤菩萨者,于莲花台中观苏嚩字,变为金刀,成普贤菩萨,身白月色,顶有五佛威光赫奕,由如日轮,菩萨于中乘千叶莲花,放杂色光,坐月轮中,三钴跋折罗周遍围绕。"②该仪轨中,普贤菩萨身白月色,头戴五佛宝冠,威光赫奕,犹如日轮,坐在千叶莲花上,放五彩光芒。

3. 身白肉色:"东南普贤菩萨:顶上妙髻冠,身相白肉色,大悲愍念相,左定莲上钩,右慧拳押膝,百千种璎珞,珠鬘及天衣,一切妙宝色,庄严慈悲体,圆满莲环光,大宝莲花坐,安住满月轮。"③该胎藏曼荼罗中,普贤菩萨身"白肉色",现报身的天人相,头戴宝冠,左手持钩于莲台上,右手握拳放于膝上,璎珞、宝珠作为装饰,安坐于月轮中的宝莲花之上。

4. 雪白色:"建立于轮坛,即当想自身,同彼普贤体,色白如珂雪,端坐入三昧,舌上想五股,净妙金刚杵,密诵此真言,同一法界净。"④可见,在金刚密法中,普贤菩萨身色常为雪白色。

5. 水晶月白色:"次观遍满虚空中佛,悉来入金刚杵中合为一体,由作如是观智并诵密语,修行者三业成如金刚,修行者当观自

① (唐)李无谄译:《不空罥索陀罗尼经》,《大正藏》第 20 册,第 415 页中。
② (唐)金刚智译:《念诵结护法普通诸部》,《大正藏》第 18 册,第 906 页下。
③ (唐)不空译:《摄无碍大悲心大陀罗尼经计一法中出无量义南方满愿补陀落海会五部诸尊等弘誓力方位及威仪形色执持三摩耶幖帜曼荼罗仪轨》,《大正藏》第 20 册,第 131 页下。
④ (唐)不空译:《金刚顶胜初瑜伽普贤菩萨念诵法》,《大正藏》第 20 册,第 528 页上。

身如普贤菩萨,戴其五佛冠,身如水精月色,右手持五钴金刚杵,左手持金刚铃,身处在满月轮,了了分明。"①该仪轨中,普贤菩萨头戴五佛冠,身水晶月色,右手持五钴金刚杵,左手持金刚铃,身处在满月轮。

第二类,绿色。

1. 普贤菩萨身呈浅绿色:

> 第一殿内中心画师子座,座上画无量寿智决定王如来作说法相……右边画普贤菩萨摩诃萨,坐宝优钵罗华座,身浅绿色,顶戴宝冠着上妙青衣,真珠璎珞宝鬘络腋,光焰普遍一切庄严,右边次画圣妙吉祥菩萨,坐宝优钵罗华座身黄金色,如童子相首有五髻,面目端严诸相具足,着妙青衣以真珠宝,而为璎珞及为络腋庄严身相。②

其形象为身浅绿色、头戴宝冠,身着青衣,天衣璎珞,宝鬘珍珠装饰,身后象征威力的火焰"普遍一切庄严"。

2. 普贤菩萨身呈紫绿色:

> 第一慈氏菩萨最近佛坐,作梵行相,头戴宝冠,身真金色,体着红衣,复挂红仙衣,身相端严具三种幖帜,左手持瓶杖,于肩上挂黑鹿皮,右手执数珠,顶礼如来,瞻仰世尊,心如在定;第二莲华圣普贤菩萨,身作紫绿色,具一切庄严相,左手执如意摩尼宝,右手持吉祥果,作施愿相;第三圣观自在菩萨,身如中秋月色,具一切庄严,顶戴宝冠白衣络腋。③

该仪轨中,普贤菩萨身紫绿色,左手持摩尼如意珠,右手持吉

---

① (唐)不空译:《普贤金刚萨埵略瑜伽念诵仪轨》,《大正藏》第20册,第532页中。
② (宋)天息灾译:《大方广菩萨藏文殊师利根本仪轨经》卷第16,《大正藏》第20册,第893页上。
③ (宋)天息灾译:《大方广菩萨藏文殊师利根本仪轨经》卷第七,《大正藏》第20册,第861页上。

祥果,并作施愿印。

今此幡内先画妙吉祥,于师子座上结跏趺坐,为童子形,诸相端严,光明普照,作说法相。左边画圣普贤菩萨,坐优钵罗华座,右手执拂,左手执如意,宝身作紫绿色。右边画圣观自在菩萨,右手执拂,左手持莲华,遍身光明。于妙吉祥师子座下,至幡缘,画金山。复于师子座右边,画焰曼德迦忿怒明王。①

该仪轨中,普贤菩萨右手持拂尘,左手持如意宝珠,端坐于"优钵罗花座"上。

先画圣妙吉祥童子,作小童子相,头有五髻,金色严身,体着青衣,复以青仙衣披挂身上,于师子座上半跏趺坐,右足踏于宝座,宝座之下复有白莲华,作说法相,上下端严,诸相圆满,面戴喜怒之相,观视持诵之者;右边圣普贤坐白莲华,诸相具足一切庄严,身紫绿色,着于青衣,真珠璎珞以为络腋,左手执如意宝珠,右手执白拂。妙吉祥左边画圣观自在,亦坐白莲,身如中秋月色,诸相具足一切庄严,亦着青衣,还以真珠璎珞以为络腋,左手执白莲华,右手执金柄拂,面戴喜相,瞻仰于妙吉祥。又此所坐白莲从池水生,于一茎干有三枝莲华,中枝白莲华,坐妙吉祥。②

该仪轨中,文殊为主尊,位于中央,观音和普贤分居左右,普贤菩萨身呈紫绿色,左手持如意宝珠,右手持白拂,珍珠璎珞装饰全身,端坐于白莲花上。

---

① (宋)天息灾译:《大方广菩萨藏文殊师利根本仪轨经》卷第七,《大正藏》第20册,第862页下。
② (宋)天息灾译:《大方广菩萨藏文殊师利根本仪轨经》卷第八,《大正藏》第20册,第864页上。

以上三则仪轨中的普贤菩萨,身色一致,左手都持如意宝珠,而右手所持之物则有区别,所坐的宝座也不尽相同,当是针对不同的施法目的而有区别。

3. 身浅紫色:"第八普贤菩萨:妙冠严鬋发,绀发垂耳侧,身相浅紫色,左定莲上剑,右惠拳押膝,大悲怜愍相,珠鬘及袈裟,天衣妙璎珞,镮鈌为臂玉,千色为腰巾,妙裳赤光色,身光如虹色,宝莲以为座,安住月轮海。"①该经中的普贤菩萨,身浅紫色,现报身天人相,头戴宝冠,头发从耳边垂下,左手持剑于莲台上,右手握拳放于膝上,璎珞、宝珠、玉石作为装饰,身披红色的袈裟,安坐于月轮中的宝莲花之上。

第三类,普贤菩萨身呈金色。

> 又若欲受持成就验者,先须画作文殊师利菩萨之像……其左厢画观世音像,其身白银色,璎珞天衣庄严身分,极令华饰,莲华座上结加趺坐,左手执白拂。其右厢画普贤菩萨像,其身金色,璎珞衣服庄严身分,极令华饰,莲华座上结加趺坐,右手执白拂。②

> 此文殊师利六字咒功能我今欲说……左厢画观世音像,其身白银色,璎珞衣服庄严如常,坐莲华上结跏趺坐,右手执白拂。右厢画普贤菩萨像,其身金色,璎珞庄严如常,亦坐莲华座,右手执白拂。③

上述两则仪轨都属于文殊仪轨,其中的普贤菩萨,居于文殊右侧,其身为"金色",天衣璎珞,庄严华贵,右手持白拂,结跏趺坐于莲花座上。

---

① 　(唐)不空译:《法华曼荼罗威仪形色法经》,《大正藏》第 19 册,第 604 页上。
② 　(唐)阿地瞿多译:《陀罗尼集经》卷第六,《大正藏》第 18 册,第 838 页下。
③ 　(唐)菩提流志译:《六字神咒经》,《大正藏》第 20 册,第 779 页中。

在非文殊类经典中,普贤菩萨也有金色身的:"虚空藏菩萨左边,想普贤菩萨,戴五佛冠,金色身,右手持剑左手施愿,半跏而坐。"①可见,在"八大菩萨曼荼罗"中,普贤菩萨身金色,右手持剑,左手施愿。

第四类,身黄色。

我们再看经文:"复次于曼拏罗北门安四菩萨……第四位安普贤菩萨,身黄色。右手执宝树枝,左手作拳安腰侧。是四菩萨皆于莲华月上跏趺而坐。此十六大菩萨,具大慈悲能利益众生。"②该文中,普贤菩萨为释迦文佛作法时的护法菩萨,身黄色,右手持宝树枝,左手握拳安于腰侧。

以上为密教中普贤菩萨的身色变化,可以看到,普贤菩萨的身色可分为以上四类,即白色、绿色、金色和黄色,但没有明显的规律可循;普贤菩萨手中的法器也种类不一,合计有金刚杵、金刚铃、吉祥果、宝树枝、白拂尘、利剑、如意摩尼珠、花鬘等等,形态有坐有站,有全跏坐,有半跏坐,不一而足。

二、其他的密教普贤形象

密典对普贤菩萨的描述也有一些与身色无关:"于此文殊师利菩萨六字咒功能法,我今说……于右应画作圣观自在菩萨,坐莲华座,手执拂;左边应画圣普贤菩萨,像上两边虚空,于云中出咒仙手执花鬘作;画像下应画持咒人手执香炉,瞻仰文殊师利菩萨。"③该仪轨中,普贤菩萨身处云中,手持花鬘,口出咒语:"北面世间王如来,左手覆置脐下,把袈裟角出垂,右手扬掌,结跏趺坐。右普贤菩

---

① (唐)不空译:《八大菩萨曼荼罗经》,《大正藏》第 20 册,第 675 页中。
② (宋)法贤译:《佛说大乘观想曼拏罗净诸恶趣经》卷上,《大正藏》第 19 册,第 90 页中。
③ 译者不详:《文殊师利菩萨六字咒功能法经》,《大正藏》第 20 册,第 778 页中。

萨,左手扬掌,右手执剑,结加趺坐。……东北方地藏菩萨,东南方弥勒菩萨,西南方普贤菩萨,西北方曼殊室利菩萨。"①该仪轨中的普贤菩萨,左手扬起,右手持剑,结跏趺坐,处西南方。

我们再看经文:"次门北第二隔,画普贤菩萨,右手当胸,邪竖把剑,左手屈外仰掌。"②该轮王仪轨中,普贤菩萨左手向外扬掌,右手当胸持剑。

我们注意到,在不涉及菩萨身色的仪轨中,普贤菩萨多持利剑,这不是规律,只是一种常见的现象。密教中,普贤菩萨还有作为教令轮身出现的形象:

> 尔时八大菩萨各各现光明轮各现作八大金刚明王,以如来轮故,尔时金刚手菩萨,现作降三世金刚明王,放青色光明口现二牙,阿吒吒笑声,以右手掷五股金刚杵……尔时普贤菩萨,现作步掷金刚明王,以右手把一旋盖,左手把金刚杵,遍身作虚空色,放火光焰。③

该仪轨中,普贤菩萨现为步掷明王,左手持金刚杵,右手持旋盖,身"虚空色",放大火焰。

虽然密教中普贤菩萨有种种形象,但其在密教中其最典型、最有特点的形象还不是这些,而是存在于普贤菩萨的"延命法门"里。如不空所译的《佛说一切诸如来心光明加持普贤菩萨延命金刚最胜陀罗尼经》中对普贤形象的介绍:

> 我此延命法先须彩书普贤菩萨,如满月童子形,五佛头冠,右手持金刚杵,左手持召集金刚铃,契鬘纵缓带坐千叶宝

---

① （唐）菩提流志译:《不空羂索神变真言经》卷第九,《大正藏》第 20 册,第 270 页中。

② （唐）菩提流志译:《一字佛顶轮王经》卷第四,《大正藏》第 19 册,第 248 页中。

③ （唐）达摩栖那译:《大妙金刚大甘露军拏利焰鬘炽盛佛顶经》,《大正藏》第 19 册,第 340 页下。

华，下有白象王，象有三头，鼻卷独股杵，各具六牙，其象四足踏一大金刚轮，轮下有五千群象，各负其轮，于菩萨身放百宝光，光外尽白月轮众彩庄严，尽得其像敬于清净处建立道场，令清净僧持是真言，及转此经乃至书写，及持金刚寿命陀罗尼满十万遍，即增寿命除夭横故。①

二臂之普贤延命相

可以看到，普贤菩萨在延命法门里的形象有别于在其他法门里的形象。该曼荼罗中普贤菩萨首次出现"童子相"，并且是"满月"的童子，这个"满月"指的是"一个月"，那么实际上普贤菩萨呈现的是一个月大小的"婴儿相"。为何普贤菩萨呈现出了"婴儿相"？笔者认为，"一个月"大小的婴儿生长的最快，精神纯粹无染，生命力最为旺盛，普贤菩萨呈现"婴儿相"，这是普贤菩萨所有形象中最特殊的形象，凸显的也是普贤菩萨最重要的功能：延命。

此图中，普贤菩萨呈"婴儿相"，头戴五佛宝冠，右手持金刚杵，左手持金刚铃，髻带垂肩，端坐于千叶莲花之上。这个样态是密教中普贤菩萨比较常见的样态，但是，"延命"法门中的普贤菩萨

---

① （唐）不空译：《佛说一切诸如来心光明加持普贤菩萨延命金刚最胜陀罗尼经》，《大正藏》第 20 册，第 579 页中。

还有所增加，那就是这个千叶莲花座并不是放在地上或者悬于空中，而是由一个"三头白象王"驮着，三个象头各朝一方，每个象头长有六根长牙，每个象鼻卷着一件独钴金刚杵，这个独特的三头白象踩在一个"大金刚轮"上，这个"大金刚轮"又由五千群象背负。

认真分析一下可发现，《佛说一切诸如来心光明加持普贤菩萨延命金刚最胜陀罗尼经》中所描述的普贤的形象，是对以前所有普贤形象的整合和创新：从华严系经典里取了普贤菩萨端坐于莲花宝座上的形象，这是对前者的继承，但将莲花宝座发展为"千叶莲花宝座"，则是作者的创新；从法华系经典的普贤形象取来了"六牙白象"，这些是对以往经典形象的继承，但将之发展为了三头，象鼻上也增加了"独钴杵"，这个三头的"象王"站在"大金刚轮"上，由五千群象背负，这些都是作者的创新；从密教系相关经典中取了"头戴五佛宝冠，右手持金刚杵，左手持金刚铃，鬘带垂肩"的形象，这是对前者的继承；但却将普贤菩萨的形象改为了"满月童子相"，这是作者的创新。继承性与创新性的结合，是《佛说一切诸如来心光明加持普贤菩萨延命金刚最胜陀罗尼经》的特点，这一点在其所描述的普贤菩萨的职能中也有明显的体现。

第十节　密教中普贤菩萨的功能

与原始佛教强烈的出世色彩相比，密教有强烈的入世色彩。密教强调深入民间、深入皇室贵胄，标榜自己不仅能够解决俗人面临的任何问题，而且也可以解决国家面临的各种危机，并以此作为吸引信众支持、维持自身的手段。从这个意义上说，密教普贤类经典中庞大的理论、实践体系都是为了论证普贤菩萨的功能而存在，普贤菩萨的种种变体、种种身色变化、种种方位都是为了某一职能而设计,故笔者将用本章的最后一节来论述普贤菩萨的功能。

一、密教中普贤菩萨的一般性功能

先看《普贤菩萨法身印咒》的相关阐述:"准前佛品帝殊啰施顶印,上唯改开二中指,头指来去咒曰:……是法印咒,若有人能于白月八日十三日十五日,香汤洗浴,独自房内不听他入,面向东胡跪,当作此印至心诵咒二十一遍,发露忏悔得灭众罪。若以此咒,咒一切药二十一遍,用而服之,身常无病。若常诵是咒,在在处处一切欢喜。"①

该经为普贤类经典,行者若持此咒,并且"发露""忏悔",便可灭除众罪。生病时,若对所用药物行此咒,则服之"身常无病"。若常诵此咒,则行者无论身处何处,都能"一切欢喜"。又如《见普贤菩萨咒》所述:"此陀罗尼,昼三夜三,六时至心诵念不忘,悉皆销灭五逆重罪……烧沉水香熏陆栴檀香供养,咒师面向东坐,相续诵咒至夜半时,圣者普贤菩萨若来现身,尔时即得禅定三昧,寂静山居或得闻持不忘,身体轻便,亦能速行亦见伏藏,所求修道方便疾得开悟。"②该经讲,在持守种种戒律之后,求得普贤菩萨现身,行者即时获得"禅定三昧"。如果行者在僻静的山中持守此咒,"闻持不忘",可得"身体轻便","亦能速行",也可获得"伏藏",所修的法门很快能够获得开悟。

再如《普贤菩萨为坐禅人却神鬼魔咒》所述:"受持法者,烧熏陆香沉水香檀香等,供养普贤菩萨,于白月一日,对佛像前诵一千遍,若欲入定先诵七遍,即入定心住亦不惊动。"③

经云,受鬼魔困扰之"坐禅人",若受持此咒,供养普贤菩萨,可

---

① (唐)阿地瞿多译:《陀罗尼集经》卷第六,《大正藏》第18册,第839页下。
② (唐)阿地瞿多译:《陀罗尼集经》卷第六,《大正藏》第18册,第840页上。
③ (唐)阿地瞿多译:《陀罗尼集经》卷第六,《大正藏》第18册,第840页上。

以人"定心住",不为鬼魔所动。该功能对于修行者十分重要,因为修禅定的人中有许多人由于种种原因经常出现"禅病",早在东晋时期在中国佛教徒中就已经很严重了,需要翻译专门的经典来对治禅病,"禅病"俗称"走火入魔",被认为是为"鬼魔"所扰,普贤菩萨可以却"神鬼魔",当然行者会很重视。如下文所述:

> 此咒有能正东向,坐诵此普贤菩萨咒,若利根者即见普贤菩萨,若钝根者即得消一切障。……此咒能令众生心得解脱,灭三毒病却障道罪,他方怨贼悉皆摧灭,境内所有怨家盗贼悉能穰之。若行旷野恶兽毒虫,闻此陀罗尼神咒,口则闭塞不能为害。此陀罗尼咒,乃是过去四十亿诸佛所说,我今说之,其有修行此陀罗尼者,愿果不虚今故略说。①

经文讲,行者如果能面向正东,坐诵此普贤菩萨咒,则"利根者"即可以见到普贤菩萨,即使是"钝根者"也可以"消一切障"。普贤菩萨所说咒语还能够令众生心得解脱,灭贪瞋痴三毒,摧灭怨贼,驱逐怨家盗贼,行路不遇毒虫猛兽。

普贤菩萨还有"大普贤咒",也有很大法力:

> 阿难,此大普贤咒,遮灭一切兵刃,除一切怨仇诸怨除,一切夜叉罗刹,复多等畏除一切热病鬼神病方道虫毒咒术毗多茶富多那等,悉不能违犯此普贤咒,能为一切吉善若善男子善女人所至之处,若行道中若水道中,若急难处,应念此咒无有夜叉,复多毗舍遮拘盘茶迦吒富多那,罗刹毗多茶等畏,又无水火刀杖兵凶毒药衰害咒术方道一切诸恶人非人等,如是诸畏,阿难,若有恐怖急难应诵念此咒,无能作衰恼者,复次阿难若有受持读诵此咒,如上天龙鬼神二十八部人非人等,不能越

---

① (晋)译者不详:《七佛八菩萨所说大陀罗尼神咒经》,《大正藏》第21册,第541页上—542页上。

犯此咒,铁轮金刚轮当为作苦患,令头破作七分,四方四维上下,若有于此人起恶心者悉皆系其毒心令不发起,是善男子善女人应善读诵执持奉行。①

此经中说,"大普贤咒"可以让行者躲避一切兵刃,除一切怨仇,一切鬼魔、瘟疫、方术、毒虫等不能为害,出门不遇恶鬼,没有水火刀兵之灾,一切人、非人等天龙鬼部不能侵扰。

密教中,普贤菩萨也护持密教行者:

> 尔时世尊告上首普贤菩萨等:"善男子,此阿僧祇俱胝劫积集正等菩提,我随喜,于如是法要佛加持摄受。如来涅槃后末时,于赡部洲积集善根有情,书写经卷经于手者,若复善男子善女人天龙药叉王大罗刹王,积集善根获得无上正等菩提,隐身于众生作加护。"

> 时普贤等上首菩萨白佛言:"世尊,奇哉此法教。世尊,我等为彼勤修顶轮善男子善女人,此如来无数百千那由他劫所积集无上菩提,我等护持,于如是类若受持若读诵。乃至书写经卷,或等加彼念力。由此念力闻如是类法教,若闻圆证。当受持读诵书写。"②

此经中,普贤菩萨的角色和《法华经》中普贤菩萨的角色十分接近,为佛教的护法菩萨,可以看出存在继承性。经中说,若有信者修行该轮王的法教,则普贤等大菩萨便会前去护持;信众读诵经卷,书写经卷,普贤等大菩萨便会前去护持。

密教中普贤菩萨还常和其他神祇一起出现,帮助信众:

> 尔时观自在菩萨,重白佛言:"我今更说别画像法,取无毛

① 未详撰者:《陀罗尼杂集》卷第七,《大正藏》第 21 册,第 619 页上。
② (唐)不空译:《一字奇特佛顶经》卷下,《大正藏》第 19 册,第 307 页上。

发不割截白氎,治护如前,画人受八戒,中央观自在菩萨……
左厢画大势至菩萨,右厢画普贤菩萨,各执白拂,画已于舍利
塔内安置,面应向西,随得香花任为大小供养,中间不断诵一
俱胝,行人所有横死及恶障难皆除,或为现说辟除之法。"①

该经为观音类经典,主尊为观世音,普贤菩萨和大势至菩萨作
为胁侍出现。经文说,三尊降临,能够去除"横死""恶障",还可以
"辟邪"。

密教中普贤菩萨还具有"净诸恶趣"的功能:"普贤菩萨印,以
左手作金刚拳安腰侧,右手作拳如宝形成印。""普贤菩萨真言曰:
唵(引)三满多跋捺哩(二合引)吽(引一)。"②

该经经文虽未明确讲普贤菩萨之真言有何功效,但由于本经
的主旨是"净诸恶趣","恶趣"在佛经中一般指的是轮回转世中的
"三恶道"(即畜生道、恶鬼道、地狱道)。则可知此咒要么可以辟
邪,要么就是阻止行者往生后向"三恶道"发展。

二、密教中普贤菩萨典型的"延命"功能

普贤菩萨最大的功能为"延命",这一职能早在早期密教中就
出现了。如《孔雀王咒经》,该经前后至少有两译本:

> 得贤吉祥,普贤成一切事,无垢,净妙,月贤,日爱,昙德
> 杜,昙德,毗蝇,加隶,拥护某甲令得寿百岁、得见百秋,摩尼罗
> 亶经,摩诃乾陀比丘,救病苦厄孔雀王咒,除其怨家。③（失
> 译者）

> 得普贤吉祥,普贤成一切事,无垢、净妙、月贤、日爱、昙备

---

① （唐）不空译:《阿唎多罗陀罗尼阿噜力经》,《大正藏》第20册,第27页上。
② （宋）法贤译:《佛说大乘观想曼拏罗净诸恶趣经》,《大正藏》第19册,第91页
上—92页下。
③ 失译人名:《大金色孔雀王咒经》,《大正藏》第19册,第478页下。

社、昙备、毗蝇、迦隶,拥护(某甲)命受百岁、得见百秋,即说咒曰……①(鸠摩罗什译)

一为失译者,而附在姚秦国时期所翻得经录里;一为鸠摩罗什译本。该经有两个译本说明其不大可能是伪经,当是确有所根据的。两者所译不尽相同,但都确定了"普贤"的一个重要职能:"得寿百岁、得见百秋。"也就是能令行者延长寿命。

另外,不空所译《佛说一切诸如来心光明加持普贤菩萨延命金刚最胜陀罗尼经》也专门介绍了普贤菩萨延命的职能。经文首先介绍了该经的缘起:

> 如是我闻,一时佛在殑伽河侧,与诸大比丘僧菩萨摩诃萨天人众俱,尔时会中有普贤菩萨,住如来秘密三摩地,从三昧起,现大神通力,诸佛加持宣金刚寿命陀罗尼,令诸众生增寿命故无夭横死,亦令获得金刚寿命坚固不坏,成就菩提到不退地。尔时世尊于心转光明召集十方世界恒河沙诸佛,满虚空中,各放光明如因陀罗网,以光明照触普贤菩萨令宣说金刚寿命经。②

经文讲如来会上,普贤菩萨住"秘密三摩地",现大神通,由诸佛加持,宣说"金刚寿命陀罗尼"。该陀罗尼的功用是:既可令众生增长寿命,又可使其避免夭折横死的厄运,获得"金刚寿命",坚固不坏,成就菩提永不退转。那么信众如何才能获得这种护佑呢?经文这样讲:

> 尔时十方尘沙诸佛心印加持,令普贤菩萨及四天王增得金刚寿命。尔时世尊弹指赞叹:汝能快善利益众生,若有善

---

① (后秦)鸠摩罗什译:《孔雀王咒经》,《大正藏》第19册,第484页上。
② (唐)不空译:《佛说一切诸如来心光明加持普贤菩萨延命金刚最胜陀罗尼经》,《大正藏》第20页,第579页上。

男子善女人,怖畏夭横非命及不祥事,即以沐浴着新净衣烧香散花,持我延命心真言,即增寿。若有病苦众生,求长寿故离于病苦,即建立道场,于清净屋舍,或就伽蓝,请三七比丘清净僧,转读此经各四十九遍,别持是陀罗尼满十万遍,即获寿命。病者即于夜梦自见殊胜境界……于清净处建立道场,令清净僧持是真言,及转此经乃至书写,及持金刚寿命陀罗尼满十万遍,即增寿命除夭横故。①

经文强调,若有信众害怕自己夭亡,或者害怕飞来横祸,夺去性命,如果对这些事情非常担心,就可以修该法门。方法是在清净的家院,或者在寺庙里,建立坛场,先在坛场内彩书普贤菩萨像(普贤菩萨在延命法门里的形象上节已经有介绍,不再赘述),然后再请二十一个"清净僧"("三七"根据佛经的表述习惯为相乘的关系),每人转读此经四十九遍,持此陀罗尼十万遍,即可得到普贤菩萨加持,获得金刚寿命,可以"增寿"以及"灭除妖横"。

为了增加信众对此"延命法门"的信心,该经还特别增加了"四大天王"的誓言:"尔时四天王等承佛加持助普贤菩萨延命各立誓言,娑婆世界南赡部洲但有此经法流行之处,我等四王即为结护令无夭横,如有此经清净道场如不降赴,愿我失此威光损我果报,退失菩提心不得解脱。"②经文说,四大天王受佛之命协助普贤菩萨成此法门,他们发誓在"南赡部洲",也就是我们所生活的"娑婆世界"中,只要有信众诵读、书写该经,或按照该经修行,四天王即护佑该信众,令其没有夭亡、横死的厄运。为了增强信众的信心,经文最后还以四天王发誓的形式给予证明。四天王说,如果届时没

---

① (唐)不空译:《佛说一切诸如来心光明加持普贤菩萨延命金刚最胜陀罗尼经》,《大正藏》第20页,第579页中。

② (唐)不空译:《佛说一切诸如来心光明加持普贤菩萨延命金刚最胜陀罗尼经》,《大正藏》第20页,第579页中。

有降临护佑,他们则会受到报应,法力减损,退失菩提心。

普贤菩萨的这个延命法门还具有其他功效:

> 尔时佛告四天王言:若有众生怖畏死难病苦夭横,有如
> 是苦,但书写此经受持读诵,或别持此陀罗尼,或画普贤延命
> 像,作此方法依月一日八日十五日,建立道场烧四十九灯,花
> 香果药各置十六器散于坛上,合掌礼拜高声赞咏此陀罗尼,及
> 忏悔往咎,不堕三恶道,舍此身获得金刚寿命更不轮回。若有
> 比丘尼及四众,转读此经而不废忘,离于短命夭横之怖,及夜
> 恶梦厌魅咒咀恶形罗刹鸟鸣百怪之属,亦不为水火兵毒之所
> 伤害,一切诸佛及大菩萨摄受护念,亦得诸佛之所护念。[①]

就是说,如果在规定的时间段,如法建立道场,燃四十九灯,
花、香、果、药各装十六瓶散于坛上,合掌礼拜高声赞颂此陀罗尼,
并忏悔以往所做罪恶,则会在生时没有夭亡横死之祸,死后还可以
不坠落三恶道,获得金刚寿命。若有比丘尼及四众弟子,转读此经
而不废忘,不但能够保佑自己不受横死夭亡之祸,而且还可以消除
恶梦的侵扰,百怪的为难,不受水火、战乱、毒物的伤害。

那么,为何普贤菩萨会有"延命"的能力?张子开、杨欣两位先
生曾有过高论。他们认为,普贤菩萨有如此不可思议的神力,来自
普贤菩萨的"本誓":

> 这是源于普贤延命菩萨的本誓。普贤延命菩萨有异名曰
> "大安乐不空三昧耶真实菩萨",正表明了它的本誓是赋予众
> 生以大利益大安乐也,而《佛说一切诸如来心光明加持普贤菩
> 萨延命金刚最胜陀罗尼经》在起始处谓:"尔时世尊于心转光
> 明,召集十方世界恒河沙诸佛满虚空中,各放光明如因陀罗

---

① (唐)不空译:《佛说一切诸如来心光明加持普贤菩萨延命金刚最胜陀罗尼经》,
《大正藏》第20页,第579页下。

网,以光明照触普贤菩萨……"缘于受十方诸佛加持,普贤菩萨方得到诸佛心印,并进而具有利益一切有情的本誓也。得心印、具本誓后,普贤菩萨即住金刚寿命三昧耶,变现为普贤延命菩萨,从而成为密教人士修普贤延命法时的本尊。①

两位先生的观点笔者表示认同,但还想另外补充一点原因,即普贤菩萨突出的"灭罪"职能:"此咒平旦七遍夜七遍诵此咒,去厌魅野道蛊毒,能得身心慧三解脱,后生不受生死身,得法身常身,境内外国怨贼,一切恶人,一切恶鬼神,一切盗贼,虎狼师子毒虫恶兽,闻此咒声,皆口噤不相恼乱,恶梦灾殃鸟鸣百怪自然销灭,此咒功能说不可尽。"②

此经云,诵读普贤菩萨灭罪咒,由于灭掉了自身无始以来所犯的罪孽,就可以消去前因,去除后果,可以驱逐鬼魅,去除蛊毒,得身、心、慧三解脱,跳出生死大海,得不坏法身。境内外一切"怨贼""恶人""恶鬼""盗贼"、虎狼狮子、毒虫恶兽,闻此咒声皆口禁不敢相扰,百怪灾祸自然消灭。按照佛家的逻辑,持守该咒,灭除了罪孽,债主就不会缠身,自然就可以增长自身寿命,消除突发的灾祸。

另外,修普贤延命法门,还有几项辅助性的功能也值得重视:一、升官,求财;二、求男女;三、护国。不空所译的《金刚寿命陀罗尼经法》明确提出:"能除灾难,增益寿命,具大福智,胜愿圆满,行来出入,官位高升,富饶财宝,皆悉称意……若求男女,并及聪明……即满其愿,日诵万言,辩说无碍。若求凌空隐显自在……亦使国土安宁,无诸灾疫,风雨以时,人民安乐,一切贤圣拥护其身。"③

该译本中,普贤延命菩萨的职能有所增加,诸如"送子送女、升

① 张子开、杨欣:《普贤延命菩萨考》,《宗教学研究》2007年第4期。
② (唐)阿地瞿多译:《陀罗尼集经》卷第六,《大正藏》第18册,第840页中。
③ (唐)不空译:《金刚寿命陀罗尼经法》,《大正藏》第20册,第577页上。

官发财"等职能的加入使得普贤信仰显得更有民间性、综合性,简直是包罗万象,无所不能,反映了普贤延命信仰在印度的进一步发展。

　　普贤延命信仰里所描述的普贤菩萨的这些职能是对之前普贤菩萨职能的糅合和发展。虽然普贤"延命"的职能产生得很早,在后来的发展中也一直存在,但只有到了密教的"普贤延命信仰"这里,普贤菩萨的职能才得以集中体现"延命"是普贤菩萨最突出、最典型的职能,也是代表了普贤菩萨的特色的职能。笔者最后将普贤菩萨在密教中的职能大致总结为以下几类:

　　1. "延命",去除"横死""夭亡"等厄运,文中已有详述。

　　2. "灭罪"。

　　3. 升官,求财。

　　4. 去除各种疾病的侵扰。

　　5. "驱鬼""辟邪"。

　　6. 善避刀兵。

　　7. 得神通,死后往生不坠三恶道。

　　8. 送子,给予信众男女子女。

　　9. 为坐禅人却鬼魔。

　　10. 护国。

第七章　古代域外普贤信仰的基本特征

第一节　古代域外普贤信仰的基本特征

普贤信仰几乎贯穿了整个域外大乘佛教的发展史，普贤菩萨与各种主要佛教思潮之间几乎都有较密切的联系，也与其他大菩萨有错综复杂的关系。与域外佛教塑造的其他菩萨相比，普贤菩萨具有独特的个性与鲜明的特征。主要体现在：

1. 智慧性

《华严经》中的普贤菩萨是一位"智"与"行"都很殊胜的大菩萨，密教中也是如此："金刚药叉菩萨者，金刚义如前释；药叉者，威猛义亦云尽义。十六金刚智普贤行中第十五智，名金刚尽智，以金刚药叉智牙，食啖一切烦恼、随烦恼，尽无余。"①经云"十六金刚智普贤行中第十五智"，意思也就是说"十六金刚智"都属于"普贤行"中修得的智慧境界，而金刚药叉所在的智慧境界，属于"普贤行"十六智中的第十五智，名为"金刚尽智"。关于普贤菩萨的智慧，笔者在前文中已经论述，这里不再赘述。

2. 实践性

普贤菩萨十分重视践行，如经所示："此菩萨说三密门普贤行

---

① （唐）不空译：《仁王般若陀罗尼释》，《大正藏》第 19 册，第 522 页中。

愿,一切诸佛若不修三密门,不行普贤行,得成佛者无有是处,既成佛已于三密门普贤行休息者,亦无是处。……若归命圣普贤菩萨,则十方诸佛菩萨悉皆加护,一切诸佛菩萨,皆因修三密门,行普贤行,得证圣果,是故尊贵。……已上文归命三宝毗卢遮那佛普贤菩萨。"①

上述引文第一句告诉我们,"此菩萨"即普贤菩萨说"三密门普贤行愿",在"普贤行愿"前面加上了身口意"三密门",就是把"普贤行愿"密教化了。经文讲,如果"一切诸佛"不修此"三密门",不行"普贤行",是无法成佛的,即便是已经成佛的,如果不修普贤菩萨的行愿,也是不行的("得成佛者无有是处"),这给予了"普贤行"极高的地位。故经文说"若归命圣普贤菩萨,则十方诸佛菩萨皆悉加护","一切诸佛菩萨,皆因修三密门,行普贤行,得证圣果,是故尊贵"。最后一句中,普贤菩萨和毗卢遮那佛干脆被并列了,可见,"普贤行"应该是所有密法都必须具备的修行法门。

普贤菩萨的智慧和修行是紧密结合,相辅相成的。作为普贤菩萨的标志性行法,"普贤行"本身就包含着殊胜的智能,不管是在华严还是在密教中,"普贤行"的每一步都要求有相应的智慧与之相应,这一点前文中已经有详细的介绍。

3. 神秘性

《华严经》中普贤菩萨的位阶高于观音、文殊、弥勒等一切菩萨,他与毗卢遮那佛同体,身量如虚空,遍在于万物,众生却看不到他,就连十地中的菩萨也看不到他,只有修行到十地以上菩萨的阶位时,才能够见到他。他不为一般信众讲法,他只为十地以上的菩萨讲法。这就使得他具有了一层神秘的色彩。

① (唐)不空译:《仁王般若陀罗尼释》,《大正藏》第19册,第522页下。

4. 亲切性

普贤菩萨虽然高高在上,具有神秘性,但同时也是一位与信众的感应性很强的大菩萨。《法华经》中说,如果有信众诵持、书写《法华经》,普贤菩萨就会骑着六牙白象,亲自前往,给信众摸顶,让信众见到普贤大菩萨身,护佑信众。华严和密教经典中也强调,如有信众在普贤大菩萨前"发露""忏悔",也就是主动说出自己所犯的罪过,忏悔,并发心修行,那么普贤菩萨就会现身"灭罪",除去信众的罪障,解救众生。普贤菩萨主动前往信众前面救度,这固然是普贤菩萨能够分身无数的体现,也是他平易近人的特征。

普贤菩萨的神秘性与亲切性并不矛盾。神秘性是就修行而言的,修行时,主动方是行者,是行者通过修行而一步步地接近普贤菩萨;而亲切性是就度世而言的,是普贤菩萨的功德,这里普贤菩萨是主动方,普贤菩萨虽然只为十地以上信众讲法,但如果他愿意让一般信众看到自己,那对他来说是很容易的。

5. 崇高性

普贤菩萨一方面具有亲切性,另一方面又具有崇高性。他一出世就以"行"和"愿"著称,后来在《华严经》里又发展为著名的"十大愿王","众生尽,我愿乃尽",不度尽世间有情,誓不成佛,是普贤愿王的基本精神。这种已经具备条件成佛,却甘愿轮回世间救难的精神已经超越了早期大乘佛教所宣传的"自度度人","自觉觉他",自度与度他相互促进的精神了。普贤菩萨是已经"自觉",已经"自度",他本不需要再去通过"度人""觉他"为自己积累成佛的资粮,但他仍然义无反顾地投入到了轮回中,救度六道中的一切有情。

6. 圆融性

与观音、文殊、弥勒等大菩萨相比,普贤菩萨的特点不是很鲜明,但也正是因为普贤菩萨的特色不是十分鲜明,使域外佛教中的普贤菩萨具有了明显的圆融性,只要有新的理论出现,就立刻想到与"普贤菩萨"相联系。为各派理论所利用也就是普贤菩萨圆融性的特点。大乘佛教地位尚未确立时,法华系经典将之作为本经典的护法菩萨;"如来藏"思想在佛教中崛起以后,他又被认为代表了"如来藏",用以提高"如来藏"系经典的权威性;《华严经》将之作为本经的代表菩萨;而密教中成佛的标志竟是"见普贤大菩萨身"。

普贤菩萨的这一特征,充分说明了其本身在印度没有形成像观音、文殊那样确定的、广为各派所接受的理论与形象,所以一旦有新的理论出现,总要将普贤菩萨拉来帮助树立自己的权威。但反过来说,各派既然都对其这么重视,那么也可以说这正是普贤菩萨影响较大、广为人知的证明。

域外佛教的普贤菩萨,不是高高在上,凡人难以企及的大菩萨,而是遍在于一切有情,甚至一切现象界,与现象界"不二"的大菩萨,他是本体界和现象界的桥梁,他既分身无数,遍至四方,又以殊胜的"普贤神力"将之合而为一,他可以在本体界与现象界之间任意往来而不受限制。正是因为普贤菩萨是本体界和现象界之间联系的桥梁,他既可以在现象界轮救苦,普度众生,又可以回到本体界与诸佛交流。他不离真如界而恒在现象界,他所处的境界被称为"大普贤地",这一"大普贤地"位居十地之上,佛地之下,但从其悲愿上看在崇高性上又超过了佛地。"大普贤地"在密教中被改造为了"金刚地",密教所极力吹捧的"执金刚"们都具有"不离真如界而恒在现象界"的特征,而普贤菩萨也就在密教中充任了枢纽的角色,要想成就"执金刚",进入"金刚界",就必须修"普贤行",见"普贤大菩萨身",这在密教经论中是经常出现的。因而普贤菩萨在密教中就充任了枢纽的角色,他根据需要,时而与金刚手合一,时而与金刚萨埵合一,时而与阿閦如来合一,甚至与毗卢遮那佛合一,他和密教中几乎所有的重要神祇都有密切的关系。不夸张地说,不了解普贤菩萨这个圆融性,就无法对密教中错综复杂的神谱有一个清楚的认识。

7. 善巧性

善巧性虽为大乘菩萨道的一般特征,但在普贤菩萨这里表现的尤为突出。普贤菩萨所倡导的佛教理论,强调为了达到教化众生的目的而在手段上要善巧方便。譬如《华严经》所倡导的"普贤行"强调行者要效仿善财童子五十三参,多向善知识求教。在五十三位善知识中,就有无厌足王与婆须蜜多女。善财所见到的无厌足王十分残暴:

> 作如是等种种恶业,身被五缚,将诣王所。随其所犯,而治罚之,或断手足,或截耳鼻,或挑其目,或斩其首,或剥其皮,或解其体,或以汤煮,或以火焚,或驱上高山推令堕落。有如是等无量楚毒,发声号叫,譬如众合大地狱中。①

善财童子见到无厌足王对其治下的百姓剥皮汤煮,惨不忍睹,心里也对该王产生了怀疑:

> 善财见已,作如是念:我为利益一切众生,求菩萨行,修菩萨道。今者此王灭诸善法,作大罪业,逼恼众生,乃至断命,曾不顾惧未来恶道,云何于此而欲求法?②

可是,善财童子刚一产生怀疑,空中立刻有人向其发言:

> 作是念时,空中有天,而告之言:"善男子,汝当忆念普眼长者善知识教。"善财仰视,而白之曰:"我常忆念,初不敢忘。"天曰:"善男子,汝莫厌离善知识语,善知识者,能引导汝至无

---

① (唐)实叉难陀译:《大方广佛华严经》卷第六十六,《大正藏》第10册,第355页中。

② (唐)实叉难陀译:《大方广佛华严经》卷第六十六,《大正藏》第10册,第355页中。

险难安隐之处。善男子,菩萨善巧方便智不可思议。"①

紧接着,无厌足王也向其解释自己的行为:

> 善男子,我此国土,所有众生,多行杀盗乃至邪见,作余方便,不能令其舍离恶业。善男子,我为调伏彼众生故,化作恶人,造诸罪业,受种种苦。令其一切作恶众生,见是事已,心生惶怖,心生厌离,心生怯弱,断其所作一切恶业,发阿耨多罗三藐三菩提意。善男子,我以如是巧方便故,令诸众生,舍十恶业,住十善道,究竟快乐,究竟安隐,究竟住于一切智地。善男子,我身语意,未曾恼害于一众生。②

原来无厌足王用如此残暴的方法来治理百姓,乃是因为该国众生多行杀盗,屡教不改,王害怕其再造恶业故将其解脱,并以此来警示他人,使其舍去恶业,住十善道。无厌足王解释说,他虽然处死人无数,可实际上却可以说"未曾恼害一众生"。这个妙理就是空中警示善财的声音所说的"菩萨善巧方便智不可思议"。

善财童子又去拜访婆须蜜多女,发现此女的真正职业身份原来是妓女。可是,婆须蜜多女也有一套自己的理论:

> 若有众生,暂执我手,则离贪欲,得菩萨遍往一切佛刹三昧;若有众生,暂升我座,则离贪欲,得菩萨解脱光明三昧;若有众生,暂观于我,则离贪欲,得菩萨寂静庄严三昧;若有众生,见我频申,则离贪欲,得菩萨摧伏外道三昧;若有众生,见我目瞬,则离贪欲,得菩萨佛境界光明三昧;若有众生,抱持于我,则离贪欲,得菩萨摄一切众生恒不舍离三昧;若有众生,唼

---

① (唐)实叉难陀译:《大方广佛华严经》卷第六十六,《大正藏》第10册,第355页下。

② (唐)实叉难陀译:《大方广佛华严经》卷第六十六,《大正藏》第10册,第355页下。

我唇吻,则离贪欲,得菩萨增长一切众生福德藏三昧;凡有众生,亲近于我,一切皆得住离贪际,入菩萨一切智地现前无碍解脱。①

婆须蜜多女认为,自己所做的一切完全是为了拯救那些不信佛法的众生。她之所以和众生执手、拥抱、亲近,那都是为了对治众生的淫欲,引导他们接近佛法,所以自己功德无量,得以成就菩萨地。

这就是"普贤行"中所积极倡导的修法中之两例。不杀人和不邪淫,是连居士都要守的大戒。可是,在普贤菩萨的教化下,只要主观目的是为了弘扬佛法,那都是被允许的,甚至可以因此而积累功德,可以登入菩萨地。无厌足王在善财童子所参访的善知识中居十七位,处于菩萨地十行位;婆须蜜多女则高居二十五位,和观音菩萨同处于菩萨地十回向位。这都是普贤菩萨善巧性的生动体现。

8. 多样性

普贤菩萨在佛教中,堪称最具有多样性的大菩萨。从其产生开始,普贤菩萨的地位就一直在变化,甚至在最后阶段的密教中也在变化。在不同的派别中,他的地位都不大一样,具有多样性。普贤菩萨的功能也一直在变化,从最初的护持佛法,到后来的代佛讲法,从简单的"延命百秋"到后来复杂的"延命体系",普贤菩萨的功能变化是巨大的,也是多样的。普贤菩萨的形象变化更是如此,在法护所译的《法华经》中他只是卑微的小护法神,到了罗什所译的《法华经》中他已经转变为了头戴宝冠、身跨巨象的大菩萨了;在《华严经》中他是端坐于莲台,到了密教中他则既坐莲台,又骑白象,手中又拿着金刚杵、金刚铃等密教法器。总之,从地位到功能再到形象,各派所述都不一样,即使是在某一派内,普贤菩萨的形象变化也可能是巨大的,多样性是印度佛教中普贤菩萨的特点之一。

---

① （唐）实叉难陀译:《大方广佛华严经》卷第六十八,《大正藏》第10册,第365页下。

9. **全面性**

普贤菩萨贯穿了大乘佛教的各个阶段,大乘佛教的诸理论,诸如般若理论、如来藏理论、华严理论、密教理论中,普贤菩萨都扮演过重要角色。在瑜伽行派理论普贤菩萨虽然没有涉及,但是,其在《华严经》中的心性思想却是瑜伽行派理论的滥觞。如果要深入研究瑜伽行派的思想,那么就必须了解《华严经》中普贤菩萨的思想,因此,笔者认为,普贤菩萨在大乘佛教中是一个具有全面性的大菩萨。对他的研究几乎要贯穿整个大乘佛教的发展史,透过普贤菩萨来反观大乘佛教,也是研究大乘佛教的一个十分有效的方法。

10. **终极性**

普贤菩萨被认为与大毗卢遮那佛"同体",华严行法修行到最后是见到普贤菩萨,密法修行的最终标志也是进入"大普贤地""见普贤大菩萨身",见到了普贤菩萨也即意味着实现了密法修行的目的,成为"执金刚"。所以说,"见到普贤菩萨"是终极性的修行成就。虽然还需度世救人,但那是他的大愿所决定的。从修行上来说,见到了普贤菩萨,修行就已经圆满。

总之,域外的普贤菩萨的十个特性,是佛教内部不同派别、不同理论、不同信仰、不同修行实践之间互相影响中逐步形成的,反映了域外信众对普贤菩萨的心理需求。普贤菩萨的地位越来越高,说明信众对他的要求越来越多,他的特性也就随之增多,最终形成了普贤菩萨的独特个性与鲜明特征。

第二节 古代域外普贤信仰与中国化之普贤信仰之比较

随着佛教不断传入中国,普贤菩萨也进入了中国,并逐渐为人们所知晓。中国本身就是一个历史悠久的文明古国,有着自己辉煌而独特的文明。佛教进入这一古老而悠久的文明古国,就必然会与固有的中国文化发生交流。普贤信仰这一本来属于域外的信仰体系要转变为中国人的信仰体系,就必须从中国人的视角去理解普贤信仰,改造普贤信仰,从而使得普贤信仰在中国呈现出新的面貌。在文章的最后一节,笔者就古代域外的普贤信仰和中国化的普贤信仰进行简单的比较,力图从比较中加深对域外普贤信仰的认识。

一、中外普贤信仰的相同点

1. 古代域外的普贤菩萨和中国化的普贤菩萨都是很有影响的大菩萨。

普贤菩萨在古代域外是著名的八大菩萨之一,在中国则是广为人知的四大菩萨之一。因此,不管在中国还是在印度,普贤菩萨都是佛教信众比较熟悉,与信众有较强感应的大菩萨。

2. 古代域外的普贤菩萨和中国化的普贤菩萨都对"普贤行"非常重视。

"普贤行"在域外佛教中是一以贯之的,被认为是对大乘初期"菩萨行"思想的超越,是更加殊胜的行法;而在中国,普贤菩萨的特点被概括为"大行",与文殊的"大智"、观音的"大悲"、地藏的"大愿"并列,这也是对普贤菩萨殊胜行法的概括。

3. 古代域外的普贤菩萨和中国化的普贤菩萨都以"十大愿王"作为自己的本愿。

在域外佛教里,普贤菩萨的"十大愿王"影响巨大,不仅是对《华严经》中普贤行愿的总结,而且也在后来的密教中扮演了重要角色。有些曼荼罗本来就是按照"十大愿王"来组织的,"普贤十大行愿"在许多的密教仪轨中都是修行的前提和关键。详细情况笔者在密教部分已经介绍；在中国，"十大愿王"不仅在华严宗中地位特殊，后来也被净土宗接受，成为所谓的"净土五经"之一，最终几乎被所有的佛教宗派接受，成为中国僧人每天的早晚课必须诵的内容之一。

中外普贤信仰的共同性，反映了中国普贤信仰对域外普贤信仰的继承性，也反映了普贤菩萨的共同本质和特征。这些特征是中外信众对普贤菩萨的共同认同的体现，是普贤信仰体系中比较稳定的内容。

二、中外普贤信仰的不同点

1. 古代域外普贤菩萨智慧、行愿都很殊胜，而在中国则侧重于行愿。

普贤菩萨在域外是"智慧"和"行愿"都很殊胜的大菩萨，前文已有详述。而在中国，普贤菩萨"智慧"出众的一面被遮蔽了，而只是以"行愿"为人所知，反映了中国文化追求确定性的倾向。

域外则有崇拜某一菩萨的倾向，将其作为自己的本尊菩萨，尽力增加其功能增加，使其即可解决自己的一切问题。域外一般认为某个菩萨，尤其是大菩萨，其许多特征可以同时并存，并且许多菩萨的职能也可以重合。而中国人总是希望礼拜所有的神祇，取得所有神祇的护持，感觉这样更保险。当发现许多著名的大菩萨的功能有很多重合时，他们会觉得其职能混乱而无所适从。所以中国人似乎更喜欢将普贤菩萨以唯一的特征来概括，而忽略其他特征。

2. 古代域外的普贤菩萨形象、功能变化多样。而中国化的普贤菩萨则形象、功能都比较固定化。

上节已有总结，古代域外普贤菩萨的形象、功能都变化很大。中国普贤菩萨的形象较确定，主要表现为《法华经》里普贤菩萨骑着六牙白象的形象,较少有其他情况出现。其功能也主要体现在"护持《法华经》""忏悔灭罪""大悲行愿"这三点上,少有其他职能的介绍。

3. 古代域外的普贤菩萨与许多著名的神祇同体,而中国化的普贤菩萨则不大认同这种说法。

"名实"之辩是中国源远流长的哲学传统,儒教又被称作"名教",非常追求确定不变的名实关系。印度思想传统中则抽象演绎比中国发达,他们的传统本身很善于处理各种神谱之间的复杂关系。普贤菩萨在域外佛教中与其他神祇复杂的"同体"理论在中国人看来是很难理解的。中国人习惯于一个菩萨就是一个菩萨,不能再是其他。所以虽然来自印度的经典中反复强调普贤菩萨和某某神祇"同体",但中国人却总是对此不多关注。

4. 古代域外的普贤菩萨与中国化的普贤菩萨身世来历的说法也不一样。

古代域外普贤菩萨的身世,《悲华经》进行过介绍,他是很久以前的删提岚国无净念国王的八王子;中国化的普贤菩萨的身世,则变成了妙庄王的女儿。其身世由印度转到了中国,由男身转为女身。

5. 古代域外普贤菩萨没有固定的道场,而在中国则有峨眉山作为其固定道场。

在印度佛经里,普贤菩萨并没有固定的道场。他名"遍吉",遍在于一切,"依虚空而住",与一切现象不二,处处有普贤。这在入传的印度佛经里表述得很清楚。而到了中国以后,中国人虽然也承认普贤菩萨可以随时现身,出现在任何地方,但总是觉得大菩萨就是得有个道场,有个根据地。这些思想与中国古已有之的对名山的崇拜结合起来,就在《华严经》里找到了一个"贤胜"菩萨,将之附会为普贤菩萨,认为他的道场就是印度的西南方的"光明山"。

当印度的佛教衰亡之后,中国人就将之转到了中国,并和蜀地的峨眉山联系在了一起,峨眉山也就成了普贤菩萨在中国的道场。

综上所述,普贤菩萨由域外来到中国,变化是巨大的。这些变化是文明交往的一个典型的个案,折射出的是中外民族不同的文化传统、民族习惯、审美意识之间的交流。中外对普贤菩萨的不同理解,是普贤信仰传播与演变的典型事例,是对普贤信仰的丰富与发展。

参 考 文 献

1. 专著

［1］霍旭初：《西域佛教考论》，北京：宗教文化出版社，2009 年。

［2］吕建福：《中国密教史》，北京：中国社会科学出版社，1995 年。

［3］马书田：《中国密宗神》，北京：团结出版社，2008 年。

［4］杜继文：《汉译佛教经典哲学》，南京：江苏人民出版社，2008 年。

［5］杜继文：《佛教史》，南京：江苏人民出版社，2006 年。

［6］杜继文、魏道儒：《中国禅宗通史》，南京：江苏人民出版社，2008 年。

［7］李利安：《观音信仰的渊源与传播》，北京：宗教文化出版社，2008 年。

［8］彭树智：《文明交往论》，西安：陕西人民出版社，2002 年。

［9］印顺：《印顺法师佛学著作全集》，北京：中华书局，2009 年。

［10］吕澂：《吕澂佛学论著选集》，济南：齐鲁书社，1991 年。

［11］吕澂：《中国佛学源流略讲》，北京：中华书局，1979 年。

［12］黄心川主编：《世界十大宗教》，北京：东方出版社，1988 年。

［13］巫白慧：《印度哲学——吠陀经探义和奥义书解析》，北京：东方出版社，2000 年。

［14］徐梵澄译：《五十奥义书》，北京：中国社会科学出版社，

1984 年。

[15] 林太：《印度通史》，上海：上海社会科学院出版社，2007 年。

[16] 欧东明：《佛地梵天——印度宗教文明》，成都：四川人民出版社，2002 年。

[17] 魏道儒：《中国华严宗通史》，南京：江苏古籍出版社，1998 年。

[18] 任继愈主编：《中国佛教史》，北京：中国社会科学出版社，1988 年。

[19] 桑大鹏：《三种华严及其经典阐释研究》，武汉：华中师范大学出版社，2007 年。

[20] 海云继梦：《华严经导读 1》，台北县：空庭书苑有限公司，2006 年。

[21] 海云继梦：《华严经导读 2》，台北县：空庭书苑有限公司，2006 年。

2. 期刊论文

[1] 薛宗正：《古代于阗与佛法初传》，《西北民族研究》2005 年第 2 期。

[2] 孕藏加：《峨眉山与藏传佛教》，《青海社会科学》1995 年第 1 期。

[3] 张子开：《普贤在大乘佛教中的定位与表征》，《东亚人文学》第 13 辑，2008 年 6 月。

[4] 张子开：《普贤信仰的产生及大乘普贤形象的演化》，《四川佛教》2010 年第 2、3 期。

[5] 张子开：《敦煌普贤信仰考论》，《山东大学学报》2006 年第 4 期。

[6] 张子开、杨欣：《普贤延命菩萨考》，《宗教学研究》2007 年第 4 期。

［7］李富华：《〈华严经〉与普贤菩萨思想》,《佛学研究》第 8 期,
1999 年。

［8］曹之、霍艳芳：《玄奘印普贤像的质疑》,《出版发行研究》
2009 年第 3 期。

［9］鲁东：《关于峨眉山普贤信仰的哲学阐释》,《佛学研究》第 8
期,1999 年。

［10］李利安：《如何准确定义宗教》,《哲学研究》2002 年第 11 期。

［11］张启成：《印度的神话与文明》,《贵州文史丛刊》2005 年第
2 期。

［12］张文良：《佛塔崇拜与大乘佛教的起源——以下田正弘的学
说为中心》,《南昌航空大学学报》(哲学社会科学版)2009 年
第 3 期。

3. 学位论文

［1］柯惠馨：《〈华严经〉中普贤菩萨之研究》,东海大学硕士学位
论文,2005 年。

［2］娄静华：《大乘佛教智慧与愿行的表征——论华严经中文殊
与普贤的形象》,玄奘大学硕士学位论文,2006 年。

［3］崔小敬：《寒山及其诗研究》,复旦大学博士学位论文,
2004 年。

［4］郑利梅：《事以理成,理以事现——普贤形象略考》,四川大
学硕士学位论文,2006 年。

［5］张慧敏：《帝释天研究》,四川大学硕士学位论文,2007 年。

［6］李桂红：《四大名山佛教文化及其现实意义》,四川大学博士
学位论文,2003 年。

［7］韩坤：《峨眉山及普贤道场研究》,四川省社会科学院硕士学
位论文,2007 年。

［8］张妙：《唐宋峨眉山研究》,四川大学硕士学位论文,2003 年。

［9］魏如松:《峨眉山禅宗传播考》,四川省社会科学院硕士学位论文,2007年。

［10］颜冲:《明代峨眉山佛教述论》,四川省社会科学院硕士学位论文,2007年。

［11］王中旭:《阴嘉政窟》,中央美术学院博士学位论文,2009年。

［12］卯芳:《情感与理想的寄托》,西北师范大学硕士学位论文,2006年。

4. 论文集

［1］魏道儒主编:《普贤与中国文化》,北京:中华书局,2006年。

［2］永寿主编:《峨眉山与巴蜀佛教》,北京:宗教文化出版社,2004年。

［3］陕西师范大学宗教研究中心编:《首届中国密教国际学术研讨会论文集》,2010年。

后　记

　　本书是我的博士论文，几经周折，终于出版了。非常感谢我的导师李利安教授，博士论文的顺利完成，与他的精心指导是分不开的。李老师为人正直、热情，学问渊博，思维严谨，对学生们非常照顾，能体谅学生的难处。值此书出版之际，他又抽出宝贵的时间，为本书写了序言。非常感谢师母谢锐老师，谢老师平时经常关心我的生活，鼓励我不断向上进步。在论文写成后，她进行了细致的修改，在此表示感谢。

　　感谢我的硕士导师黄德昌教授，我十几年前在川大读研究生，是他将我引进了宗教研究这一领域，可以说是我专业研究的启蒙老师。他待学生热情、宽容，能够根据学生的底子因材施教，做出不同的要求。感谢吴师母，她像母亲关心子女一样关心自己的学生，每个毕业的学生对此都深有感触。

　　感谢陕西省社会科学院的王亚荣研究员与西安电子科技大学人文学院的荆三隆教授，感谢你们对后学的提携与鼓励。感谢西北大学历史学院的李海波教授与陕西省社会科学院的李继武研究员，谢谢你们在生活与学习方面对我的帮助与鼓励。

　　感谢读博时期的同学们！感谢杨航、王欣、宇恒伟、师敏、王雪梅、刘海玲、刘建华、崔峰、梁富国、杨万清、张燕军、孟华玉、甄华杰博士！感谢张丽娟、张丽、李永斌、梁娟、王鹤琴、李媛、史全超、曹振明、延续、郑浩、龙昭等师弟师妹们！三年之间，我们一起学习、一起活动,现在想起仿佛就在眼前。尤其是梁富国博士对我的论文进行了细致的修改,在此表示十分感谢。

感谢河南科技大学人文学院的罗子俊院长、吴元坤书记、王东洋副院长、王云红主任以及各位同事的帮助与支持,使本书能够出版面世。感谢上海古籍出版社的王珺、张靖伟两位老师,你们认真负责的工作保证了本书的顺利出版。

最后,感谢我的家人,我的父母,我的妻子以及一双儿女!你们分担了我的痛苦与喜悦,以后我们还要砥砺前行。

河南科技大学　王宏涛

2021 年 10 月 13 日

图书在版编目(CIP)数据

古代域外普贤信仰研究 / 王宏涛著. —上海：上
海古籍出版社，2021.12
　ISBN 978‒7‒5732‒0065‒5

　Ⅰ.①古… Ⅱ.①王… Ⅲ.①普贤－菩萨－文化研究
Ⅳ.①B949.92

中国版本图书馆 CIP 数据核字(2021)第 224957 号

古代域外普贤信仰研究

王宏涛　著

上海古籍出版社出版发行

(上海市闵行区号景路 159 弄 1－5 号 A 座 5F　邮政编码 201101)

　　(1) 网址：www.guji.com.cn

　　(2) E-mail：guji1@guji.com.cn

　　(3) 易文网网址：www.ewen.co

启东市人民印刷有限公司印刷

开本 890×1240　1/32　印张 10.875　插页 2　字数 261,000

2021 年 12 月第 1 版　2021 年 12 月第 1 次印刷

ISBN 978‒7‒5732‒0065‒5

B·1224　定价：58.00 元

如有质量问题，请与承印公司联系